供应链管理基础与前沿

张 盼 金 亮 王秋莲 主编

中国财经出版传媒集团
经济科学出版社
Economic Science Press

图书在版编目（CIP）数据

供应链管理基础与前沿/张盼，金亮，王秋莲主编．
—北京：经济科学出版社，2020.8
ISBN 978 – 7 – 5218 – 1766 – 9

Ⅰ.①供… Ⅱ.①张…②金…③王… Ⅲ.①供应链管理 Ⅳ.①F252.1

中国版本图书馆 CIP 数据核字（2020）第 147185 号

责任编辑：宋　涛
责任校对：靳玉环
责任印制：李　鹏　范　艳

供应链管理基础与前沿
张　盼　金　亮　王秋莲　主编
经济科学出版社出版、发行　新华书店经销
社址：北京市海淀区阜成路甲 28 号　邮编：100142
总编部电话：010 – 88191217　发行部电话：010 – 88191522
网址：www.esp.com.cn
电子邮箱：esp@esp.com.cn
天猫网店：经济科学出版社旗舰店
网址：http://jjkxcbs.tmall.com
北京密兴印刷有限公司印装
787×1092　16 开　17.5 印张　330000 字
2020 年 11 月第 1 版　2020 年 11 月第 1 次印刷
ISBN 978 – 7 – 5218 – 1766 – 9　定价：52.00 元
(图书出现印装问题，本社负责调换。电话：010 – 88191510)
(版权所有　侵权必究　打击盗版　举报热线：010 – 88191661
QQ：2242791300　营销中心电话：010 – 88191537
电子邮箱：dbts@esp.com.cn）

目 录

第一章 供应链管理综述 ·· 1
 引导案例 "京东"和"阿迪达斯"的供应链管理 ················ 1
 第一节 供应链管理提出 ··· 2
 第二节 供应链管理的发展 ·· 7
 第三节 供应链管理面临的挑战 ··· 9
 思考与练习 ··· 11
 案例分析 宝洁"牛鞭效应"的医治 ································· 12
 参考文献 ··· 14

第二章 供应链生产管理 ·· 15
 引导案例 "利丰集团"的供应链生产管理 ······················ 15
 第一节 供应链环境下的生产管理概述 ····························· 16
 第二节 供应链环境下的生产计划与控制 ························· 19
 第三节 供应链环境下的生产组织新思想——延迟制造 ·· 27
 思考与练习 ··· 30
 案例分析 飞思卡尔半导体公司供应链环境下的生产管理 ·· 31
 参考文献 ··· 36

第三章 供应链采购管理 ·· 37
 引导案例 "百安居"的供应链采购管理 ·························· 37
 第一节 供应链环境下的采购管理概述 ····························· 38
 第二节 供应链环境下的供应商管理 ································· 42
 第三节 供应链环境下的到货质量管理 ····························· 51
 思考与练习 ··· 55
 案例分析 斯凯孚公司 ·· 56
 参考文献 ··· 61

第四章 供应链物流管理 ··· 62
引导案例 "格力电器"的供应链物流管理 ································ 62
第一节 供应链物流管理的基本概念 ······································ 63
第二节 供应链环境下的物流管理 ·· 68
第三节 供应链物流模式 ·· 73
思考与练习 ··· 80
案例分析 苏宁供应链环境下的物流管理 ································ 80
参考文献 ··· 83

第五章 供应链库存管理 ··· 84
引导案例 "佳能"的供应链库存管理 ···································· 84
第一节 库存管理相关概述 ·· 85
第二节 供应链环境下的库存管理 ·· 89
第三节 多级库存优化控制 ·· 93
第四节 供应链环境下的库存模式 ·· 97
思考与练习 ··· 106
案例分析 Best Buy 协同式供应链库存管理模式 ······················· 106
参考文献 ··· 108

第六章 供应链营销管理 ··· 109
引导案例 "TCL"的供应链营销管理 ···································· 109
第一节 供应链环境下营销管理的主要内容 ····························· 110
第二节 供应链环境下营销管理体系的建立 ····························· 112
第三节 供应链环境下的关系营销 ·· 113
思考与练习 ··· 116
案例分析 青岛啤酒的供应链营销管理 ··································· 116
参考文献 ··· 121

第七章 绿色供应链管理 ··· 122
引导案例 宜家的绿色供应链管理之路 ··································· 122
第一节 绿色供应链管理概述 ··· 124
第二节 绿色采购 ·· 131
第三节 绿色制造 ·· 138
第四节 绿色物流 ·· 146
第五节 绿色营销 ·· 154
思考与练习 ··· 160

案例分析　苹果公司的绿色供应链管理 ………………………………… 161
　　参考文献 …………………………………………………………………… 163

第八章　闭环供应链管理 ……………………………………………………… 165
　　引导案例　施乐复印机的再制造 ………………………………………… 165
　　第一节　闭环供应链管理概述 …………………………………………… 166
　　第二节　回收管理 ………………………………………………………… 170
　　第三节　再制造管理 ……………………………………………………… 178
　　第四节　再制造品营销管理 ……………………………………………… 188
　　思考与练习 ………………………………………………………………… 191
　　案例分析　山能机械的再制造之路 ……………………………………… 191
　　参考文献 …………………………………………………………………… 196

第九章　O2O供应链管理 ……………………………………………………… 197
　　引导案例　Bonobos："只能试不能买"的男装电商 …………………… 197
　　第一节　O2O供应链概述 ………………………………………………… 198
　　第二节　O2O供应链运作与技术 ………………………………………… 200
　　第三节　O2O供应链定价管理 …………………………………………… 203
　　第四节　O2O供应链营销管理 …………………………………………… 210
　　思考与练习 ………………………………………………………………… 218
　　案例分析　优衣库和它的O2O模式 ……………………………………… 218

第十章　全渠道零售供应链管理 ……………………………………………… 221
　　引导案例　苏宁云商：店商＋电商＋零售服务商 ……………………… 221
　　第一节　全渠道零售供应链概述 ………………………………………… 222
　　第二节　全渠道零售供应链运作与技术 ………………………………… 227
　　第三节　全渠道零售供应链营销管理 …………………………………… 229
　　第四节　全渠道零售供应链库存管理 …………………………………… 232
　　思考与练习 ………………………………………………………………… 236
　　案例分析　小米：构建全渠道零售体系 ………………………………… 237

第十一章　生鲜农产品供应链管理 …………………………………………… 240
　　引导案例　永辉生鲜："鲜"从何来？…………………………………… 240
　　第一节　生鲜产品供应链概述 …………………………………………… 242
　　第二节　生鲜冷链物流管理 ……………………………………………… 247
　　第三节　生鲜农产品供应链管理方法 …………………………………… 252

第四节　生鲜产品供应链商业模式 …………………………………… 258
思考与练习 …………………………………… 267
案例分析　顺丰优选：打造生鲜电商的"顺丰模式" …………… 267
参考文献 …………………………………… 270

第一章

供应链管理综述

引导案例　"京东"和"阿迪达斯"的供应链管理

2020年初,中国人民被一场突如其来的疫情——新冠肺炎,冲散了春节将至的喜悦,人们的生活也因疫情受到了巨大的影响。疫情期间交通运输中断,导致大量农副产品滞销。2月10日,京东开通了"全国生鲜农产品绿色通道",通过全平台"带货"滞销农产品。京东冷链物流为滞销农副产品搭建了专线来解决运输问题,并提供冷链费用优惠。为解决"运出去"的问题,"绿色通道"团队紧急联动京东物流当地负责人,在极短的时间内与生产基地的农户签订初步的合约,并为其配备好供应链和仓储系统。农户在采摘、打包农副产品后,通过京东的专人取货和冷链运输,将滞销的农副产品快速而高效地销售出去。在2月11日到16日这短短的5天时间内,通过京东及旗下的京喜平台累计销售2500吨滞销生鲜农产品。而京东之所以能够最大力度地解决滞销农产品上行问题,关键就在于京东多年积累的供应链能力。由此可见供应链管理的重要性,那么到底什么是供应链呢?

当顾客走进一家阿迪达斯专卖店,买了一双运动鞋,那么这双鞋的背后就存在着一条不被消费者看见的供应链。阿迪达斯在许多国家都设置有生产厂和研发中心,这些生产厂和研发中心都属于阿迪达斯供应链上的制造商。其中研发中心的作用就是先生产出鞋样,再由内部高层进行审批,最后提供给部分客户体验并获得客户对该鞋样的相关评价。只有当产品经过检验并认为有市场时,才会在生产厂中大量生产。其中生产厂和研发中心的原材料是从各个供应商处获得,供应商便是这条供应链的最上游。紧接着合格产品生产出来后,经由阿迪达斯分销厂运送到各阿迪达斯实体店。顾客可以从分销商处或零售商处购买心仪的产品。这便是一条完整的供应链,原材料由供应商到达制造商，制造商将原料或半成品加工为成品后流向分销商，再由分销商发往各零售商，进行售卖。

（资料来源：《京东全平台"带货"滞销农产品：开启扭亏为赢的"绿色通道"》，全球案例发现系统）

第一节　供应链管理提出

一、供应链

（一）供应链的起源及定义

"供应链（Supply Chain，SC）"的最早的记载是彼得·德鲁克（Peter F. Drucker）提出的"经济链"，后经迈克尔·波特（Michael E. Porter）研究推动"经济链"逐步发展成"价值链"。随着技术的不断发展，最终演变成为现如今的"供应链"。

最初供应链被认为是一个企业的内部过程，即价值链。美国学者迈克尔·波特在《竞争优势》这本书中提出了价值链这一观点，波特认为企业这个集合体是由设计、生产、分销和配送等过程所构成的。企业中的这些基本活动可以由价值链表示，而企业的价值是通过基本活动和辅助活动所创造的。基本活动是由内部物流、生产经营、对外物流、市场销售、服务等活动所构成的；而辅助活动是由采购、技术开发、人员管理和企业基础设施等活动构成的。那些互不相同但又相互关联的生产经营活动构成了价值链，并且价值链是一个不断创造价值的动态过程。

随着供应链的发展，人们对供应链的认识越来越深刻。20世纪90年代，山科（Shank）和戈文达拉詹（Govindarajan）在他们各自的研究中所描述的价值链比迈克尔·波特的研究中所描述的价值链更加深刻。山科和戈文达拉詹认为企业应当将其价值链纳入整个行业中去审视。价值链包括供应商供应原材料、制造商进行生产加工到最终向用户交付商品的整个过程。企业需要深入分析处于相同位置或邻近位置的竞争者，以便制定合理的战略，从而达到提高其竞争力的目的。

随着精益管理理念的出现，沃马克（Womack）和琼斯（Jones）及马丁（Martin）这三人进一步推动了价值链发展成价值流。价值流是从开始到结束的一系列连续的活动。

1990年以后，物流管理的发展结合了价值链和价值流这两个观点，并使用供应链来定义产品从无到有的各项业务活动。例如：客户需求、产品设计、原材料采购、产品生产、销售、最终将产品交付给消费者等。

那么什么是供应链呢？

在国家标准《物流术语》（GB/T 18354—2006）中将供应链定义为生产及流通过程中，为了将产品或服务交付给最终用户，由上游与下游企业共同建立的需求链状网。中国学者马士华认为，供应链以核心企业为中心，通过信息流、物流、资金流等方式控制相关活动；是从原材料采购开始，到生产中间产品，最终产品生产直至交货的全过程；是连接供应商、制造商、分销商、零售商和最终用户的功能性网络结构。供应链不仅是连接供应商和用户的物流链、信息链和资金链，同时也是一条增值链。供应链中的物料通过加工、包装、运输等过程增加其价值，给相关企业带来利益。

可见，供应链通过采购、生产、分销等活动来满足顾客的需求。供应链包括供应商、制造商、运输商、仓库、零售商和顾客，并且供应链中的每个环节包括满足顾客需求的所有职能部门。

（二）供应链的基本结构

供应链有以下五种基本要素。

（1）供应商。供应商是指给生产厂家提供原材料或零部件的企业。

（2）制造商。制造商或称为厂家。主要负责产品生产、开发和售后服务等活动。

（3）分销商。为实现将产品送到经营地理范围每一角落而设的产品流通代理企业。

（4）零售商。将产品销售给消费者的企业。

（5）物流企业。专门提供物流服务的企业，其中批发、零售、物流业也可以统称为流通业。

（三）供应链的流

供应链一般包括物流、商流、信息流和资金流这四个流程。四个流程有各自不同的功能以及不同的流通方向。

1. 物流

物流是指物资或商品流通的过程。物流的方向是由原材料供应商指向制造商、批发、零售商等，最终指向消费者。许多物流理论都涉及如何高效率、低成本地将货物送达客户手中。

2. 商流

商流是指买卖的流通过程，也是指接受订货、签订合同等的商业流程。

商流的方向是在供货商与消费者之间双向流动的。

3. 信息流

信息流是指商品及交易信息的流程。该流程的方向也是在供货商与消费者之间双向流动的。

4. 资金流

资金流是指货币的流通。资金流对于企业的生存、发展十分重要，如果没有足够的资金流将导致企业不能正常运行。当企业能确保资金的及时回收，企业就可以建立完善的经营体系。该流程的方向是由消费者经由零售商、批发与物流、厂家等指向供货商。

（四）供应链的特征

供应链是一个网链结构，网链中节点企业和节点企业之间是一种需求与供应关系。供应链主要具有以下特征。

1. 复杂性

供应链涉及范围较广，且链节点企业组成跨度较大。供应链往往由多个不同类型，甚至是不同国家的企业所构成，因此供应链结构模式比一般单个企业的结构模式更为复杂。

2. 动态性

市场需求、市场环境是不断变化的，所以供应链中各个环节的企业会根据市场的变化对公司的战略安排进行调整。节点中的企业也会根据市场的变化而动态地更新自身的战略，这就使得供应链具有明显的动态性。

3. 响应性

供应链的产生、存在和重构都是基于特定的市场需求而存在的。在供应链运作过程中，用户的需求拉动是供应链中信息流、产品流和资金流的驱动源。

4. 交叉性

企业可以同时是多条供应链的节点企业，因此多条供应链会交叉，从而形成交叉结构，增加了协调管理的难度。

（五）供应链的目标

每一条供应链的目标都是供应链整体价值最大化。供应链所创造的价值（value），又称为供应链剩余（supply chain surplus），就是最终产品对于顾客的价值与供应链为了满足顾客的需求所付出的成本之间的差额。

$$供应链剩余 = 顾客价值 - 供应链成本 \qquad (1-1)$$

最终产品的价值是指顾客愿意为其支付的最高金额。消费者剩余（consumer surplus）是指最终产品的价值与顾客所愿意支付的保留价格之间的差额。供应链剩余中剩下的部分就变成了供应链盈利（supply chain profitability），即来自顾客的收入与供应链的总成本之间的差额。供应链盈利是供应链所有环节和中间商所共享的总利润。供应链盈利越高，供应链就越成功。对于大多数以盈利为目的的供应链来说，供应链剩余与利润之间存在很强的关联。

对于任何一个供应链来说，收入只有一个来源，就是顾客。顾客愿意用相对的金钱购买该商品的原因有许多，例如产品的功效、物流的快慢、售后服务的优劣等。只有顾客是在为供应链提供真正的现金流，其他所有现金流都只不过是供应链内部的资金交换。在供应链中物流、商流、信息流和资金流都会产生成本，因此对这些流程进行有效的供应链管理可以相应的减少成本。

二、供应链管理

（一）供应链管理的提出背景

自20世纪90年代以来，随着自动化和信息技术在制造型企业中的不断应用，极大地提高了生产效率和产品质量，满足客户的需求。在整个产品生命周期中，人们关注的焦点是供应链和整个供应链系统。

为了在新环境下激烈的市场中得以生存发展，各公司必须与其他公司优势互补，充分发挥核心竞争力，建立战略合作伙伴关系。并在一种跨公司的集成管理模式下，使得供应链中各个企业统一协调起来，这便是供应链管理（supply chain management，SCM）思想的产生。

（二）供应链管理的定义

在国家标准《物流术语》（GB/T18354-2006）中将供应链管理定义为对供应链涉及的全部活动进行计划、组织、协调、控制。

此外，一些其他对于供应链管理比较被认可的定义如下：

美国的威利安·科帕奇诺（Willian C. Copacino）将SCM定义为："管理从供应源到最终用户之间的物料和产品流的艺术。"

1996年成立于美国的供应链协会将供应链定义为："供应链管理是为了生产和提供最终产品，对供应商的供应商到顾客的顾客而做出的一切努力。"

日本经营学杂志《日经情报战略》将供应链管理定义为："跨越企业组织的边界，作为一个完整的流程共享经营资源和信息，以整体优化为目标，彻底消除流程中的浪费的管理技术。"

日本的学术团体 SCM 研究会从顾客的角度出发,将供应链定义为:"将整个供应链上各个环节的业务看作一个完整的、集成的流程,以提高产品和服务的顾客价值为目标,跨越企业边界所使用的流程整体优化的管理方法的总称。"

因此,我们可以将供应链管理定义为:"对供应链上的各个企业以及顾客看作一个集成组织,并对此组织进行相关的集成管理行为,使得这个'链'的物流、商流、信息流和资金流合理并相对最优化,从而实现供应链总剩余的最大化。"

(三) 供应链管理的四个环节

供应链的五个阶段主要如图 1-1 所示,首先供应商提供原材料,给制造商制造出成品,然后再由分销商将产品分销给零售商,最终将产品送到顾客手中。在现实中,一个制造商可以从多个供应商那里购买原材料,然后供应给多个分销商。因此,大多数供应链实际上是一个网络。

供应商 → 制造商 → 分销商 → 零售商 → 顾客

图 1-1　供应链的五个阶段

按照上述供应链的五个阶段,供应链管理一般可以分为四个环节:顾客订货环节;补货环节;制造环节;采购环节。每一个环节都是发生在供应链两个相邻阶段之间,具体如图 1-2 所示。

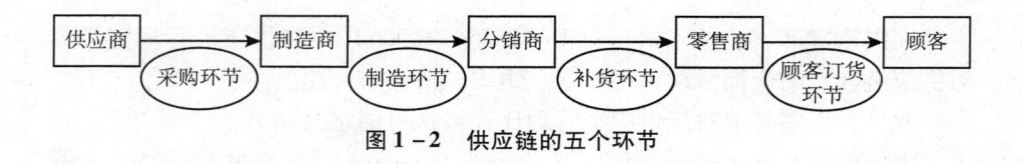

供应商 →(采购环节)→ 制造商 →(制造环节)→ 分销商 →(补货环节)→ 零售商 →(顾客订货环节)→ 顾客

图 1-2　供应链的五个环节

供应链的环节明确地界定了供应链所包括的所有流程以及每个流程的承担者。在考虑运作决策时,环节观点是非常有用的,因为它明确了供应链每个成员的职责和任务,以及每个流程的预期产出。

第二节 供应链管理的发展

一、发展历程

20世纪90年代,欧美国家提出了供应链管理的相关概念,其发展历程主要经历以下四个阶段。

(一) 企业内部功能集成

最初企业将其目光集中在企业内部部分功能的集成,特别是原材料采购、物流两大功能。企业将原材料采购和库存控制集成为物料管理功能,将送货、分拣等集成为配送功能。虽然对内部部分功能的集成可以带来利益的增加,但是不能实现企业的均衡发展。

(二) 企业一体化管理

在这一阶段中企业将其各项分散的物流功能集中起来作为一个系统管理,即将采购、运输、配送、储存、包装、库存控制等功能集成作为一条供应链从而实行一体化管理。因为若将这些部门分开让其各司其职,容易忽略整个企业的总成本,忽视各个功能之间的相互作用与联系,并且各功能要素之间可能存在负反馈,因此各部分最优并不能保证总体最优。

在企业一体化管理中,原材料采购的重要性变得尤其重要,其承担此阶段交易成败的全部责任。所以企业对于供应商的选择变得更加看重,这也改善了企业与供应商之间的关系。并且企业也更加注重顾客的需求,倾向于选择更好的物流服务供应商来提供及时的运输以满足顾客的需求。

但是,若企业仅仅是在内部形成一条链,不从外部寻求援助与合作,依旧对于公司发展是不利的。往往是行业领导者看到这一弊端,从而带动其他企业进行行业间的合作,形成一种合作伙伴业务协同关系。

(三) 合作伙伴业务协同

随着各种技术进步的越来越快,企业逐渐意识到决定一个产品的竞争力的是这个产品的产业链而非某一个企业,于是各企业之间开始了一种合作伙伴业务协同关系。上文中提到供应链剩余的概念,即最终产品对于顾客的价值与供应链为了满足顾客的需求所付出的成本之间的差额。由此可见供应链各供应商、制造商、销售商之间成本的转移并不能减少整个供应链的成本,最终仍要看的是该产品的售价。若产品自身不够出色,那么其价值自然也不会太大,最终受损失还是供应链上的各个企业。于是,企业想到应该加强同一供应链中各企业之间的协同合作,一起想办法提高产品的核心竞争力。

在这一阶段中,企业提出了供应商关系管理这一管理模式以改善同供应商之间的关系,共同想办法改善产品成本。并且引进了仓库管理系统、运输管理系统以加强和供应商之间的信息交流。各企业之间建立起长期的战略合作伙伴关系。而为了更好地满足顾客需求,又产生了客户关系管理,企业明白顾客是产品供应链上的唯一收入来源,顾客才是核心,及时了解顾客的需求并快速满足才是增长供应链剩余的根本。

(四)价值链协作

随着电子商务等高新技术的发展,企业之间构成的价值链网络应该具有快速反应的能力:供应商知道什么时候调整供应的量,销售商也知道什么时候多摆上什么样的产品,运输物流方面也知道应该怎样分配车辆进行运输。这样一条共享信息,将延误成本降到最低的供应链,才能以最快的速度发现机遇并满足顾客,从而创造更大的供应链剩余。

二、发展趋势

随着电子商务、互联网等高新技术的不断发展,在新的市场环境下企业面临着更激烈的竞争。在这种市场环境下,企业不仅要面临企业与企业之间的竞争,还要面对供应链和供应链之间的竞争。为了增加企业自身的效益,现在的供应链正向着绿色可持续发展供应链、全球网络化供应链等方向发展。

随着不可再生能源的不断消耗、环境的日益恶化,人们对维持生态平衡、保护环境的呼声越来越高。各国政府相继颁布环境保护等法令。为了响应国家的号召,各个企业将绿色环保理念融入供应链管理当中,以获取长久的经济效益。

伴随着信息网络技术的发展,各个企业在很短的时间内就能高速获取全球范围内的信息。信息网络化的趋势必然带给供应链极大的机遇,掌握了信息,企业就掌握了主动权,制造商可以知道在全球范围内任何区域对自己制造出来材料的需求,从而更好地安排制造计划;供应商则随时可以知道自身产品顾客数量的大致趋势,从而选择哪种产品大量供应。这些都是网络化带来的优势,并且随着网络化的发展,电子商务也日益被更多人所选择,在以后甚至每个人都可以成为分销商,他们只需要远程协调产品到顾客的运输从中获取利益。

但是网络化带来的信息不完全是真实可靠的,这就需要企业对所获的信息进行筛选，过滤掉无用信息，将有用的信息保留下来。这就要求企业要具有辨别真假、筛选信息的能力，这样才能提高网络化供应链的效率。

第三节 供应链管理面临的挑战

当今市场的竞争，往往以供应链竞争的形式出现。这一方面是由于供应链在整个产品价值链中的地位愈发重要；另一方面供应链本身的边界也在不断延伸。如今的供应链，已经远远超越传统意义上的采购、制造或物流领域，它覆盖了从客户需求到客户满意的全业务链条。随着科技的不断发展，供应链管理同时也面临着许多新挑战。

一、环境与可持续发展

随着资源的不断消耗，世界资源正在枯竭，世界各国均提出可持续发展的相关政策。各国对绿色发展问题高度重视，立法保护环境和严格开展执法，并且人们的环保意识不断加强。在这些情况下，规制催生了变化。例如：欧盟的报废电子电气设备（WEEE）和限制有害物质（RoHS）指令驱使移动电话制造商重新思考它们的设计和供应链管理。相反，星巴克公司则被迫把注意力放在当地的供应源的可持续发展上，这是因为供应源的质量直接影响了最终产品的质量。

在中国，《中国制造2025》和《国务院办公厅关于积极推进供应链创新与应用的指导意见》均提出打造绿色供应链，推动供应链标准体系建设，促使我国电子电气行业着重考虑绿色可持续发展的供应链。从供应链的各个环节减少对环境的影响。

环境问题和相关政策对于公司是一个机会，这个机会可降低公司成本（例如产品包装的改变）。这也代表一个挑战，因为这些机会需要供应链不同成员之间的相互合作。要想取得成功，必须设计一个保证整条供应链发现和抓住可持续发展的战略。

二、循环经济

传统线性经济模式是由原材料供应商供应原材料，制造商加工成品后，经销商销售给用户。对于传统经济而言，产品是供应链的末端，资源未得到有效的回收再利用，造成资源浪费，不利于保护环境和绿色理念的发展。传统经济的供应链如图1-3所示。

图1-3 传统经济的供应链

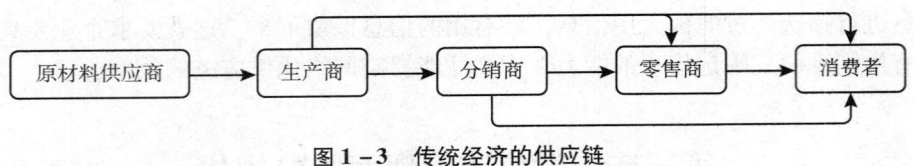

循环经济即物质循环流动型经济，是相对于传统线性经济而言的，其以物质闭路循环和能量梯次使用为基本特征，其基本原则是资源使用减量化、废物再利用、资源使用再循环。循环经济是一种经济发展模式，倡导对废弃物进行回收利用、无害化以及再生处理，以提高资源的利用率。"资源—产品—再生资源"的循环利用模式是其最本质的特征。循环经济的供应链如图1-4所示。

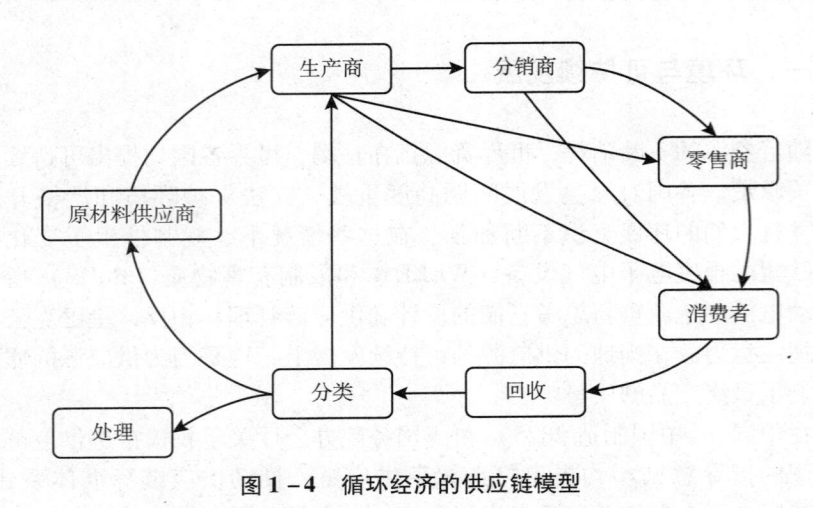

图1-4 循环经济的供应链模型

三、互联网经济

随着科技不断发展，高新技术的使用范围越来越大，带来了以下几个挑战。

（一）互联网带来筛选有效信息的压力增大

大量信息的飞速产生和通信技术的快速发展迫使企业将工作重心转移到如何快速过滤信息上，从而获得有效的信息。

（二）互联网带来的市场全球化

互联网的发展拉近了人与人之间的距离，当然也加大了企业之间的竞争。市场的全球化在全球的范畴内造就了更多的竞争对手。全球化也带来许多不确定性因素。例如：全球化的市场带来了供应提前期的延长、运输时间的延长、如何选择运输方式等问题。

（三）互联网带来全球性的技术支持和售后服务

互联网将企业的业务扩大到全球的范畴。赢得客户的信赖是一个企业增强自身竞争力的重要因素之一。赢得客户信赖不仅要依靠具有吸引力的质量，还要依靠及时有效的售后技术和服务的支持。

四、生鲜经济

随着时代的发展，消费者的要求和期望越来越高。生鲜供应链要求以更短、更快、更高效和低成本的结构来靠近消费者，降低库存，快速反应客户需求。但其中存在着巨大的挑战。生鲜产品具有季节性、地域性、生命周期短等特点，往往需要冷链运输。而生鲜产品的存储和运输条件也极为苛刻，具有时效性、鲜活性、易损性等诸多问题，使得生鲜的运输成本大大提高。

我国农业现代化程度不高，冷藏条件差，产地管理不足，企业想要为客户提高更好的产品，还需要不断的优化生鲜供应链管理。永辉超市建立自营体系，自行采购与销售生鲜产品。永辉超市的采购方式有以下四种：自建农产品种植基地的基地采购、与当地种植农户进行合作的当地采购、在全国各地建立采购中心进行远程采购和批发市场采购。永辉超市通过基地采购和当地采购这两种采购方式，不仅可以极大程度地保证生鲜产品的新鲜程度，还能降低采购和物流的成本。这种产销联合机制的"永辉模式"，成为同行短期内难以模仿的核心竞争力。永辉超市还建立了完善的冷链系统，通过建设恒温库、速冷库、冷库等多种冷链设施来保证生鲜产品的质量。根据生鲜产品的特点进行保存，以降低运输损耗。

盒马鲜生供应链主要坚持原产地直采＋直达＋溯源的采购模式。盒马鲜生有专门的采购部门进行采购产品，运输直达盒马鲜生加工中心进行统一的加工、包装和定价，达到统一标准后通过冷链运输到各个门店进行销售。盒马鲜生通过减少中间的运输环节以降低生鲜品的损耗。盒马鲜生为客户提供溯源服务，保证产品质量，赢得客户的信任。特色DC温控加工检测中心是盒马鲜生的暂时中转中心，在此处进行质检、品控，以实现商品标准化并保证产品质量。

思考与练习

1. 什么是供应链和供应链管理？
2. 简述供应链的发展历程。

3. 简述供应链的特征。
4. 简述供应链管理的四个环节。
5. 简述供应链管理面对的挑战？

案例分析　宝洁"牛鞭效应"的医治

宝洁公司（Procter & Gamble，P&G）在研究"尿不湿"的市场需求时发现，该产品的零售数量相当稳定，波动性并不大。但在考察分销中心向它订货的情况时，却发现波动性明显增大，分销中心称他们是根据汇总销售商订货的需求量订货的。宝洁公司进一步研究后发现，零售商往往根据对历史销量及现实销售情况的预测，确定一个较客观的订货量，但为了保证这个订货量是及时可得的，能够适应顾客需求增量的变化，他们通常会将预测订货量增大一些向批发商订货。批发商出于同样的考虑，也会在汇总零售商订货量的基础上再加一定增量向销售中心订货。这样，虽然顾客需求量并没有大的波动，但经过零售商和批发商的订货后，订货量就一级级地放大了。

在供应链的运作过程中，许多制造型企业在生产经营过程中会发现同一种商品的顾客需求较稳定，变化不大。但是上游供应商往往比下游供应商维持更高的库存水平。这种越往供应链上游走，需求波动程度越大的现象。正是供应链中的"牛鞭效应"。

解决方案：

1. 避免多头需求预测

在通常情况下，供应链中每一成员通过他们的计划传递其预测信息。当然，来自下游成员的需求输入，是由他的下游成员需求预测而产生的。对供应链中消费数据的重复过程的补救措施，是在下游到上游的可能状况中确定统一需求参数，一种有效方式是上游和下游实施信息共享，上游应力图获得下游运动过程的需求信息。

例如，在美国电脑业中，制造商需要来自分销商中心仓库存货的销售数据。尽管这些数据并非完全等于销售点（POS）数据，但制造商以这些数据作为与分销商保持联系的重要措施，这种措施可缩小供应链中上、下游在需求预测方面的差异。

2. 加强库存管理

避免人为地处理供应链上的有关数据，是使上游企业获得其下游企业真实需求信息的有效办法。IBM、惠普和苹果等公司在合作协议中，明确要求分销商将零售商中央仓库里产品的出库情况反馈回去。虽然这些数据没有零售商销售点的数据那么全面，但这仍然比把货物发送出去以后就失去对货物的信息要好得多。

使用电子数据交换系统（EDI）等现代信息技术对销售情况进行实时跟踪，也是解决"牛鞭效应"的重要方法。如 DELL 通过 Internet/Intranet、电话、传真等组成了一个高效信息网络，当订单产生时即可传至 DELL 信息中心。由信息中心将订单分解为子任务，并通过 Internet 和企业间信息网分派给各区域中心。各区域中心按 DELL 电子订单进行组装，并按时间表在约定的时间准时供货。从而实现了订货、制造、供应"一站式"完成，有效地防止了"牛鞭效应"的产生。

联合库存管理策略是合理分担库存责任、防止需求变异放大的先进方法。在供应商管理库存的环境下，销售商的大库存并不需要预付款，不会增加资金周转压力。相反，大库存还会起到融资作用，提高资本收益率，甚至大库存还能起到制约供应商的作用，因此它实质上加剧了订货需求放大，使供应商的风险异常加大。联合库存管理则是对此进行修正，使供应商与销售商权利责任平衡的一种风险分担的库存管理模式，它在供应商与销售商之间建立起了合理的库存成本、运输成本与竞争性库存损失的分担机制。将供应商的全责转化为各销售商的部分责任，从而使双方成本和风险共担，利益共享，有利于形成成本、风险与效益平衡，也有效地抑制了"牛鞭效应"的产生和加剧。

3. 消除不合理的短缺博弈现象

当供应商面临短缺，不是根据订单来分配产品，而是按照比例定量分配订货，如美国通用公司在短缺供应时长期使用这一分配方法。当消费者毫无制造商供应信息时，短缺中的"博弈"现象达到最高峰。充分享有生产能力及存货信息，能帮助缓解消费者的不安，最终减少博弈中的需求。但是，当出现真正短缺时，享有生产能力信息又显得不足，制造商就可预先与消费者签订销售旺季的订单，这样他们就能调节生产能力，更好地安排生产时间。此外，由于制造商赋予零售商慷慨的退货政策扩大了博弈现象，在毫无惩罚的条件下，零售商将继续扩大他们的需求及取消订单，因此有必要实施更严厉的取消订单的政策措施，这对缓解"牛鞭效应"也是有益的。

4. 提前回款期限

提前回款期限，根据回款比例安排物流配送，是消除订货量虚高的一个好办法。因为这种方法只是将初期预订数作为一种参考。具体的供应与回款挂钩，从而保证了订购和配送的双回路管理。提前回款期的具体方法是将会计核算期分为若干期间，在每个期间（假如说一个月分为三个期间或者四个期间，每个期间 10 天或者 7 天）末就应当回款一次，对于在期间末之前积极回款者给予价格优惠等。

5. 实施渠道联合

在供应链中，除了信息共享外，还必须加强上游和下游之间在定价、运输、库存计划及所有权的有机整合，建立优先合作机制，如建立统一控制的库存系统。

综上所述，在供应链中的"牛鞭效应"是由"合理的决策"而引起的。人们能通过完全理解它产生的原因而采取措施来缓解它。当然，要想进一步消除它的影响，还必须不断实施管理创新。

（资料来源：陈明蔚：《供应链管理》第 2 版，北京理工大学出版社 2018 年版）

案例分析题：

1. 宝洁公司是如何消除"牛鞭效应"的？
2. 结合案例阐述"牛鞭效应"产生的原因。"牛鞭效应"对企业经营有何影响？

参 考 文 献

[1] 储萌：《我国生鲜电商发展现状以及趋势》，载于《电子商务》2015 年第 9 期。

[2] 王雁、刘光复、刘志峰：《基于 Internet 的绿色供应链》，载于《机械科学与技术》2003 年第 5 期。

[3] 田源：《供应链管理发展状况分析》，载于《物流技术》2004 年第 8 期。

[4] 付磊：《基于可持续发展的绿色供应链管理设计策略研究》，吉林大学 2008 年。

[5] 陈明蔚：《供应链管理》（第 2 版），北京理工大学出版社 2018 年版。

[6] Robert B. Handfield, Introduction to Supply Chain Management. *Prentice-Hall*, 1999, pp. 175–184.

[7] Charles C. Poirier, Advanced Supply Chain Management. *New York*: *Berrett-Koehler Publishers Inc*, 1999, pp. 68.

第二章

供应链生产管理

引导案例　"利丰集团"的供应链生产管理

　　香港利丰集团是香港历史最悠久的出口贸易商号之一，其起源于广州的华资贸易。1906年，冯柏燎先生和李道明先生在广州创立了当时中国第一家华资对外贸易出口公司——利丰贸易公司。初时两位创始人对利丰的规划是从事服装、电子产品、塑料花及玩具等与众不同的出口生意，凭借着两位创始人对西方商业模式的深刻了解，令利丰的生意很快走上了正轨，迅速地成为当时香港最大的出口商之一。到20世纪70年代初，冯氏家族第三代传人冯国经先生和冯国纶先生从美国留完学回到香港，开始从事利丰家族业务。当时作为采购代理中间商的利丰公司前景并不被看好，因此两位海归人决定同父亲合力策划公司的业务架构重组，以专业管理方式，统筹利丰业务，实施现代人力资源管理的经营策略。1973年，利丰正式成为香港上市公司。80～90年代，东亚及东南亚工业化程度迅速增长，不少经济体开始融入全球供应链，地区经济实力不断增强，利丰也在这一波工业化浪潮中抓住机会，日益扩展其供应商网络。90年代，利丰开始考虑将采购业务拓展至全球，而不仅仅只是东亚核心市场。1995年，利丰公司又先后收购了英之杰、太古贸易等公司，使得利丰公司规模、业务逐渐从一个家族企业扩大到一个大型的国际贸易集团。

　　成立初期的利丰充当的仅仅是将供应商产品介绍给客户的中介角色，但这种情况因贸易公司的竞争越来越激烈，制造商规模也越来越大而急需发生改变。因此利丰从传统的中间商模式转化成为"分散生产"的管理者，或称为"无疆界生产"的模式。在这种模式下，若顾客给利丰一个简单的产品概念，利丰就会为他们量身定制一套完整的生产计划。利丰会根据顾客设计师提出的草案，对市场进行调研，采购合适的原材料或半成品，并按照产品草案制造部分样品。当顾客认为样品比较符合要求后，利丰便会为下一周期的产品提出一套完整的生产计划。并且利丰会对工厂的生产进行规定和控制，也可能同时在多余的工厂生产，以确保质量并及时交付。在这种"无疆界生产"模式下，利丰着手高附加值的业务（如设计和质量控制规划等），而将较低附加值的业务（如生产工序等）分配到南亚以至加勒比海及中东这些劳动力成本较低的区域，使整个生产管理过程实现真正的全球化。

时至今日，利丰已成为香港最大的出口贸易集团，它是由一个传统的家庭式进出口贸易公司，成功转型为以供应链管理模式运行的现代国际贸易集团。利丰在不断的实践中开创了亚洲供应链管理的先河，该企业在实践中不断创新、改善自己的供应链管理，使自己成为现代商贸的巨擘。

利丰以顾客需求为中心来设计产品并且加以组织生产，在全球范围内进行采购并寻求生产合作者，制订合适的生产计划，以供应链管理思想对生产过程进行管理及控制，并要求及时将信息传达及时准确，以便预留足够生产能力从而在集团接受订单时能够快速响应顾客的个性化需求，迅速生产出合格产品并按要求交付。

利丰集团的成功离不开其成功的供应链生产管理。那么，在供应链环境下生产管理和传统的生产管理有什么不一样的地方呢？生产管理的发展历史又是怎样呢？供应链环境下的生产计划、控制与组织又有什么模式呢？本章将详细介绍。

（资料来源：罗青《香港利丰集团公司发展战略研究》，上海交通大学，2011年）

第一节 供应链环境下的生产管理概述

一、供应链环境下的生产管理决策环境的特点

（一）决策信息多元化

在传统生产管理下，计划的决策信息通常来源于需求信息（如客户订单和需求预测等）和资源信息（如原材料、人力、设备等约束）两方面。而在供应链环境下，进行生产计划的决策信息不仅来自企业内部，还来自供应链上游的供应商及下游的分销商和顾客，其信息来源更加多元化。

（二）群体决策

传统的生产计划决策仅仅只是针对自身企业的集中式决策。而在供应链

环境下，生产计划的决策模式则转为分布式的群体决策过程。供应链中各个企业的生产计划决策会相互影响，如制造商通常需要考虑供应商的生产计划后，再根据自身的情况制订出一套合理的生产计划。因此这也意味着各企业之间还需要协调机制和冲突解决机制来调节供应链企业之间存在的生产计划决策的矛盾。

（三）信息反馈机制多样性

传统企业的生产计划通常是一种链式的信息反馈机制，即信息是在企业内部各个部门之间的直线传递。由于传统企业层级组织结构的特点，信息的传递一般都是从基层向管理层（权力中心）进行反馈，从而形成和组织结构平行的信息层级传递模式。而在供应链环境下，生产计划信息的传递是沿着供应链不同的节点方向形成的一种网络化反馈机制，而不是传统企业内部的直线链式反馈机制。

（四）计划运行的动态环境

在供应链环境下，生产计划通常是在不确定的动态运行环境下进行的，这就要求供应链的生产计划与控制系统具有更高的柔性和敏捷性。并且这种环境下的生产计划涉及的多是订单化的个性化生产，因此要求企业对市场变化作出快速反应。

二、供应链环境下的需求预测

在供应链的生产管理中，需求预测是一个十分重要的驱动因素。比如供应商需要通过预测其上游制造商企业的需求，来确定自己的生产计划；同理制造商、分销商、零售商都需要对下游企业需求进行预测。企业和供应链的管理者要想进行成功的需求预测，应该了解预测的特点和预测的方法。

（一）预测的特点

（1）预测通常是有误差的，所以应当同时兼顾预测的预期值和预测误差的度量。企业预测精度的不同相应会改变生产计划，因此企业应该认真对需求不确定性即预测误差进行估计。

（2）长期预测通常不如短期预测准确。企业在进行短期预测时正确率往往较高，较短的提前期使得管理者可以更加精确地将各种临时影响因素（如天气等）纳入考虑之中，从而使预测更加准确。

（3）聚集程度越高，预测的精度也越高。预测一个行业的销售情况往往比预测该行业某个企业的销售情况要准确得多。

（4）通常来讲，企业在供应链中位置越远离顾客，则收到的消息可能越不准确。订单的波动沿着供应链从零售商到分销商到制造商再到供应商不断加剧，这便是牛鞭效应（bullwhip effect），其扭曲了供应链中的需求信息，使得每一个阶段对于需求的预测各不相同。

（二）预测的方法

1. 定性预测方法

定性预测是一种依赖管理者的主观判断的主观预测。当掌握的历史数据非常有限或是专家给出的市场情报可能有所影响预测时，这种方法最为合适。

2. 时间序列预测方法

这种方法是基于假设过往的历史数据能够很好预测未来需求，即在各年度之间的基本需求变化幅度不大时，比较适合运用时间序列预测方法进行预测。

3. 因果预测方法

当需求极其容易受某些因素（如天气、季节、经济状况等）影响，比较适合运用这种方法来对未来需求进行预测。

4. 模拟预测方法

该方法通过对顾客选择商品的场景进行模拟来预测相关的需求。

以上四种预测方法很难说哪一种方法更加准确，很多学者研究发现将以上多种预测方法综合起来运用得到的预测结果相比单独使用某一种方法更加准确。

三、供应链环境下的企业管理模式——ERP

20世纪90年代后，随着供应链管理思想的发展，各个制造业企业发现如果只是依靠自身的资源很难有效地参与到市场竞争中，必须要把与制造过程的有关各个企业（如供应商、客户、制造工厂、分销网络等）集合起来，形成一个紧密的供应链中，才能更为有效地提高市场竞争力。这种思想上的转变意味着80年代主要面向企业内部资源的管理思想已经逐步被整体供应链管理思想所替代。

企业资源计划（Enterprise Resource Planning，ERP），是由美国管理咨询公司加特纳集团（Gartner Group）在1990年提出来的一种以系统化的供应链管理思想，通过现代信息技术为企业决策层及员工提供决策运行手段的模块化、集成性的管理平台。ERP刚提出时主要通过集成企业内部财务会计、制造、库存等信息流来快速为各个部门提供决策信息，从而提升企业的盈余能力及快速反应能力。而随着供应链概念的出现，ERP开始将信息集成的范围扩大到整个供应链，这也为供应链管理的信息化提供了新思路。

ERP是由MRP、MRPⅡ生产管理系统发展而来。MRP主要针对主生产业务流程的管理，具体包括定贷计划、生产排程、物料管理、库存控制、设备管理等模块；MRPⅡ在MRP的基础上增加了能力分析、会计核算、成本核算、人力资源管理等，从而进一步加强了企业内部信息集成。但MRP与MRPⅡ软件系统通常在计算过程中都要求固定计划周期，而缺乏优化能力，这也就限制了他们在全局供应链上的应用，于是便有了ERP这种面向供应链的管理信息系统。

ERP将信息集成的范围扩大到整个供应链，同时还集成了采购管理、质量管理、设备管理、项目管理、运输管理、客户关系管理等模块，并借助先进的计算机和网络技术（Internet/Intranet）实现与供应商、合作伙伴、分销商和顾客信息的快速传递，并为企业提供全方位的解决方案。

因此合理使用ERP可以使得企业比竞争对手更快、更多、更实惠地将产品供给顾客，避免供应链上任何环节的停滞，从而达到了加快企业物流运输效率、最大化地提高服务质量和增加顾客的满意度的目的。

第二节 供应链环境下的生产计划与控制

一、供应链环境下的生产计划

（一）供应链环境下的生产计划概述

在供应链环境下，制订一套合理生产计划是十分重要的，其可以改变产能配置和修订供应合同，在计划过程中必须涉及整条供应链的各个环节，若供应商在某个时刻做出生产计划的改变（例如增加产能）那么这条供应链上的所有企业都必须知晓并对自己的计划进行调整。理想情况下，供应链的各个阶段应当联合制订综合计划以最大化供应链绩效，如果供应链上的企业各自独立制订自己的生产计划，那么这些计划很有可能会相互冲突，从而导致供给短缺或过剩等情况的出现。而随着互联网技术、综合物流与流通结构等现代化信息新技术的出现，市场环境发生极大变化，供应链上各企业为了适应市场变化，开始加强与其他相关企业联合协作。供应链的革新不仅能够降低生产成本，还能够满足顾客的消费需求。因此，供应链生产计划为推动公司的发展以及增加股东的利益做出了巨大的贡献，并且慢慢演化成为供应链管理的同步化计划。

供应链同步化计划是企业实现敏捷供应链管理的必然选择,在当今顾客订单驱动的市场环境下,制造商必须具有在不确定的时间内,不断更新完善生产计划的能力。而要做到这一点,企业的制造加工过程、数据模型、信息系统和通信基础设备必须能够无缝地连接且实时地运作,这便是供应链同步化计划的主要思想。在一条供应链中,同步计划通过各个企业的信息集成来决定供应链中各企业应该做什么、什么时候完成、完成多少等问题。简单来说,供应链同步化计划就是指通过整条供应链上准确有效的共享信息来制订由最终顾客需求所驱动的生产计划。

(二) 供应链环境下生产计划的新要求

在供应链管理下,处于同一供应链上的企业通过物流、信息流和资金流进行紧密合作,从而到达拓展各个企业的各种资源的目的。而在供应链环境下制订生产计划的过程中,主要面临以下三个方面的新要求。

1. 柔性约束

柔性简单来说就是对所做承诺留有的一份余地。承诺是一个企业对其他合作企业的保证,如保证交货期、交货量等内容,企业之间只有通过相互的承诺来获得信任以及相对稳定的需求信息。但是,由于承诺的提出在时间上是提前于实施承诺内容的,因此,尽管承诺方都希望承诺能够尽量接近未来的实际情况,但是误差却总是不可避免。这才有了柔性的提出,柔性可以缓解承诺方出现误差的尴尬情形,给承诺方留有修正不太符合实际情况的机会。对生产计划而言,柔性是合作企业双方共同制定的一个合同要素;对于需求方而言,柔性代表着对产品未来产量变化的预测;而对于供方而言,柔性即是对自身所能承受的市场需求变化的估计,也是对自身生产能力的衡量。

2. 生产进度

生产进度信息对于供应链环境下检查生产计划的执行和修正完善生产计划十分重要,同时它也必须要能在各企业之间实时共享,只有这样才能使供应链中的各个企业快速准确地获取上下游企业的生产计划相关信息。因此使得上游企业能够准时供应,下游企业能够减少不必要的库存,从而避免了各合作企业供需脱节现象的出现,保证供应链整体的紧密衔接与集成关系。

3. 生产能力

在生产过程中,单靠一个企业的生产能力已经越来越难参与到市场竞争中,在供应链环境下,企业之间还应该考虑如何利用其他合作企业的生产能力,从而找到一个最优生产能力的组合。比如,供应商可以和制造商之间制定合同或者协议，让供应商帮忙生产在供应商富余生产能力之内的一些零部件之类的半成品，同时还要考虑到上游企业一定程度的柔性，这样制造商才能更加准确地制订自身的生产计划。

（三）供应链环境下制订生产计划的流程

在供应链环境下的生产计划模式的实施过程不再仅仅发生在企业内部，而是突破了企业的限制，也在企业之间实施该模式。企业间的生产计划流程如图2-1所示。

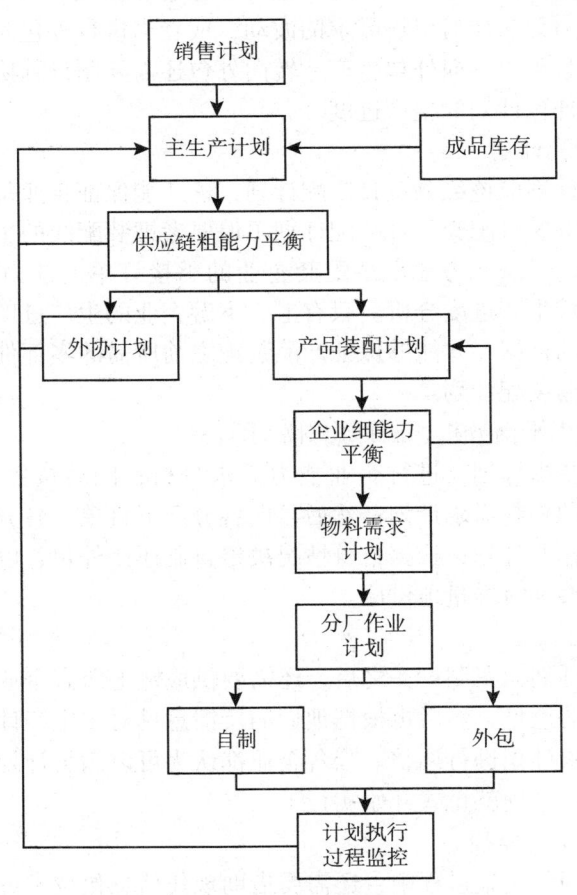

图2-1 生产计划流程

1. 建立主生产计划

主生产计划是连接企业销售计划与生产计划的枢纽。主生产计划主要任务是将销售计划具体化，同时也是表明产品数量和生产日期等具体因素的生产计划。主生产计划把产品的市场需求转化成为对企业生产的实际需求,从而实现同步化进行销售计划与生产计划,以销定产。

2. 供应链粗能力平衡分析

根据销售计划计算出主生产计划数量以后,再根据以往的主生产计划数据及销售的统计数据来判断该主生产计划是否合理,并提出初步意见,最后根据供应链上各企业资源情况进行粗能力平衡,同时对供应链上配套厂家的配套系统进行相应平衡和协调,以避免出现盲目大量生产的现象。

3. 外协计划

企业进行粗能力平衡后,对是否进行外包进行决策。当企业自身或上游企业的生产能力无法应对市场需求的波动,或者当进行外包时利润大于自己进行生产时,就可以转向外包生产。转向外包还需要制订外协工程计划,以便分析并控制外包计划的生产进度。

4. 产品装配计划

产品装配计划应该细分至日装配计划,这才能保证企业每月能够均衡生产且零部件能够按日配套。日装配计划不但要考虑装配线的生产能力及配套件生产的衔接,还需要考虑上游配套企业的承接订单的能力及相应生产进度,并对其进行生产进度分析。只有上、下游企业的生产进度信息一起作为滚动编制计划的依据,才能够保证产品装配之前所需的零部件、配套件能够保证当日的产品装配计划。

5. 企业能力平衡分析,制订物料需求计划

根据产品装配计划,进行企业能力需求分析;同时按照企业的库存水平,制订合理的物料需求计划;然后再向各分厂下订单,各分厂接受订单之后制订相应的作业计划,根据自身情况决定自制还是外包,以此来保证零部件等原材料能够准时准量地供应。

6. 计划修正

所有生产计划方案制订完之后,还需要供应链上所有企业都熟知方案并且征求各企业的意见,然后再根据他们的反馈意见对主生产计划、产品装配计划和物料需求计划进行调整。当各企业都认为可以满足计划中要求的生产能力之后,生产计划就正式开始实行了。

7. 计划的实时监控

在生产计划的实施过程中,还需要借助现代信息化技术进行实时的计划监控。供应链上的企业都应该将自身生产信息共享给其他合作企业,这样才能够及时应对各种突发订单引起的需求波动,更新自己的生产进度。同时企业还必须制定一套完善的信息录入制度,以确保信息的及时性和准确性。对于各个部门录入的信息,系统应提供多方位的审计功能,对于部门之间信息不一致的现象和可能出现的生产问题及时发出警报。

二、供应链环境下的生产控制

供应链环境下的生产控制主要包括以下内容：

（一）生产进度控制

传统环境下生产进度控制主要是根据生产计划来检查零部件的投入产出量、产品是否能及时交货等。而在供应链环境下，不再只是企业内部的生产进度控制，还包括了企业之间的生产进度控制，比如外包或协作生产的业务，所以相对来说更加复杂一些，因此需要建立一套行之有效的信息跟踪反馈及快速反应机制，以此来对供应链中各企业的生产进度信息进行跟踪与反馈，反馈内容主要可以有：订单的个性化要求（规格、质量、交货期等）、外包与自制情况、各企业车间作业计划以及采购计划等。

（二）生产异常控制

供应链环境下的生产相对来说更为复杂，生产异常也就更有可能经常发生。因此相关生产计划人员应该提前对可能发生的生产异常问题进行分析，并且找出发生问题的原因，然后向有关部门反映。例如原材料不足提前向供应商提出，这样将事后补救转为事前控制，可以减少生产异常的发生概率。而对于一些无法克服的生产异常情况，计划人员则应该考虑是否需要重新制订相关生产计划。

（三）供应链的生产节奏控制

供应链生产节奏控制即要求供应链上各企业之间及企业内部要保证节奏一致，也就是上文中提及的供应链同步化计划。供应商按时提供相关原材料、零部件，制造商则准时将要求数量的产品送达分销商或零售商，以此形成供应链准时生产系统，尽量避免延期交货而导致供应链中断、不能快速响应用户等情况出现。

（四）提前期管理

提前期管理的成功有助于实现供应链敏捷化制造以快速响应用户需求，应该尽量缩短提前期并且提高提前期的准时性。但是预测供应链中可能出现的不确定性相对来说更加困难，提前期制定人员要考虑到的情况更加复杂，因此需要一套行之有效的供应提前期管理模式和交货期的设置系统。

（五）库存控制和在制品管理

供应链环境下，对库存和在制品进行控制和管理可以有效地降低供应链中制造成本,并且库存的合理控制也需要考虑到不确定情况的出现。供应链库存管理的方法主要包括供应商管理库存(vendor managed inventory,VMI)、联合库存管理(jointly managed inventory,JMI)等。库存管理人员应该熟悉库存控制以提高对供应链的库存和在制品管理水平,制定合理安全库存水平,使得既能降低成本又能应对不确定性情况的发生。

三、供应链环境下的生产计划与控制集成系统

集成化供应链概念出现后,如何利用生产计划与控制系统集成使得他们的功能最大化,是许多学者研究的热点问题。本文在此介绍一种 MRP Ⅱ 与 JIT 生产计划与控制集成系统,即在生产计划和物料需求方面采用 MRP Ⅱ,在生产过程控制方面采用 JIT 方式。这种系统可以快速响应客户对产品的多样化、个性化需求,缩短交货期、提高质量、降低成本并且改进服务,使得企业在新环境中的竞争力显著增强。

(一) JIT

1. JIT 的概念和原理

JIT 生产方式又称为准时化生产方式(just in time)、零库存生产方式(zero inventories)、一个流(one-piece flow)或者是超级市场生产方式(supermarket production),其是丰田生产方式(toyota production system,TPS)的核心内容,是由公司副总裁大野耐一综合了单件生产和批量生产两者的特点和优点,创造出的一种能够在多品种、小批量混合生产条件下生产出高质量、低消耗产品的生产方式。

JIT 的含义是:"在正确的时间,以正确的方式,沿正确的路线,把正确的物料,送到正确的地点,按照要求生产正确数量的产品,每次都及时并且刚刚好。"JIT 的出发点就是不断消除浪费,降低库存,进行持续性循环式的改进。在生产现场控制技术方面,准时制的基本原则是在正确的时间生产正确数量的产品。

JIT 应用原理如图 2-2 所示。

由此可见 JIT 属于一种"拉动式"生产运作模式,要求工人采用"后工序领取,后补充生产"方式完成生产作业,即后工序到前工序只取用所需的数量,而前工序只生产被后工序取用的部分。

2. 实现 JIT 的工具——看板管理

实现 JIT 生产的重要载体为看板管理。看板管理是一种信息传达方式,利用看板可以及时传达生产信息,它能够把产品的生产和流动有效地结合为一体。

图 2-2 JIT 应用原理图

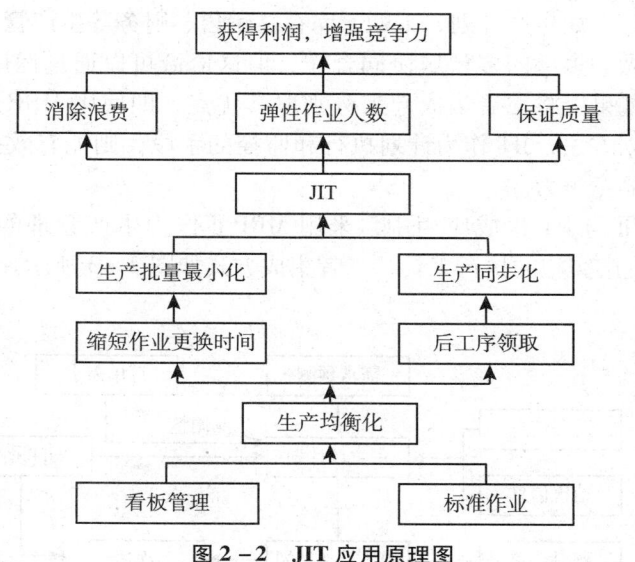

看板的目的主要有以下三点：

(1) 提高产品质量。在需要的时候按照需要的数量传达所需要的产品信息，不允许发生错误，一旦发生错误必须马上纠正。

(2) 改善作业的工具。把"看板"和产品结合在一起，能够清晰直观地看到产品名称、编号、数量等信息。如果一道工序的"看板"上停止了记录或者没有做任何记录，这就表明作业在该道工序上已经停滞。通过观察这种停滞状况，就能够明白作业进展情况，进而发现生产现场需要改善的地方。

(3) 降低库存的根据。"看板"数量和库存量直接关联，"看板"多，库存量就大。努力减少"看板"可以降低库存，减少生产过剩引起的浪费。

（二）MRPⅡ与JIT集成模式

由前面可知，MRPⅡ是一种推式生产运作系统，以物料的投入来推动生产运行，当生产发生较大变化或设备故障停机时，生产计划不容易进行调整，这样容易造成缺货损失或库存增大，实际生产与计划有较大偏差。JIT是一种用产成品取出的方式来拉动系统运行，采用下达生产指令给最后一道生产工序（或者关键工序）的方式指挥企业的拉式生产管理系统，能够弥补MRP缺乏生产计划实施监控的不足，但是JIT不适应于生产周期长的加工和采购，对产品简单、工序稳定的生产类型适应性较好。

在实际应用中二者均存在一些缺陷和不足，但在某些方面两者却是可以互补的，比如MRPⅡ对生产现场和车间执行状况管理不到位的缺陷正好可以通过实施JIT生产方式中的一些手段进行弥补和完善；与此同时，JIT对企业宏观管理,如生产计划、采购、库存、销售、财务等生产管理关节涉及较少,无法做到多部门多领域协同合作,但这恰恰可以通过运用 MRP Ⅱ 来完善。因此如果能将二者集成起来分别取其优点,即使用 MRP Ⅱ 作为制造系统生产计划方法,JIT 作为计划执行和监控的手段,则能有效提高企业运营绩效和产品竞争力。

在 MRP Ⅱ 与 JIT 集成应用中,采用 MRP Ⅱ 作为生产管理的指挥工具,将 JIT 作为生产实施的执行工具,二者集成方式如图 2-3 所示。

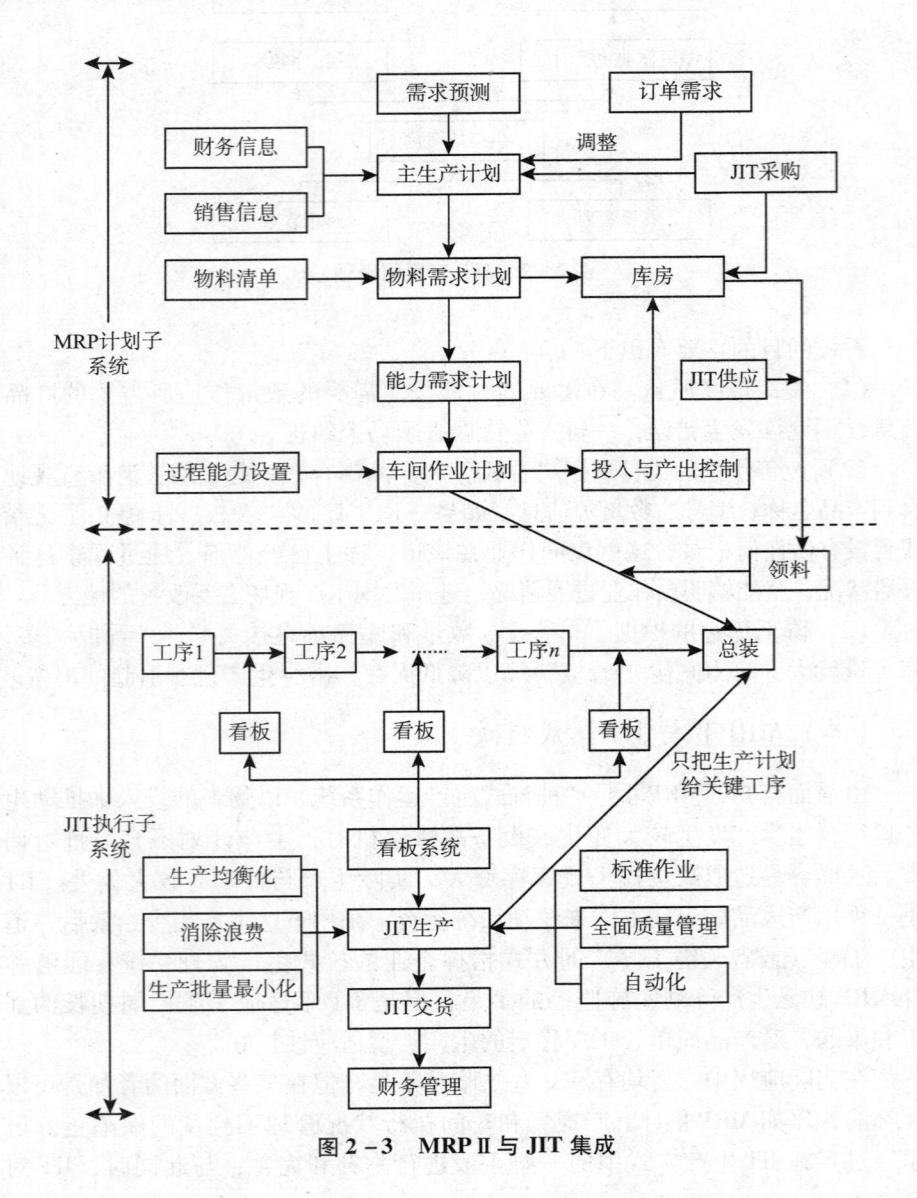

图 2-3 MRP Ⅱ 与 JIT 集成

在该集成体系中，上半部分为 MRP Ⅱ 计划子系统，下半部分为 JIT 执行子系统。在 MRP Ⅱ 计划子系统中，以主生产计划、物料需求计划、能力需求计划及车间作业计划为其核心内容。主生产计划根据之前的需求预测情况，结合目前订单需求和财务、销售信息等对此次订单做出计划安排并下达物料需求计划。根据订单产品的交付日期和需求物料要求，制定物料清单并交付库房取料。库房根据物料存量和规格要求进行备料交付生产线，或者通知采购进行补给并将结果反馈给主生产计划。除此之外，MRP Ⅱ 计划子系统还需考虑一次订单的能力需求，主要指人员配置是否合适、物料是否齐全、车间设备和环境是否满足生产等因素。在制订车间作业计划时，安排过程能力控制和投入/产出控制功能，实时监控车间作业进度和产出比率，避免出现无法按时完工交付产品和投入/产出失衡的情况出现。

下半部分为 JIT 执行系统，要想实现准时化生产必须做到生产均衡化、消除浪费、生产批量最小化、标准作业、全面质量管理和自动化。JIT 生产依靠车间作业计划将生产计划给关键工序，一般指最终加工工序，关键工序接受生产指令后根据订单情况开始领料。各工序间通过看板系统、后工序领取作业任务进行拉动生产。把"看板"和产品结合在一起，能够清晰直观地看到产品名称、编号、数量、加工状况等信息。要想达到提高生产效率、降低浪费，实现精益生产、准时化生产的目的，须保证采购准时化、物料供应准时化、加工作业排序最优化、看板更新及时化、各工序生产均衡化、作业标准化的实施。

第三节 供应链环境下的生产组织新思想——延迟制造

一、延迟制造概述

（一）延迟制造的基本思想

延迟制造策略的基本思想就是将产品多样化的点尽量后延。传统制造企业的产品生产流程包括零部件生产和装配，而基于延迟制造的供应链流程尽量延长产品的标准化生产，将可以差异化的生产过程尽量往后延，直到接收客户的具体订单后，了解顾客对产品的要求（如外观、功能、数量等）后才完成个性化的生产制造过程。

延迟制造生产策略和传统生产运作的区别如表 2-1 所示。

表2-1　　　　　　　　延迟制造和传统生产运作的区别

项目	传统运作	延迟制造
不确定性	具有品种和数量的不确定性	延迟降低品种和数量不确定性
批量	流水作业，实现规模经济	定制化生产、批量柔性化
库存水平	零部件和成品库存水平高	模块化和柔性化降低库存水平
提前期	长	准确反应，不超过订货周期
供应链方法	限制品种，获取效率优势	降低运作复杂性，提高柔性

（二）延迟制造的实施条件

并不是任何产品的生产过程都可以采用延迟制造策略，要想实施延迟制造必须具备以下几个条件。

1. 产品可模块化生产

可延迟制造的产品应该具有模块化特点，即产品在生产过程中，可以将其分解为各个模块，从而能够实现差异化定制。

2. 零部件可标准化、通用化

产品可模块化是可进行延迟制造的前提，此外还需要零部件具有标准化和通用化的性质。这样企业才可以将一些通用化、标准化的零部件事先进行生产加工或者外包，对于实现差异化的零部件则在接受客户个性化定制订单之后再来进行生产，从而实现延迟制造。

3. 经济上具有可行性

延迟制造的成本比起正常生产会有所增加，因此只有当实施延迟制造生产策略时预计收益大于成本时才有实施的必要。

4. 适当的交货提前期

当客户要求的交货提前期过短时，则延迟制造可能会来不及实施；当交货提前期过长时，则也就没有实施延迟制造的必要。因此，延迟制造的产品应该有一个合适的交货提前期。

5. 市场的不确定程度高

当生产的产品其市场细分程度高，顾客需求变化大，并且产品的特征如需求量、规格、外包装不能事先确定时，有利于延迟制造生产策略进行组织生产。

二、面向延迟制造的供应链设计

（一）面向延迟制造的供应链设计的要求

选择延迟制造策略的供应链，应该做到以下要求：

（1）建立一个相互联系的信息网络，包括经过挑选的供应商；
（2）成功平衡低库存和快速交货服务；
（3）要求供应链上的供应商积极地参与产品设计阶段；
（4）以合理的交货成本，高效地将正确的产品在确定的时间送到客户手中。

（二）面向延迟制造的供应链的特点

（1）采取延迟制造策略的供应链结构不稳定，且是以提高响应速度为主要目标的敏捷供应链。只有响应速度足够快，迅速制造出满足不同顾客需求的差异化零部件并进行装配，才能够及时反馈顾客的个性化定制要求。而要达到这样的响应速度的供应链，其结构也相对来说是没有那么稳定的。

（2）采取延迟制造策略的供应链之间的信息共享也要求更加迅速准确，且是基于 Internet 的信息技术密集型供应链。要想满足客户的多样化需求，客户的需求信息一定要能够迅速传达给相应供应商或制造商，同时所需的标准化的零部件也要及时运送至供应链中的相应位置。

三、面向延迟制造的供应链运作模型

（一）客户订单分离点

客户订单分离点（Customer Order Decoupling Point，CODP）就是指在客户订单完成过程（设计过程、制造过程、装配过程、交付过程和售后服务过程）中，定制活动开始的那一点。

延迟制造的实质就是实现 CODP 点在供应链上的后移。

（二）推动式供应链和拉动式供应链

推动式供应链的运作方式是以制造商为核心，产品生产出来后从分销商逐级推向用户。这种模式下分销商和零售商都是处于一个被动接受的地位，并且各个企业之间的集成度较低。

拉动式供应链的驱动力产生于最终客户，这种模式的供应链集成程度较高，信息交换速度快，可以根据用户的需求实现定制化服务，采取这种运作方式的供应链系统的库存量通常较低。

（三）面向延迟制造的供应链运作模型

通过上面 CODP 点以及推动式和拉动式供应链的介绍，可以知道在

供应链管理基础与前沿

CODP 左边的活动为推动式，在 CODP 右边的活动为拉动式。而根据 CODP 点在供应链中的位置的不同，我们可以分为按订单销售（Sale-to-Order）、按库存生产（Make-to-Stock）、按订单装配（Assemble-to-Order）、按订单生产（Make-to-Order）和按订单设计（Engineer-to-Order）这五种类型，如图 2-4 所示。

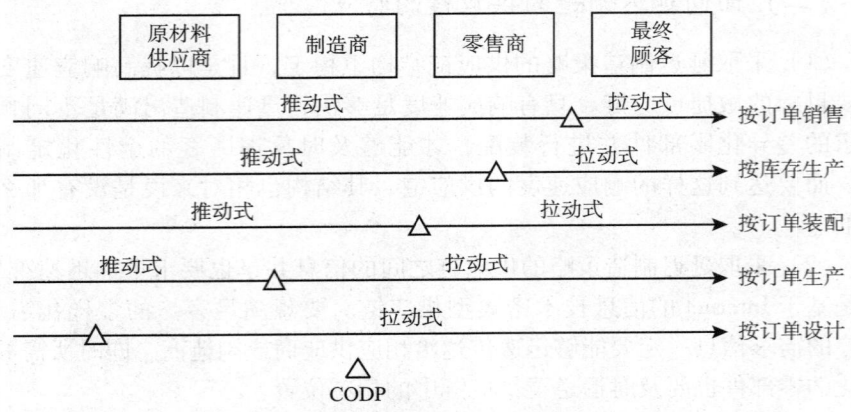

图 2-4 推动式和拉动式供应链模型

对于延迟制造来说，因为它实现的是规模经济和范围经济的结合，所以应采取"拉动为主，推拉结合"式供应链。如当选取装配点为 CODP 点时，则在装配之前，原材料供应商和零部件供应商应该根据历史需求数据采取 MP（量产）生产方式，而在装配中心实现延迟制造，从而在接受具体的顾客订单之后再进行成品的装配，以此实现个性化差异。

思考与练习

一、名词解释
1. ERP
2. JIT
3. 延迟制造
4. CODP 点

二、简答题
1. 简述供应链环境下的生产管理决策环境的特点是什么？
2. 预测有哪些特点？
3. 延迟制造的实施条件是什么？

案例分析 飞思卡尔半导体公司供应链环境下的生产管理

一、公司简介

飞思卡尔的历史可以上溯到1949年,当时摩托罗拉在美国亚利桑那州凤凰城设立了一个不大的研发机构,参与了部分固体技术的研究。这是摩托罗拉半导体业务的发端。此后,半导体业务成为摩托罗拉公司业务的基石。2004年,摩托罗拉半导体事业部成为飞思卡尔半导体公司。目前其总部位于美国得州的奥斯汀市。

飞思卡尔半导体(Freescale Semiconductor)是全球领先的半导体公司,为规模庞大、增长迅速的市场提供嵌入式处理产品和连接产品。自1953年公司原身摩托罗拉半导体部开始运营以来,就一直在半导体技术领域处于领先地位,并对整个行业产生了深远影响。

飞思卡尔面向汽车、网络、工业和消费电子市场,提供的技术包括微处理器、微控制器、传感器、模拟集成电路和连接。飞思卡尔的一些主要应用和终端市场包括汽车安全、混合动力和全电动汽车、下一代无线基础设施、智能能源管理、便携式医疗器件、消费电器以及智能移动器件等。飞思卡尔在2013年的全年营业额为41.9亿美元,目前全球拥有17000个员工、三个晶元厂和两个组装测试厂,并且在各地设有多家设计、研发、制造和销售机构。至今已获超过6000项专利产品系列,是美国第三大、全球第十大芯片制造商。

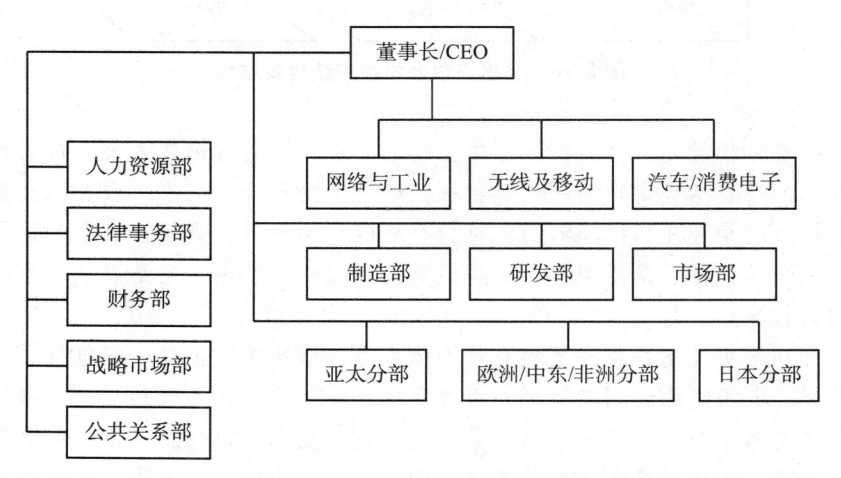

图2-5是飞思卡尔的组织结构图。

图2-5 飞思卡尔公司组织结构

| 供应链管理基础与前沿 |

从以上简介可以看出，飞思卡尔公司是一个集成了 IC 研发、芯片制造和封装测试整个流程的大型半导体企业。在 2004 年 IPO 独立后，如何保持其供应链持续的竞争力，快速反应市场需求赢得客户，成为飞思卡尔所应关注的问题。如何做好生产计划管理工作，并提高生产过程中的效率、降低运作成本是至关重要的，也只有这样才能更好、更快地满足市场客户的需求，并在竞争日趋激烈的供应链环境中立足。

二、飞思卡尔公司基于供应链的计划管理部门组织结构及分工

飞思卡尔的供应链计划体系的三个层级构成了一个形如金字塔的结构，如图 2-6 所示。

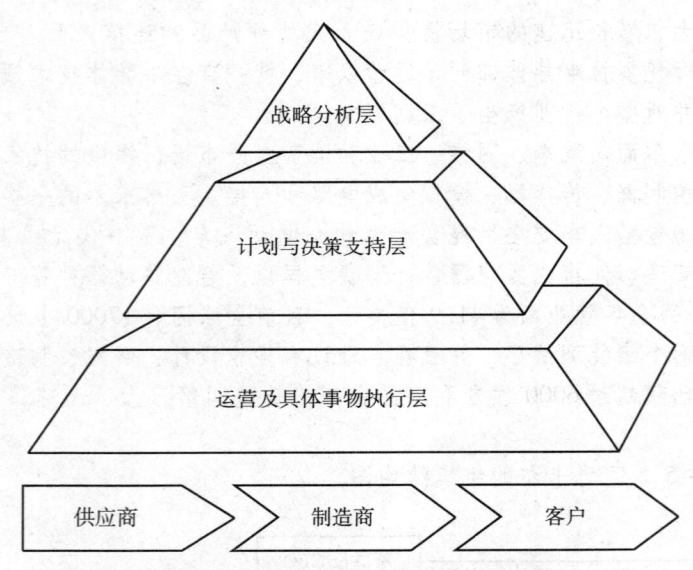

图 2-6　飞思卡尔公司供应链体系结构

战略分析层处于供应链计划体系的最高层，它的计划数据来自市场和销售部门，还包括决定产品的性能特征，新技术的选择和应用，服务以及库存的目标。它是企业的战略规则，包括企业的产品研发、市场占有率、销售收入、利润等，特别是要在财务和经济效益方面作出规划。它是以后各个层次计划的指导。

计划与决策支持层处于整个计划体系金字塔的中间位置。它包括了主生产计划，各工厂的计划与控制，需求预测和供需匹配，还包括了供应商的计划。它是体现企业经营规划的产品规划大纲，是它通过主生产计划调节将要生产、采购的物料量和在制品量。它的目标包括平衡生产率和控制库存量和未结订单量。

最后是运营及具体事务执行层,工厂对计划的执行,分销,整个生产过程,原材料的获得,都是这个层级所要关注的问题。

飞思卡尔公司还设立了供应链管理部门,该部门属于总公司的制造事业部。它就是上面的中间层级:计划与决策支持层。它负责对公司内部工厂、晶元代工厂(Foundry)和封装测试代工厂(Subcontractor)的全球生产计划与控制进行管理。

图2-7是供应链管理部门的组织结构图。

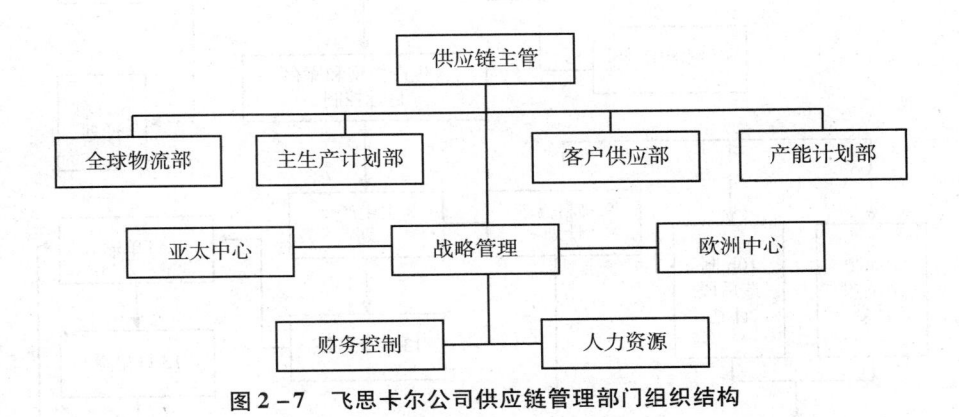

图2-7 飞思卡尔公司供应链管理部门组织结构

该部门体现了计划与决策支持层的具体分工和组织结构。它在整个体系中起着承上启下的作用,达成了从需求预测到具体生产计划与控制的转换。

三、飞思卡尔公司总生产计划与控制流程

公司的战略计划部门负责确定能够拓展的制造能力来决定资本投入,以适应战略需要。它间接地影响订单履行。销售计划部门确定何时何地减少剩余产能或应用富余资本投入扩大再生产。主生产计划部门根据当前产能来决定当前产品种类和数量并决定交货期。主生产计划也驱动产成品的自动转移,并影响物料需求。制造计划过程负责监控工厂的输入输出,对生产的具体过程给予平衡,并根据供应链管理部门提供的信息,设置生产顺序的优先级。销售订单管理部门根据库存及在制品状态,最大限度满足客户需求并为客户提供交货状态。物流部门控制原材料、在产品和产成品输送的及时准确,以期内部保证生产状态的连续,外部满足客户需求,达到客户满意。

图2-8较为全面地对飞思卡尔公司总计划流程进行了说明。它展示出计划过程的执行顺序。

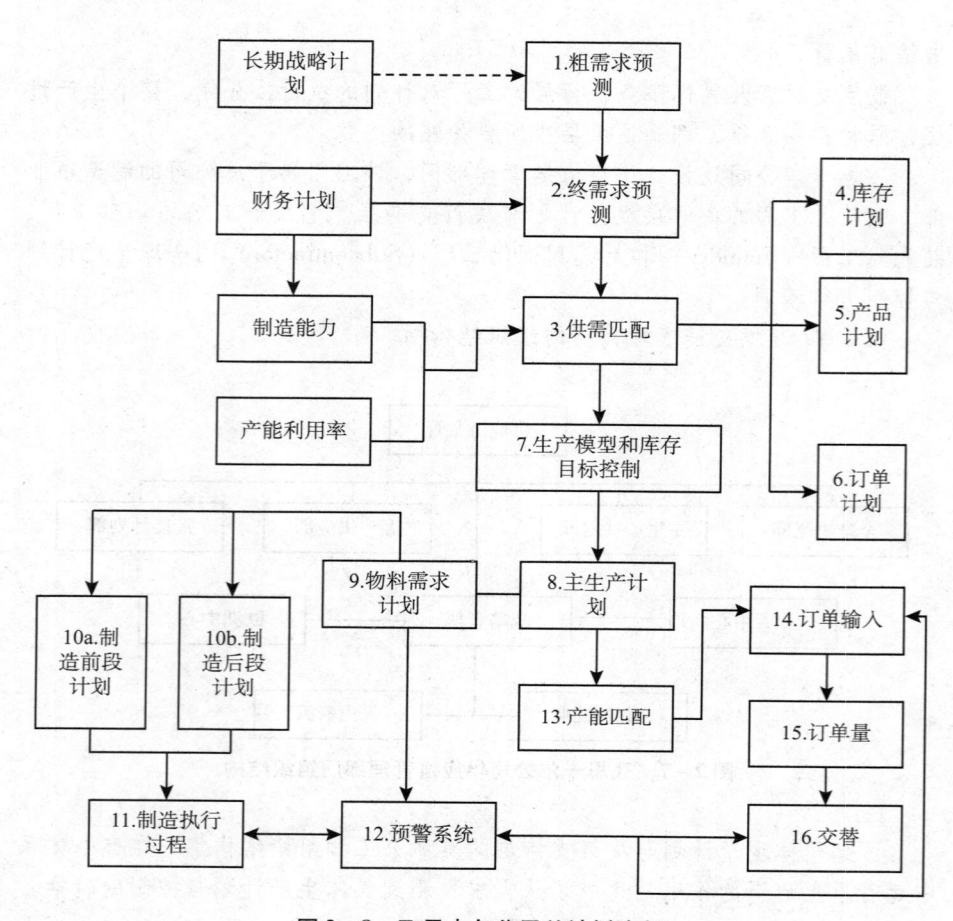

图 2-8 飞思卡尔公司总计划流程

从 2002 年开始，公司开始在财务、生产计划领域逐步推行 SAP 系统，其中系统主要包括 SAP R/3，SAP Advanced Planner & Optimizer（APO）等。下面简单地介绍一下飞思卡尔公司目前应用的 SAP R/3 系统，来具体地了解飞思卡尔的生产计划与控制的管理体系。

（一）R/3 生产计划系统主要特征及模型

R/3 PP 生产计划系统是一个综合性的企业资源计划系统，包括制造执行系统的全部功能。它完整地集成各种应用领域的所有业务功能，支持客户订单快速处理。

R/3 PP 生产计划系统还具有联机处理的功能，能够与所有 R/3 应用程序完全集成，R/3 业务模型的组织实体可用于同任何现有企业组织结构对应起来。R/3 支持跨越多个公司的事务处理，以及同一企业各组织实体之间的分销需求计划，这样就可以实现供应链中各企业之间相关生产信息迅速准确的传递，从而为实现供应链同步化计划提供条件。

R/3 PP 完全支持 APICS 的 MRP Ⅱ 模型。R/3 同传统的 MRP Ⅱ 系统不同，它不仅集成了财务和后勤的计划和执行功能，而且将企业的利润控制贯穿于整个供应链，完成了供应链到价值链的升华。此外，R/3 PP 还提供制造执行系统（MES）的所有功能。同时，R/3 还具有强大的面向客户并充分集成各种销售业务的功能。

（二）R/3 主要功能模块在公司的应用

（1）SOP（标准操作程序，Standard Operating Procedure）销售及运作计划模块。该模块的集成功能汇总了不同的内部和外部的数据，作为设置现实经营目标的依据。这提供了现实检查的机会，业务策略是否反应经营能力和市场需求。

SOP 的延展性使它适用于对任何逻辑数据进行高级的或详细的计划。弹性计划层次可以从几乎所有组织单位（例如，销售组织，物料组，生产工厂，产品组）的角度甚至整个企业的角度创建和查看数据。由于充分支持集中规划，SOP 用于公司的销售、生产、采购、库存管理等的中长期计划。

（2）需求管理（DM）模块。需求管理的功能是用来确定成品与重要部件的需求数量与交货日期。需求管理的结果就是所谓的需求大纲。使用这些策略，可以决定是否仅由销售订单来触发生产（定制）或者不由销售订单来触发生产（为库存生产）。

（3）主生产计划（MPS）以及物料需求计划（MRP）模块。主计划和物料需求计划的目的是定制可用能力和收货以适合需求数量。

（4）生产计划及生产活动控制模块：该模块主要通过生产订单来对生产作业进行控制，将新订单数据（比如日期和数量）加入已存在的信息中。

（5）能力需求计划。通过订单来判断所处理资源的负载，比较可用能力和能力需求，进行排产。同时还能够进行能力均衡处理，以此调节工作中心中的不足和过载能力，实现最佳的机器和生产线的实行、合适资源的选择。

四、供应链环境下生产系统的优化

随着技术的不断创新，市场竞争也变得愈演愈烈，同时制造业产品结构开始朝着先进实用、高效、节能、体积小、质量好、功能先进无冗余、环保型绿色产品方向发展，生产模式朝着多品种、小批量、单件化、柔性化、生产周期大幅度缩短等方向发展，生产过程朝着高速、精密、自动化、少切削、节能、环保型、非传统加工方法，甚至零缺陷等方向发展。因此，飞思卡尔采取积极的姿态优化。目前采用的生产计划与控制系统，整合供应链，以取得持续竞争优势与客户的共赢，主要包括以下方面：

首先，通过生产线产能的平衡和优化，克服瓶颈资源来提高综合设备效率，并且改善生产计划的运作，保证高水平的产能利用率。减少为赶日期而绕开系统的特别行动。提高设备利用率，减少时而出现的频繁换线。

其次，加强工艺优化和设计创新，实现可制造性设计（design for manufacturability）和低成本设计（design for low cost），通过整合上下游供应链，来实现整个价值链的多赢。

最后，改进库存管理方法，降低手中的库存水平，扩大产品需求。根据出货金额决定JIT库存水平变动，并实时将其反映到生产计划管理系统中，对生产决策起到参考作用。

（资料来源：肖瑞：《飞思卡尔公司供应链环境下的生产计划与控制体系研究》，天津大学，2007年）

案例分析题：

1. 飞思卡尔的供应链计划体系包括哪几个层级，它们各自的职能是什么？飞思卡尔供应链管理部门的主要作用又有哪些？
2. 试简述该公司R/3生产计划系统的特征以及各个模块的功能。

参 考 文 献

［1］刘福祥：《MRPⅡ/JIT集成模式在A公司生产管理中的应用研究》，北京交通大学，2019年。

［2］苏尼尔·乔普拉、彼得·梅因迪尔著，刘署光、吴秀云等译：《供应链管理：战略、计划和运作》（第5版），清华大学出版社2013年版。

［3］肖瑞：《飞思卡尔公司供应链环境下的生产计划与控制体系研究》，天津大学，2007年。

第三章

供应链采购管理

引导案例 "百安居"的供应链采购管理

翠丰集团旗下的百安居（B&Q）是一家著名的零售品牌，其采购管理总部位于英国伦敦，主要经营餐具、洁具、灯具、家具等多种商品。1969年，布洛克（Block）和奎伊（Quayle）在英国南安普敦市创建了第一家商店，商店的名称由两个人姓氏的第一个字母组成，这便是 B&Q 的由来。1999年，百安居在中国开设了第一家百安居门店，至今在北京、上海、深圳及广州等全国大中型城市设立了数十家门店。百安居能在中国发展如此迅速，离不开它优秀的成品、贴心的服务、实惠的价格，以及其完善的供应链管理和顺畅高效的采购供货体系。

百安居的商品采购有总部统一采购、地区采购、门店采购等不同方式。总部的采购负责进口商品、自有品牌与厂商直供商品的全国统一采购，下达采购订单后，商品由百安居的签约第三方物流公司运输到百安居的物流中心或其他的零售门店；此外，对于一些特殊的商品，则是各零售店按照需求令店内订货经理直接向供应商进行采购，再由供应商（或经由经销商）直送至门店或者是客户的手中，并且负责安装、退换货等售后服务。

百安居十分重视采购流程，他们采取一系列措施以优化采购流程、减少采购成本。比如和供应商建立良好的合作关系，而不只是将供应商当作一个产品采购时才需要的"外人"，百安居对他们的供应商保证合作后产品销售的稳定增长，并且供应商的产品还能慢慢进入翠丰集团亚洲中心的采购体系从而获得欧洲乃至全球更大的建材销售市场。同时百安居对供应商也不是一味地追求数量，当达到一定规模后，开始追求供应商的质量，并淘汰一些区域型、中小型的供应商。对于一些优质的供应商，百安居还采取厂商直供模式以减少许多中间环节，优化采购物流流程，减少采购中不必要的物流成本，提高物流效率，优化了供应链。百安居还开发了面向供应商的B2B采购平台，供应商在这种平台上可以直接查询自己商品的销售情况，了解百安居商品情况以此来自动补货，从而将百安居的商品采购信息化管理水平提升到新的高度。

（资料来源：百度百科词条：百安居）

第一节　供应链环境下的采购管理概述

一、供应链环境下采购管理的特点

采购，又称为购置，是指企业为了维持生产经营，从供应商处获得原材料、产品、服务或其他资料。采购是指购买和服务所需的一整套商业流程。传统采购模式是单纯为库存而进行采购的，其中存在着以下不可避免的问题：（1）传统采购中信息严重失衡；（2）采购产品的验收检查与质量控制难度大；（3）供需关系存在潜在危机；（4）相应用户需求能力迟钝。随着供应链思想的出现，采购管理的特点逐渐发生转变。

（一）从一般买卖关系向战略协作伙伴关系转变

供应链环境下，供应商与制造商、制造商与分销商之间不再只是简单的买卖关系，而是一种战略协作伙伴关系，只有这种关系才能够解决一些涉及全局性、战略性的供应链问题。

从制造商角度来说，应与合适的供应商建立起一种可靠的、互惠共利的战略协作伙伴关系，然后通过提供信息反馈和教育培训支持，提高供应商的产品质量控制水平，协调供应商的计划。

而从供应商方面来说，应主动配合制造商的采购战略，并且提供令人满意的售后服务，对出现的问题应快速响应，分析原因解决问题；还要基于顾客的需求，改善自身的供应产品质量，满足自身生产能力的情况下尽量给下游企业提供生产能力的支援。

（二）从为库存而采购到为订单而采购的转变

当供应商和制造商关系从一般买卖关系转变为战略协作关系时，将提升信息传递的速度，并且签订供应合同的手续比传统采购的手续简单，同时大大降低了交易成本。这也就意味着供应商和制造商可以联合起来进行同步化运作，制造计划和采购计划能够并行进行，当获得顾客订单时也能快速响应，从而转变成为订单而采购的面向过程的作业管理模式。

(三) 从采购管理向供应链管理转变

在供应链环境下，企业与供应商是战略合作伙伴的关系，这种关系相较传统的采购管理来说，有着更为柔性和快速响应需求的能力，并且对于产品的质量控制也能实现实时控制，从而使得供应链上各企业实现同步化运作。供应链管理是实现零库存、精益生产的必然要求。供应链管理将企业进行集成，以系统化、协调化、同步化对各企业进行管理，从而大大提高供应链的盈余水平。

二、供应链环境下的采购策略

有效率的采购交易可以大幅度降低采购的总成本，可以促进与供应商的协作，改进预测和计划，有效的采购策略对于企业和所在供应链的竞争优势带来了巨大帮助，因此企业应该好好制定采购策略。在供应链环境下，主要有以下采购策略：

(一) 供应链环境下的集中采购

当仅仅是由采购部门一个部门进行制定采购战略时，可能只能降低一部分成本，而当采购部门和制造部门、工程部门、计划部门协作制定采购战略时，则更有可能找出减少总成本的关键因素。这也就是集中采购策略，这种策略对于降低成本、治散治乱来说十分有效。通过集中采购，能够加大企业对市场价格、质量、服务的了解，同时供应链各企业之间若集中采购，分享信息，充分发挥联合优势，则能大大提高抗风险的能力，从而最大化地增加供应链盈余能力。

(二) 选择合适供应商并建立长期的战略伙伴关系

在供应链环境下，供应链上企业是一个整体，因此也就需要选择一个合适的供应商来建立长期的战略协作伙伴，只有这样才有可能相互信任，从而密切地进行合作。上文也提到了与供应商之间建立战略协作伙伴关系的重要性，以及分别从供应商、制造商角度讲了建立这种相互信任关系的意义，因此建立战略伙伴关系对于采购十分重要，也是一个很重要的采购策略。

(三) 加快物资采购的信息化建设

信息的准确、及时对于采购来说十分重要，供应链环境下各企业的信息共享，使得供应链采购管理者实时全面地了解相关产品的利润、价格、质量、交货提前期等方面的信息，从而能够极大的降低采购成本并提高供应链盈余能力。

（四）准时制（JIT）采购

准时制采购是供应链环境下采购管理的核心内容，主要包括数量、时间、地点、价格、来源这五方面。准时制采购是由准时制生产延伸而来，JIT基本思想是在恰当的时间、恰当的地点、以恰当的数量、恰当的质量提供恰当的物品。准时制采购是由顾客订单驱动的，生产部门将顾客订单所需的原材料下达给采购部门，采购部门就及时向供应商进行相关物料的采购，同时生产部门也同步开始进行生产准备，这一切都是在较短时间内响应的，并且当顾客订单发生变化时，采购订单也相应作出改变。这种准时制采购策略体现了供应链的协调性、同步性和集成性，并且极大地增加了供应链的柔性和快速响应性。

准时化采购的具体实施过程是：首先创建一个充分了解准时采购的采购班组，并令班组人员制订合理的采购计划。然后对候选供应商进行多方面考虑，选择其中少数符合条件的供应商建立伙伴关系。选择完供应商之后可以进行某种产品的准时制试点工作，并且在试点结束后总结经验，以此为正式的准时制采购实施提供基础。

同时准时制采购不仅需要采购部门单方面的努力，还需要供应商的配合，因此要做好供应商的培训，令合作供应商熟悉准时制采购的运作。并且要求供应商能够百分百地提供合格产品，只有达到要求的供应商才能够获得产品免检合格证书，从而与合格供应商实现配合准时化生产的交货方式。

准时制采购还是一个需要不断完善、不断改进的过程，实施过程中应该吸取教训，对产品质量、运输成本、交货期等各个方面进行改进，以提高准时制采购的绩效。

三、供应链环境下的采购控制

在供应链环境下的采购管理中，采购控制对增加供应链的盈余能力起到了非常重要的作用，好的采购控制意味着采购管理的成功。采购控制的主要内容包括：

（一）建立采购预计划制度

采购预计划制度要求采购员接受采购任务时，首先需要制订一份采购预计划书，这样才能够获取采购的资格。采购的预计划书需要通过采购委员会审核后，采购员才能正式获取该采购任务。采购预计划书是采购员作为个人业务的第一份正式文件，要好好保留，作为该次采购任务考核参考。

（二）建立采购评价制度

采购员完成采购任务后需要经过采购评价制度对其采购任务完成程度进行评价。评价由自我评价和采购科的评价这两个部分组成。一个月评价一次，每年年终进行一次总评。

（三）实施标准化采购作业制度

采购控制中制定标准化的采购流程是十分重要的。实施标准化采购作业流程需要以下几步：首先编制一份采购作业操作手册；其次对采购员的采购权限进行相关规定；最后让采购员根据采购作业操作手册进行标准化采购，并要求采购员进行采购作业记录。

（四）建立采购请示汇报制度

采购控制还需要制定采购请示汇报制度，当在采购过程中出现超出采购员权限范围时，采购员应该请示相关采购管理人员如何操作，而不能自作主张。

（五）资金使用制度

对于采购资金的使用方面，需要制定相关的资金使用制度，规定采购员使用资金范围、资金发放权限、资金审批制度以及保留相关纸面收据等。对于贷款发放，则要考虑对方的信用水平、贷款的风险程度等因素来决定是否发放贷款。

（六）运输进货控制制度

在采购完物料后，物料的运输环节也要严加控制，因为运输过程中不确定因素较多、风险较大。

（七）采用公开招标制度采购

公开招标制度相对来说更加公平、公正、公开，且更易对采购过程进行监控。公开招标制度进行采购的风险也较小，且能够及时发现采购过程中的腐败行为。

第二节 供应链环境下的供应商管理

一、供应链环境下供应商管理的提出

在供应链环境中，供应商处于上游企业，供应商对于供应链的整体运行来说极其重要，是供应链产品正常生产的前提，且供应商水平也极大地影响到整条供应链的盈余水平。因此，供应商管理也就处于供应链采购管理中的一个核心地位了。供应商管理主要是为了解决以下几个方面的问题。

（一）供应商供货周期的波动性

供应商供货周期的不稳定会直接影响供应链的正常运作，导致制造商没有生产物料从而影响了其产品生产进度，从而使得产品交货期出现延期、顾客满意度下降，甚至会失去顾客的信任而失去市场。同时如果供应商的供货周期不稳定，那么制造商就会对供货周期不稳定的供应商提供的原材料或零部件制定安全库存，从而增加相应的库存成本，这也就意味着产品的总成本上升导致产品竞争力下降。

（二）供应商供货质量问题

一旦制造商收到质检不合格的供应物料，通常就需要整批退货，或这一批货物全部检查一遍。供应商的供货质量无法得到保证，将大大增加供应链的时间成本、人工成本。

（三）大批量的订单与分批送货之间的冲突

制造商有时会需要体积、质量较大的物料生产相应的产品，而这些物料一次性到达往往会占用大量的库存容量。因此制造商通常要求供应商分批送货，以便共同分摊库存成本，但是供应商可能考虑到事不关己而拒绝，较容易引起双方的冲突。

（四）不守承诺

供应商和制造商若只是处于买卖关系，那么双方的信用意识就会很薄弱，比如出现供应商对其供应物料的供应周期很随意，供货质量稳定性低，送货的要求不符合，售后服务不到位等情况，而对制造商来讲，则可能会拖欠款项，随意更改供货合同要求等情况。这些对双方的信任都会造成极大的影响。

（五）供应商更换频繁

若制造商没有对供应商进行有效的管理，经常更换供应商，那么不但对自身生产计划造成影响，如增加延期交货的损失等，还要重新寻找供应商，耗费时间、人力及物力，最终导致总成本增加。

二、供应链环境下的供应商管理策略

（一）用供应链管理新思维重新定位与供应商关系

首先需要转变传统的对于供应商之间的买卖关系，建立起协作伙伴战略关系，一荣俱荣，一损俱损。主要可以通过建立起有效的供应链管理机制，设定公平的供应链协议等措施，以此和供应商形成长期合作关系。

（二）建立利益共享机制

对于供应商和需求商之间，应该建立起利益共享机制，要公正公平且合理地进行利益分配，不能出现付出过多的企业得到的利益却是最少的情况，这就需要供应商和需求商多加协商，创造一种公平的合作环境，确保双方能够共赢。

（三）建立有效的双向激励机制

如果能够将供应商的积极性调动起来，那么供应商对于供应链的贡献将会增加许多。一个有效的激励机制能够充分激发供应商的主动性、创造性，并且这种激励不能是强制的，要具有自动实施的特征，即让供应商能够自觉地无所保留地发挥自己的作用。其中对供应商的激励方法主要包括：订单激励、商誉激励、长期合作、技术培训与支持等。并且激励也要是双向的，好的供应商也要学会对需求商进行激励，主要可以通过：价格激励、高质量售后服务、更为宽松的付款条件、更为简单的采购业务流程等方法进行需求商的动机激发。

（四）建立良好的沟通渠道

信息在如今这个社会可以说是最重要的资源，及时、准确、全面地掌握最新信息，就能占据一个更加有利的竞争地位。因此与供应商之间建立起良好的沟通渠道对于供应商管理来说也十分重要，可以借助现代网络信息技术建立起双方的信息共享渠道，同时制造商的供应商管理人员还可以走访供应商企业，以此来建立起良好互信的沟通机制。

（五）建立共同的质量观念

共同质量观念不仅包括有形产品的质量观，还应该培养共同的无形服务质量观。供应商提供产品的质量应符合需求商的要求，按时按量的出货，在运输、装卸、仓储过程中保证产品不受损坏，同时要提供良好的售后服务质量。双方还要互相帮助与信任，一起提高质量管理水平，以建立一套共同的良好质量观念。

（六）对供应商的有效控制

对供应商进行有效控制，首先要与供应商逐渐建立起一种稳定可靠的关系，在互相信任的基础上进行合作。但是并不能抱着只需要与一家供应商有良好合作关系就能够一劳永逸的想法，应该有意识地引入竞争机制，令供应商有危机意识从而完善提高自身。并且在合作期间，还要建立相应的监督控制措施，以此预防供应商的一些突发行为。

三、供应链环境下的供应商选择

（一）选择供应商的主要指标

1. 指标的提出需遵循的原则

对于评价指标的提出需要遵循的原则如下：

（1）系统全面的原则。供应商的评价指标应该系统全面。对于供应商来说，不仅要考虑它们的价格，还要关注质量、售后服务、内部竞争力等各种因素，还要将目光放长远，全面系统的评价供应商，只有这样才能选择最合适的战略合作伙伴。通常来说，全面系统的供应商评价体系包括：产品竞争力、内部竞争力、合作竞争力、环境竞争力四大方面。

（2）灵活、可操作原则。要灵活选取指标，对于评价指标应该尽量令其可量化，容易操作，这样才便于比较不同供应商的不同指标水平。主观性较强的指标是不适合进行比较的，应该避免选择。可操作原则是指选取的指标还要比较容易获取，不易获取的指标不但容易影响指标的正确性，还会增加运作成本。

（3）可拓展性原则。对于所选择的评价指标，不能一直都是这些指标，而要不断完善它们。市场环境的变化导致需求商对供应商的要求也在不断变化，过去适合的指标在如今不一定就适宜评价供应商。因此，没有一套一劳永逸的评价指标体系，评价指标体系都要具有可拓展性。

2. 指标的分类

我们可以将一个全面系统的供应商评价指标系统概括为以下四大方面：

(1) 供应商产品（或服务）的竞争力。评价产品或服务的竞争力是指对供应商所提供的产品或服务的满意度。可以从产品质量、价格或成本及柔性这几大方面来衡量。

①质量。对产品质量而言，较为传统的衡量指标是产品的合格率。为全面衡量供应商对产品质量的掌控能力，我们还可以从质量保障体系和质量改善计划这两个指标的得分来予以考察。

②价格或成本。成本可以从获得成本和有无降低成本的计划这两方面来考察。所谓获得成本就是指获取某一产品或服务所要花费的成本。成交价格不是获得成本的全部。一切与交易相关的成本均为获得成本。

③柔性。柔性指的是一个企业对市场和客户需求变化的反应能力。产品柔性包括批量柔性和品种柔性。批量柔性值越大，表示柔性程度越高，其计算公式如下：

$$批量柔性 = (最大允许批量 - 最小允许批量)/平均批量 \quad (3-1)$$

品种柔性则反映供应商变动其产品的能力，可以用供应商能同时生产的产品品种数来表示。

(2) 合作能力评价。在供应链管理模式下，与主要供应商的关系是深层次的合作伙伴关系。因此合作能力的评价就显得尤为重要。它主要体现在沟通是否通畅，合作是否协调等方面。可以用以下指标来具体衡量。

①交货。交货能力的计算主要用交货时间遵守率和交货批量遵守率来表示，他们的计算公式如下：

$$交货时间遵守率 = 按时交货次数/总交货次数 \quad (3-2)$$

$$交货批量遵守率 = 总实际到货量/总计划订货量 \quad (3-3)$$

②沟通。沟通能力可用沟通程度和信息化程度来描述。沟通程度是指在合作过程中企业与供应商进行沟通和交流的频繁程度和所采取的沟通方式。信息化程度则是指企业管理和运作中的信息传递、流通的能力。

③兼容性。兼容性指与合作伙伴的相互依存度的大小。它包括发展战略的兼容性和企业文化的兼容性两个方面的指标。

(3) 企业内部竞争力的评价。我们可以从供应商的财务状况、管理能力和开发能力三个方面来描述供应商的内部竞争力。

①财务状况。财务状况可以从总资产周转率，总资产收益率，资产负债率三个指标来表示。

总资产周转率是反映企业营运能力的核心指标，它的计算公式如下所示：

$$总资产周转率 = 年销售收入/平均资产总额 \quad (3-4)$$

总资产收益率反映了企业全部资产的获利能力，其计算公式如下：

$$总资产收益率 = (利润率 + 利息)/支出平均资产总额 \quad (3-5)$$

资产负债率是指企业偿还债务的能力,反映了供应商的经营安全程度和可持续发展的能力,其计算公式如下:

$$资产负债率 = 负债总额/资产总额 \qquad (3-6)$$

②管理水平。管理水平反映了一个企业管理能力的高低。它可以从人员素质和劳动效率两个方面来衡量。

人员素质通常可以用大专以上的人员所占全体员工的比例来表示。

劳动效率是指单位工资支出所能增加的产值。

③开发能力。供应商在新产品上的开发能力是供应链创新的驱动力。体现了其长期发展的潜力。企业的开发能力可以通过科研经费投入率、新产品开发周期和新产品销售比率来比较。

其中新产品开发周期是指开发一个新产品所需要的时间。

科研经费投入率和新产品销售比率的计算公式如下:

$$科研经费投入率 = 年科研费用/年销售收入 \qquad (3-7)$$

$$新产品销售比率 = (一定时期内)新产品的销售额/总销售额$$
$$(3-8)$$

(4) 外部环境竞争力。供应商的外部环境竞争力主要可以通过企业所处的地理位置、社会人文环境、政治法律环境和经济税收和技术政策等方面来进行综合比较。

(二) 层次分析法选择供应商

1. 层次分析法的概念

层次分析法(Analytic Hierarchy Process,AHP)是由美国运筹学家托马斯·塞蒂(T. L. Saaty)在20世纪70年代提出的。AHP是一种定性和定量相结合的有层次的系统分析方法。

AHP的基本思路与人对一个复杂的决策问题的思维、判断过程大体上类似。比如当企业面临不同供应商的选择时,会根据一些指标比如质量、价格、管理水平、交货期等方面进行考虑。首先企业会对这些指标大致确定各占多大的比重,如果企业更重视质量,那么对于质量指标的重视就是最大的,相应会给予质量指标最大的权重值。其次企业会对不同供应商的这些指标进行比较,比如对比得到A供应商的质量最好,B稍差一点,C最差;B的价格最低,C次之,A最高;而交货期是C最短等。最后,企业根据两个层次的比较判断进行综合,在A、B、C供应商中选择一个最为合适的供应商。

2. AHP的步骤

具体来讲,层次分析法主要分为四步:

(1) 建立层次结构模型。在深入分析实际问题的基础上,将有关的各个因素按照不同属性自上而下地分解成若干层次,同一层的诸因素从属于上一层的因素或对上层因素有影响，同时又支配下一层的因素或受到下层因素的作用。最上层为目标层，通常只有一个因素，最下层通常为方案或对象层，中间可以有一个或几个层次，通常为准则或指标层。当准则过多时（譬如多于9个）应进一步分解出子准则层。

（2）构造成对比较阵。从层次结构模型的第2层开始，对于从属于（或影响）上一层每个因素的同一层诸因素，用成对比较法和1~9比较尺度构造成对比较阵，直到最下层。比较第i个元素与第j个元素相对上一层某个因素的重要性时，使用数量化的相对权重来描述。设共有n个元素参与比较，则称为成对比较矩阵，成对比较矩阵具体标注方法如表3-1所示。

表3-1　　　　　　　　　成对比较矩阵标度含义

标度	含义
1	表示两个因素相比，具有同样重要性
3	表示两个因素相比，一个因素比另一个因素稍微重要
5	表示两个因素相比，一个因素比另一个因素明显重要
7	表示两个因素相比，一个因素比另一个因素强烈重要
9	表示两个因素相比，一个因素比另一个因素极端重要
2，4，6，8	上述两相邻判断的中值
倒数	因素i与j比较的判断a_{ij}，则因素j比i比较的判断$a_{ji}=\dfrac{1}{a_{ij}}$

（3）计算权向量并做一致性检验。从理论上分析得到：如果A是完全一致的成对比较矩阵，应该有：

$$a_{ij}a_{jk}=a_{ik},\ 1\leqslant i,\ j,\ k\leqslant n \tag{3-9}$$

但实际上在构造成对比较矩阵时要求满足上述众多等式是不可能的。因此退而要求成对比较矩阵有一定的一致性，即可以允许成对比较矩阵存在一定程度的不一致性。

检验成对比较矩阵A一致性的步骤如下：

①计算衡量一个成对比较矩阵$A(n>1$阶方阵）不一致程度的指标CI：

$$CI=\dfrac{\lambda_{\max}(A)-n}{n-1} \tag{3-10}$$

②从有关资料查出检验成对比较矩阵A一致性的标准RI，RI称为平均随机一致性指标，它只与矩阵阶数n有关。其数值可以由表3-2直接得到。

表 3-2　　　　　　　　　　　　*RI* 取值

n	1	2	3	4	5	6	7	8	9	10	11
RI	0	0	0.58	0.90	1.12	1.24	1.32	1.41	1.45	1.49	1.51

③按下面公式计算成对比较矩阵 A 的随机一致性比率 CR：

$$CR = \frac{CI}{RI} \qquad (3-11)$$

④当 $CR < 0.1$ 时，判定成对比较阵 A 具有满意的一致性，或其不一致程度是可以接受的；否则就调整成对比较矩阵 A，直到达到满意的一致性为止。

由于成对比较矩阵是正互反阵，一致性尚好的正互反阵其任一列向量近似特征向量，因此对于权向量和最大特征值可以进行简化计算：

如有一成对比较矩阵 $A = \begin{bmatrix} 1 & 2 & 6 \\ 1/2 & 1 & 4 \\ 1/6 & 1/4 & 1 \end{bmatrix}$，首先对其进行列向量归一化，

即每一列的数除以每一列相加的和，求得 $A' = \begin{bmatrix} 0.6 & 0.615 & 0.545 \\ 0.3 & 0.308 & 0.364 \\ 0.1 & 0.077 & 0.091 \end{bmatrix}$，其次求

A' 的行和归一化，即将每一行的数相加并求平均值，便求得权向量 $w = \begin{bmatrix} 0.587 \\ 0.324 \\ 0.089 \end{bmatrix}$，最后根据 $Aw = \begin{bmatrix} 1.769 \\ 0.974 \\ 0.268 \end{bmatrix} = \lambda w$，可以快速求得 $\lambda = \frac{1}{3}\left(\frac{1.769}{0.587} + \frac{0.974}{0.324} + \frac{0.268}{0.089}\right) = 3.009$。

（4）计算组合权向量并做组合一致性检验。计算最下层对目标的组合权向量，并根据公式做组合一致性检验，若检验通过，则可按照组合权向量表示的结果进行决策，否则需要重新考虑模型或重新构造那些一致性比率较大的成对比较阵。

3. AHP 评估供应商

按照上面步骤，我们可以试着运用 AHP 方法来选择供应商，比如一家企业选择供应商的指标主要有质量、价格、交货期、管理水平、开发能力 5 项，有三家供应商 A、B、C 为候选供应商。

（1）建立层次结构模型。目标层为选择供应商，准则层为质量、价格、交货期、管理水平、开发能力 5 项指标，方案层则为供应商 A、B、C，如图 3-1 所示。

```
目标层                    选择供应商

准则层       价格    质量    交货期    管理水平    开发能力

方案层       供应商A      供应商B        供应商C
```

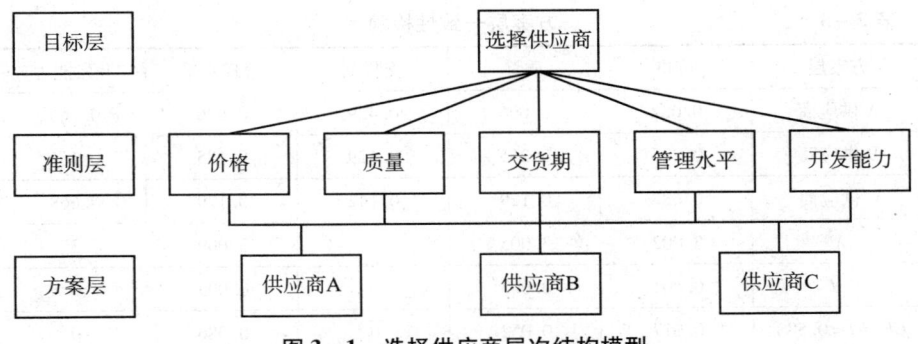

图 3-1　选择供应商层次结构模型

(2) 构建成对比矩阵。通过专家意见以及以往经验，首先对准则层构建成对比矩阵 $A = \begin{bmatrix} 1 & 2 & 7 & 5 & 5 \\ 1/2 & 1 & 4 & 3 & 3 \\ 1/7 & 1/4 & 1 & 1/2 & 1/3 \\ 1/5 & 1/3 & 2 & 1 & 1 \\ 1/5 & 1/3 & 3 & 1 & 1 \end{bmatrix}$，如其中 a_{12} 表示价格和质量重要性之比为2，即决策者认为价格比质量重要。

其次再构建方案层的各相应准则对比矩阵，调研三个供应商，得出价格方面比较矩阵 $B_1 = \begin{bmatrix} 1 & 1/3 & 1/8 \\ 3 & 1 & 1/3 \\ 8 & 3 & 1 \end{bmatrix}$，质量比较矩阵 $B_2 = \begin{bmatrix} 1 & 2 & 5 \\ 1/2 & 1 & 2 \\ 1/5 & 1/2 & 1 \end{bmatrix}$，交货期比较矩阵 $B_3 = \begin{bmatrix} 1 & 1 & 3 \\ 1 & 1 & 3 \\ 1/3 & 1/3 & 1 \end{bmatrix}$，管理水平比较矩阵 $B_4 = \begin{bmatrix} 1 & 3 & 4 \\ 1/3 & 1 & 1 \\ 1/4 & 1 & 1 \end{bmatrix}$，开发能力比较矩阵 $B_5 = \begin{bmatrix} 1 & 1 & 1/4 \\ 1 & 1 & 1/4 \\ 4 & 4 & 1 \end{bmatrix}$。

(3) 计算权向量并做一致性检验。

经计算，可得到准则层成对比较矩阵 A 的权向量 w：

$$w = \begin{bmatrix} 0.457 & 0.263 & 0.051 & 0.103 & 0.126 \end{bmatrix}^T$$

$\lambda_{\max}(A) = 5.073$，$CI = \dfrac{\lambda_{\max}(A) - 5}{5 - 1} = 0.018$，$RI(5) = 1.12$，$CR = 0.016$

因为 $CR < 0.1$，所以通过一致性检验，并由权重向量可以知道准则层中价格最重要，质量次之，然后是开发能力、管理水平，而交货期是该企业最不看重的。

对于方案层计算结果如表 3-3 所示。

表 3-3 方案层一致性检验

方案层	价格	质量	交货期	管理水平	开发能力
A 供应商	0.082	0.606	0.429	0.636	0.166
B 供应商	0.236	0.265	0.429	0.185	0.166
C 供应商	0.682	0.129	0.142	0.179	0.668
λ	3.002	3.005	3	3.009	3
CI	0.001	0.003	0	0.005	0
CR(RI=0.58)	0.017	0.052	0	0.086	0

由表 3-3 可得 CR 均小于 0.1，所以方案层也通过一致性检验。

(4) 进行决策。

最后计算各供应商的总得分，为供应商的各指标权向量 $w(B)$ 分别乘以总目标下的权向量 $w(A)$，如 A 供应商总得分为：0.305。具体计算结果如表 3-4 所示。

表 3-4 供应商得分

供应商 $w(A)$	0.457	0.263	0.051	0.103	0.126	总得分
A	0.082	0.606	0.429	0.636	0.166	0.305
B	0.236	0.265	0.429	0.185	0.167	0.240
C	0.682	0.129	0.143	0.179	0.667	0.455

因为 C 供应商总得分最多，所以选择 C 供应商。

4. AHP 评估供应商需要注意的问题

在实际运用 AHP 评估供应商中，我们还必须注意以下问题：

在选择考虑因素及各自的权重时，要求评定人员对企业所处的市场环境及企业自身的情况有非常深入的了解。只有这样，才能对其中的关系把握得当，才能选出正确的因素和权重，以进行层次分析。也只有这样，才能使对供应商选择的决策过程减少主观的失误，增加科学的依据。

对于因素的选择也不是越多越好。考虑过多的因素只会使自己的决策工作陷入千头万绪之中，并不会有好的效果。因此因素的选择应该讲究少而精准。当然，与第一点相同，若没有对企业所处的环境有深刻的认识，要做到这些，也是有相当难度的。

我们必须考虑的是市场是在不断地变化，企业在不断地进步。变化是永恒的主题。因此，该方法所得的结果不是一劳永逸的。必须根据市场及企业自身的变化不断地加以更新和调整。

第三节 供应链环境下的到货质量管理

一、供应链环境下到货质量管理的特点

供应链的到货质量管理就是对于上游企业提供物料的质量的产生、形成和实现过程进行管理，从而提高供应链环境下产品的最终质量。具体包括对于供应商提供的原材料质量、外协件质量和标准件质量，对于制造商的制造质量，对于分销商的运输分销质量，对于零售商的销售服务质量、产品自身的质量以及售后服务质量。由此可见，供应链的到货质量管理是供应链中各个企业的质量管理控制，只有供应链各企业保证自身的输出产品质量，才能够保证最终的成品质量，从而提高供应链的市场竞争力。

图 3-2 就是供应链的最终产品质量的形成过程。

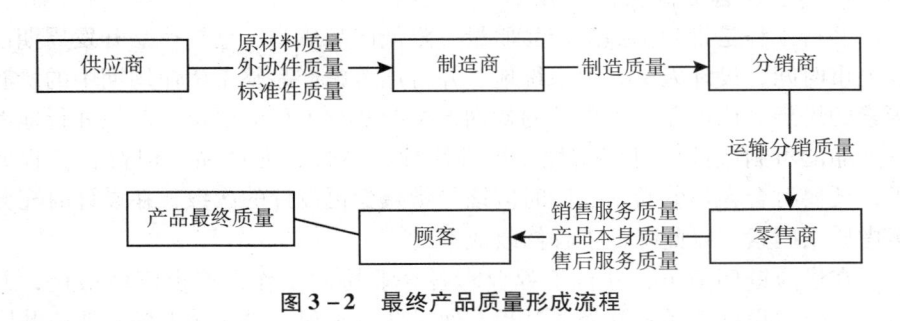

图 3-2 最终产品质量形成流程

供应链到货质量管理与传统质量管理有很大的不同，主要有以下几方面的特征：

（1）供应链到货质量管理是以供应链整体为基础。建立供应链系统的质量管理体系，应对供应链上各企业同时实施质量管理和质量保证。并且供应链到货质量管理的研究重点是供应链运作和管理结构，其所面临的关键问题是供应链内各企业质量管理活动的动态互联。

（2）供应链中应该有一个核心企业作为供应链到货质量管理的主体，要从核心企业出发构建供应链到货质量管理体系。

（3）合作共赢的供应链整体质量管理系统。供应链中各个企业都是各自独立的个体，其自身都具备一套完整的质量管理制度，同时各企业在供应链中也具有各自的质量管理职能，这并不冲突，相反还应该根据自身质量管理制度的优势共同对供应链整体质量管理进行完善，对出现矛盾的地方应该通过协调、仲裁或法律手段来解决问题，以此建立一套合作共赢的质量管理系统。

（4）信息化。随着现代网络信息技术的迅速发展，供应链到货质量管理活动实现了跨越地理区间的实时互动，企业间信息的共享以及质量的协同与控制也越来越高效。

（5）供应链到货质量管理可以通过加入新的成员，优化质量管理体系，以适应市场的变化，加强自身供应链的竞争力。

二、供应链环境下到货质量管理的实施

供应链环境下到货质量管理的实施，主要可以通过最终用户驱动的供应链质量管理信息系统实现各企业成员的沟通与协作，然后采用相关质量管理方法如并行工程（Concurrent Engineering，CE）、全面质量管理（Total Quality Management，TQM）等来对到货质量进行管理。

（一）并行工程

1. 并行工程的概念和作用

并行工程是指为了提高产品质量、降低产品成本、缩短产品开发周期以及上市时间，设计人员必须系统地、并行地考虑产品整个生命周期中的所有因素的思想。比如在产品设计的初期，按照并行工程的要求，应该并行地考虑产品的可制造性、可使用性、可维修性等特性，使产品不但符合工程要求，还要符合客户的需求，同时应该尽量减少再设计的次数，在设计时充分考虑质量因素，以此降低工程修改成本。

在供应链环境下，并行工程要求各企业协同工作，追求整体最优，并行、系统地设计产品及其相关过程。通过并行工程，供应链上各企业应共同制定成本、确定价格并分享利润，建立起长期协作战略伙伴关系，同时供应商还可以共同参与到产品设计阶段提供相关建议，以缩短产品开发时间、提高产品质量、降低产品成本，最终使得供应链整体盈余能力增加。图 3-3 是并行工程对供应链的影响框架图。

2. 供应链环境下到货质量管理中的并行工程的实施

在供应链环境下，各企业之间的产品开发小组应该联合协作，全面考虑产品质量、工艺等所有因素，并行交叉设计产品，在设计中要充分交流，发现了问题应该及时解决。其中开发小组可以是面对面地进行产品交叉设计，也可以借助现代信息技术跨时空地进行沟通交流共同设计。

这样，产品的设计信息将直接进入企业的生产制造系统，与供应链上的各个环节自动连接起来，从而简化了工作流程，提高了质量。同时也大大缩短了新产品从概念到实体上市的时间，不再具有传统的串行产品设计周期长、工作流程繁杂的缺点。

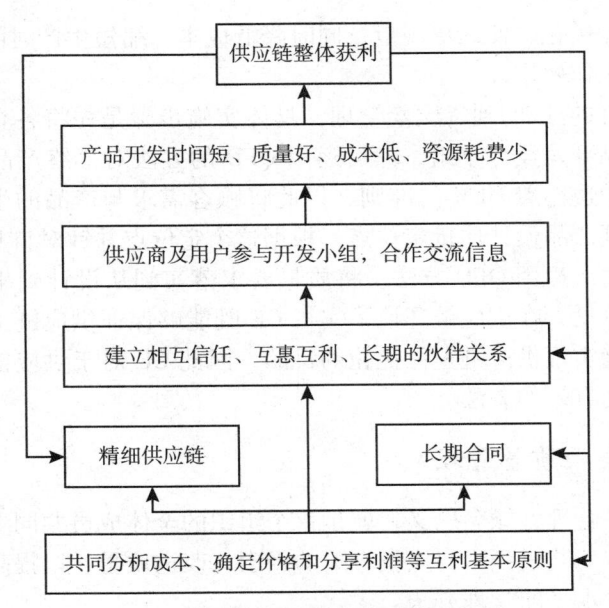

```
                    供应链整体获利
                         ↑
        产品开发时间短、质量好、成本低、资源耗费少
                         ↑
            供应商及用户参与开发小组，合作交流信息
                         ↑
            建立相互信任、互惠互利、长期的伙伴关系
                    ↑              ↑
              精细供应链         长期合同
                    ↑              ↑
        共同分析成本、确定价格和分享利润等互利基本原则
```

图 3-3　并行工程对供应链影响框架

CE 中的质量管理将每个企业节点纳入管理范围，通过综合运用质量功能展开（Quality Function Deployment，QFD）和可制造性设计（Design For Manufacturing，DFM）方法，以取得 CE 中质量管理的最佳效果。

其中质量功能展开（QFD）是一种在设计阶段应用的系统方法，其主要是为了在产品整个生命周期各个阶段都能够满足客户的需求。QFD 技术不仅可以缩短产品的开发周期，减少产品的再设计次数，降低产品制造成本，同时还极大地增加了客户满意程度，从而提高产品的市场竞争力。QFD 运行流程主要如下：

（1）顾客需求转化成设计需求；
（2）设计需求转化成零部件特性；
（3）零部件特性转化成工艺要求；
（4）工艺要求转化成具体的生产要求。

QFD 的规范化流程如图 3-4 所示。

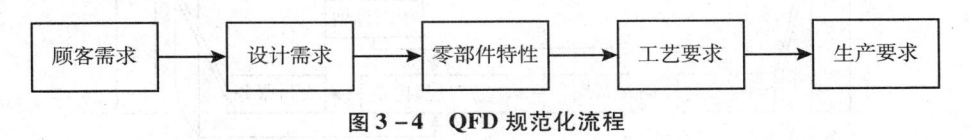

```
顾客需求 → 设计需求 → 零部件特性 → 工艺要求 → 生产要求
```

图 3-4　QFD 规范化流程

可制造性设计（DFM）主要是研究产品本身的物理特征与制造系统各部分之间的相互关系，并把它用于产品设计中，以便将整个制造系统融合在

一起进行总体优化，使之更规范，同时降低成本，缩短生产时间，提高产品可制造性和工作效率。

CE 对于供应链的到货质量管理，具体实施步骤是先将各企业设计人员组成一个产品开发设计小组，然后运用 QFD 的方法对最终产品进行分析设计，在设计中遵循着 DFM 的准则，以此将顾客需求与产品的生产制造联系起来，并找到产品设计质量定位点。根据这个定位点并针对自身客户的需求及生产条件再次运用 QFD 方法，将质量要求落实到从设计到生产的各个环节中。由此可见，在供应链环境下实行 CE 既能够保证供应链上各企业的产品质量，又能实现供应链整体优化的目的，因此 CE 对于供应链到货质量管理是一种行之有效的方法。

（二）全面质量管理

全面质量管理，顾名思义，就是一个组织的全体成员共同参与，不断创新、完善生产工艺过程中与质量有关的因素，改进质量，以提高顾客满意度以及自身盈余水平的管理方法。

在供应链环境下，全面质量管理也从企业内部拓展到整个供应链上的各企业之间。实施全面质量管理，应该建立一套质量体系以此运作相应的质量管理。ISO9000 就是一套规范化、系统化、程序化的质量标准，执行 ISO9000 标准有利于供应链到货质量管理的有效运作，对降低成本、提高产品质量及管理效率会有十分明显的效果。

供应链中的 ISO9000 质量管理体系如图 3-5 所示。

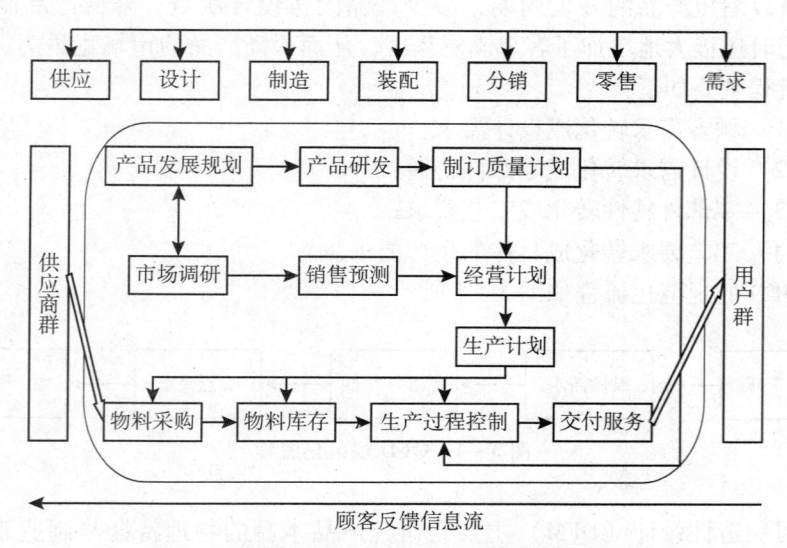

图 3-5 供应链中的 ISO9000 质量管理体系

(三) 供应链衔接点的到货质量管理

1. 严格把守供应商产品质量

对供应商到货物料的质量管理是供应链到货质量管理的一个重要手段。对于供应商的到货质量管理，主要可以通过以下方式进行：建立供应商产品质量检验体系以及及时准确的信息反馈机制；建立供应商的综合评估体系，以在选择供应商时就能确保其产品质量符合要求；加强与供应商的长期协作伙伴关系，对于质量问题共同研讨，协同解决。

2. 提高销售和售后服务过程质量

销售和售后服务过程的质量对顾客最终满意度影响非常大，若没有良好的销售和售后服务质量，那么质量再好的产品也很难到顾客手中。因此企业应该加强这方面的质量管理，多与顾客交流，了解顾客需求，尽最大努力让顾客满意。同时销售及服务人员要有良好的服务态度和响应速度，对此可以建立一套服务人员评估体系以加强服务人员的服务质量。

思考与练习

一、名词解释

1. 采购
2. 柔性
3. 总资产周转率
4. AHP
5. 全员质量管理

二、简答题

1. 供应链环境下采购管理的特点是什么？
2. 试简述供应链环境下采购控制的内容？
3. 选择供应商的主要指标的提出应该遵循哪些原则？
4. 供应链到货质量管理的特点有哪些？

三、计算题

某企业目前有三家备选供应商，选择指标主要有质量、价格、交货期三项，根据专家意见以及以往经验，其成对比矩阵 A 如下：

$$A = \begin{bmatrix} 1 & 1/2 & 2 \\ 2 & 1 & 3 \\ 1/2 & 1/3 & 1 \end{bmatrix}$$

然后调研三家供应商，得到价格方面比较矩阵为：

$$B_1 = \begin{bmatrix} 1 & 2 & 3 \\ 1/2 & 1 & 1/2 \\ 1/3 & 2 & 1 \end{bmatrix}$$

质量比较矩阵为：

$$B_2 = \begin{bmatrix} 1 & 1/2 & 2 \\ 2 & 1 & 2 \\ 1/2 & 1/2 & 1 \end{bmatrix}$$

交货期比较矩阵为：

$$B_3 = \begin{bmatrix} 1 & 1 & 3 \\ 1 & 1 & 3 \\ 1/3 & 1/3 & 1 \end{bmatrix}$$

试用 AHP 法确定该企业应该选择哪一个供应商。

案例分析 斯凯孚公司

一、公司简介

斯凯孚公司（SKF）源于1907年由瑞典滚珠轴承厂（Svenska Kullager Fabriken）创立的滚轴工厂（Swedish Ball Bearing），总部位于瑞典哥特堡。经过一百多年的发展，斯凯孚已成为全球领先的轴承、密封件、机电一体化、服务和润滑系统的知名跨国公司。SKF每年生产五亿多个轴承，占全球同类产品总产量的20%。目前拥有200家分公司、80家制造厂、41000位员工和8000家代理商和经销商。SKF集团也是第一家通过ISO14001环保认证的轴承公司，此项认证涵盖17个国家共60多个制造单位。优质的产品、遍布全球的销售网络、完善的全球物流系统和良好的售后服务系统共同构成了SKF在世界轴承领域的品牌影响力。

中国是SKF在亚太区销售贡献率最高的市场，也是全球重要的供应基地。1912年，上海出现了第一家SKF代理商。1916年，SKF在上海成立了销售公司，一直运作到1951年。1986年，SKF公司再次启动在中国的业务，自1994年起，在中国陆续设立工厂，1997年在上海成立了SKF（中国）投资有限公司，作为中国总部的办公室。SKF至今在中国有11家制造工厂和多家服务单位。通过遍布全国的销售团队以及150多处经销商，SKF得以更好地贴近客户，提供优质的产品和服务。目前SKF在中国的员工超过4000名，其在中国的业务可分成两部分：工业业务及汽车业务，分别设有各自的销售团队及生产单位。

二、SKF 供应商类型及选择指标

由于轴承产品结构的精度和多样性，SKF 供应商参与轴承原材料、密封件、轴承和轴承单元润滑系统、机电一体化及相关产品服务。供应商大致分为两类：直接材料供应商和间接材料供应商。直接材料供应商是向 SKF 提供最终产品或解决方案的可见部分（如钢铁供应）的材料；而间接材料供应商是间接满足 SKF 产品或解决方案需求的特殊材料供应商。SKF 的间接供应商数量庞大且供应商之间的业务规模相差悬殊。

SKF 使用 NSDC（新的供应商供应模式）和 SOP（销售和运营计划）系统，在质量、成本、交货、创新和管理方面全面、统一地衡量、选择和管理全球供应商，以调整生产规模和短期、中期的业务计划。SKF 还要求供应商与他们共同分担相应的社会责任。

三、SKF 供应商管理—供应商的《行为规范》

（一）供应商《行为规范》的产生

在供应商《行为规范》的产生之前，供应商行为标准一直是 SKF 质量标准审查的一部分。在包含 52 个问题的质量标准审核清单中，供应商必须回答这些问题，并将其提交给 SKF 质量保证经理，以完成供应商的审核。除了产品交付条款外，质量审查体系还涉及供应商是否拥有有效的环境体系证书，并询问该证书是否获得 ISO14001 或 ISO18000 认证，或者是否符合 SKF 对环境、健康、安全和"零缺陷"的相关规定。如果供应商对这些问题给出肯定的答复，将被视为符合 SKF 的质量标准和行为要求。但是，很难真正知道供应商是否遵守环境、健康和安全的相关法律法规，是否遵守了业务实施层面的四项"关怀"行为准则，是否建立有效的管理制度来减排、正确处理废弃物等。

因此，SKF 于 2009 年实施了面向中国市场的供应商《行为准则》，最终目标是覆盖中国所有的主要供应商。

（二）《行为规范》的内容

《行为准则》的出现意味着 SKF 对供应商审计和相关工作流程方式的转变。一方面，与环境、减排等相关的可持续发展问题开始与质量审查无关，而是与其他行为标准一起形成系统、更严格的问题清单；另一方面，供应商开始"分级"审核，按审核问题的重要级别分为符合项、观察项、不符合项和严重不符合项。不同的问题可能属于不同的级别，从而处理方式也不同。例如，如果供应商出现严重不符合项，如童工问题，就会被立即中止合作；当供应商处于环境认证过程中时，SKF 会根据实际情况指导供应商的环境认证流程，以加快供应商的认证流程。

《行为规范》的主要内容是：斯凯孚与供应商基于信任合作，通过评估其所涉及的商业操守、工作操守、社会操守等领域的表现，促进其遵守斯凯孚可持续发展的相关标准。

其中"商业操守"条款注明：SKF对其所有业务伙伴——客户、供应商、合作伙伴、代理商抱有相同的期望。"SKF支持透明和开放的贸易氛围，前提是不泄露会伤害到公司竞争力和公司与客户或合作伙伴的关系及商业秘密"。同时规定：禁止行业贿赂，来自供应商和分包商的任何形式补偿都只限于正当合理的产品或服务；礼物和其他招待物品不得超出当地习俗，应符合当地法律。

"工作操守"条款规定，期望供应商和分包商尊重员工的权利，提供安全及良好的工作环境，并持续发展员工的技能和才能。无论员工是何种种族、性别、年龄、国籍和身体状况、社会阶层信仰等，都应得到公正的对待和尊重；不雇佣非法用工，尊重所有员工或参与工会集团商讨的自由权利，员工工资和其他相关福利必须达到该国法律或行业规定的最低标准，对员工资料保密。

"社会操守"则是倡导供应商为生态的可持续发展做出贡献，降低经营对环境所造成的影响，确保员工的健康和安全；以开放和亲切的方式，提供真实一致的公司产品、服务和发展信息。

SKF采用各种方法评估供应商在这些方面的表现。若某供应商背离了这个准则的要求，则会采取适应的纠正和预防性措施。

（三）《行为规范》的推广及应用

《行为规范》在刚开始推广过程中理所当然地遭到部分供应商的质疑，有的供应商认为："我们已经遵守了政府的相关规定，为什么还要遵守规定更严格的《行为规范》？"一些供应商则反馈道："既然是纯粹的供给关系，为什么你们有各种各样的限制条件？"总之部分供应商都认为这些标准可能会给运营带来负担。同时在中国有近200家的直接材料供应商，上千家的间接材料供应商，这些供应商规模庞大但是能力各异，对于所有供应商同步实现《行为规范》是相当困难的。

但是SKF仍旧坚持《行为规范》既是现有供应商的行为规则，也是新供应商的合作门槛。对此，斯凯孚东北亚及中国需求链总监杨文生解释道："《行为规范》是供应商对社会操守的承诺，是斯凯孚必须支持并帮助供应商实现达到的目标。所以我们需要在沟通中共同进步。"对于《行为规范》的推广，SKF主要采用的是"分步走"的策略。

1. "分步走"策略

"《行为规范》的条款可能会吓跑供应商。因此，在促进规范的实施中，我们有选择地对不同的供应商采取'分步走'的策略，与供应商进行一对一的沟通，使他们逐渐认同，然后逐步完善，这是一个不断磨合的过程。"杨文生说，《行为规范》的性质不是一个严格的标准，认可《行为准则》是对SKF的承诺。SKF会通过技术和知识辅导帮助供应商实施改进并提高运营能力，以实现《行为规范》中提到的发展目标。

"分步走"战略是对供应商进行的风险评估。"高风险"供应商对环境因素敏感，并且不会严格遵守《行为准则》，如轴承材料供应商或钢铁加工厂商。出于成本考虑，此类供应商对工作操守和社会操守更加敏感，但又往往表现出强烈的紧迫性和主动性，从这类供应商着手更容易实施并产生改进效果，从而对同类供应商形成"示范效应"。

在向中国当地供应商发布《行为准则》的同时，采购经理、技术经理和质量经理也组成了项目团队。采购经理与供应商沟通，质量经理评估供应商的整体能力，技术经理则负责整体改进。

SKF的采购经理首先与供应商沟通规范会议中提到的发展目标，然后通过技术专员的现场调研，了解供应商生产过程中的关键环节，并找到制约"社会操守"或"工作操守"所涉及生产流程效率或者生产工艺的问题。有时为了获得供应商的批准，技术专家会首先规避《行为规范》中的问题，而是以"特殊技术指导"的形式与供应商直接沟通，对技术细节和改进流程建议，然后逐步引导他们认同《行为规范》中所涵盖的问题。

2009年，SKF首次严格按照《行为准则》对中国10家直接材料供应商进行了审计，除了安全、用工标准等问题外，SKF现场技术人员还实地调研评估了供应商相关风险，并针对不遵守《行为准则》的行为，在现场直接帮助采取纠正措施。2010年，SKF根据《行为准则》完成了对25家供应商的审查，最终目标是覆盖所有供应商，并形成中国所有当地供应商都同意并遵守的行为准则。

SKF总裁兼首席执行官Tom表示："供应商的可持续发展不仅是一种责任，也是一种开展业务的方式。我们认为这是我们的竞争优势之一，这有利于与业务合作伙伴合作，也有利于留住和发展员工。"

2. 应用案例

（1）XM公司。

找到一家满足并愿意接受SKF行为准则的供应商是一个非常困难的过程，在经过对近100家工厂的调研后，SKF中国采购经理初步确定了5到6家小型供应商作为备选方案。采购经理将《行为准则》的基本内容转化成"口头表达"的形式，与这些供应商进行沟通，然后邀请SKF在意大利、德国、瑞典等不同地区的质量经理与采购经理一起考察和评估上述工厂。这些质量经理和采购经理在现场就质量、管理和综合能力方面进行打分并做出最终决定。然而，评分结果是，所有备选供应商的技术条件和生产能力都不符合《行为准则》的标准。因此，只能选择一种"相对较优"的方法：与其中的 XM 公司合作。

XM 公司有过向日本佳能、松下公司和韩国三星公司的供货经验。在"社会行为"所涉及的环境问题中，已通过 ISO14000 认证。"即便如此，XM 公司的生产工艺、质量要求和生产过程中的节能标准与《行为准则》之间仍然存在着巨大差距。"SKF 中国直接采购部采购经理蓝柯说。例如，SKF 要求轴承材料和滚子完全通过专业检测设备的随机动态尺寸和质量测试，而 XM 当时仍是手动检测。在质量经理看来，检测标准是质量的基本保证，而自动检测是节能高效的。

然后是重复的谈判。要成为 SKF 供应商，XM 需要根据 SKF 的技术标准和可持续性要求投资重建车间，同时考虑到环境因素进行全面成本控制。最终 XM 同意 SKF 提出的改进建议，因此 SKF 计划将 XM 培养为合格的供应商。

在随后的合作中，SKF 提供了完整的车间规划、设备组装、生产线布局等解决方案，质量经理和技术经理长期对 XM 公司进行指导建立和改进 XM 生产工艺流程、引进检测设备和优良检测方法等，同时为 XM 工人和管理层提供系统培训。XM 的新车间最初考虑了废物回收、节能等问题。六个月后，新车间竣工，专用于为 SKF 供应轴承部件而建的生产线投入批量生产。初步统计是，在生产相同数量轴承的情况下新生产线总生产成本降低 20%，XM 的运行效率和经营规模逐年增长。在接下来的几年里，XM 的收入持续增长，业务规模也有所增长。"虽然车间的建设是 XM 的一大投资，但是现在所产生的效益，使之与当初同规模的公司已不能同日而语。"蓝科说。自 2010 年以来，XM 已成为许多 SKF 竞争对手的首选供应商。"但是，XM 仍将优先响应 SKF 的订单。"

在蓝柯看来，家庭式作坊起家的公司，从家族企业到"正规化"企业发展的过程中，容易产生扩张的动力；但如果成为 SKF 的供应商，就能获得 Skye 输出的能力和知识，其生产设备、生产工艺、产品质量等在轴承领域都是代表着国际标准。通过与 SKF 合作，这些公司自然而然地跨越了技术和管理瓶颈，并最终扩大规模。"这是一个双方选择和成长的过程。"蓝柯说。

（2）新天龙公司。

另一个例子是新天龙公司，其以前是德国和日本等国家轴承制造商的供应商。最初这家公司并不符合 SKF 的质量和《行为准则》标准。一年半后，SKF 的新项目要求必须在中国完成配套工作的采购。因此，SKF 中国采购经理继续与新天龙的高级管理层沟通，最终新天龙的领导层表达了希望成为 SKF 供应商的意愿，SKF 的采购经理就供应商《行为规范》也与新天龙公司进行了充分沟通。

　　下一步是新天龙聘请自己的咨询公司进行整改，SKF 的采购经理、质量经理和技术专家则自发地加入改善环境标准和工艺流程的工作中，其中质量经理花费大量的时间帮助公司修改其运营标准，进行设备和工艺流程整改等。2010 年初，新天龙正式成为 SKF 的供应商。由于质量和服务，价格优势，其供应规模甚至比以前与 SKF 合作多年的另外两家供应商还要大。后来，新天龙的业务连续两年实现增长 100%，即使在 2011 年市场低迷期间，业务增长率也超过了 30%。

　　（资料来源：李纪珍、刘丽娟：《斯凯孚中国：规范供应商关系》，中国工商管理案例库，2012 年）

案例分析题：

1. SKF 公司在供应链环境下是怎么进行供应商管理的？
2. 《行为准则》的提出最初遇到的困难是什么？SKF 公司又是如何解决的？

参 考 文 献

　　[1] 徐晓芳、张伟、叶春明：基于《供应链的企业质量管理》，载于《工业工程》2002 年第 5 期。

　　[2] 梁梁、华中生、吴剑琳：《面向流程的 MRP Ⅱ 与 ISO9000 结合模式》，载于《管理科学学报》2001 年第 1 期。

　　[3] 马士华、林勇、陈志祥：《供应链管理》，北京机械工业出版社 2000 年版。

第四章

供应链物流管理

引导案例　"格力电器"的供应链物流管理

1991年，珠海格力电器股份有限公司成立了。该企业是一家集研发、生产、销售、服务于一体的国际化家电企业。随着该企业的技术不断创新，公司得到了迅速的发展，其产品空调成为中国空调业唯一的"世界名牌"产品。格力电器秉持着"自我发展、自主创新、自有品牌"的发展观念。在2019年7月，格力电器在《财富》世界500强排名中排位第414名。那么，格力的成功除了产品创新以外还有什么发展优势呢？

格力的物流模式也为其增加了竞争优势。

一、物流发展

为提高自身物流能力，增强市场竞争力，格力电器主要采用第三方物流模式。格力电器全资控股原珠海市一家物流公司，并将该公司更名为珠海市格力物流有限公司。同年，格力电器收购名家物流成立格力物流。为了增强国际物流能力，格力电器与美国普洛斯公司合作建设国际物流园。一系列的操作，使得格力电器基本完成了区域性完整物流产业链的战略布局。

二、物流管理

在销售物流方面，格力物流有限公司是珠海第一家具有公共保税仓和出口监管仓的现代化第三方物流企业。该公司具有20000平方米的物流配送中心。公共保税仓库可以相对减少税收，有利于格力电器的出口。公共保税仓和出口监管仓的使用，有效地解决了货物出口至香港再入境的"绕港问题"。

在采购物流方面，格力虽然拥有完整的物流产业链，但是格力还是会选择与其他物流公司合作。通过加强与不同地区的第三方物流公司的合作，提高了该公司的物流效率。

格力电器在 ERP 系统的基础上，引入了 MES 物流管理系统，并运用信息化的手段将产品从生产到销售的过程给串联起来，实现管理流程自动化，从而达到提高效率，降低成本的目的。

（资料来源：《格力电器物流模式分析》，百度文库）

第一节　供应链物流管理的基本概念

一、物流管理的发展历程

在国家标准《物流术语》（GB/T 18354-2006）中对物流的定义是物品从供应地向接受地的实体流动过程。根据实际需求，将运输、仓储、装卸、搬运、包装、加工、配送、回收和信息处理等基础功能实施有机结合。2002年，美国物流管理协会（Council of Logistics Management，CLM）定义物流为：物流是供应链运作的一部分，是以满足客户要求为目的，对货物、服务和相关信息在产出地和消费地之间实现高效且经济的正向和反向的流动和储存所进行的计划、执行和控制的过程。

在国家标准《物流术语》（GB/T 18354-2006）中对物流管理的定义是为了以合适的物流成本达到用户满意的服务水平，对正向及反向的物流活动过程及相关信息进行的计划、组织、协调与控制。

1918 年第一次世界大战爆发之际，英国商人建立一家公司。该公司的主要业务就是及时将各种商品送到客户手中，如批发商、销售商和用户手中。这就是物流最早的记载。

第二次世界大战，美国军队为了满足自身对军事物资运载的需求，应用了相关的物流技术以提高其物资运载的效率，并首先采用了后勤管理这一词。战后，这些技术被广泛地应用并得到了很好的发展。到 20 世纪 60 年代，后勤管理逐步应用到企业管理中，最初的物流管理的模式逐渐成形。在中国，物流管理这一名词兴起较晚。直到 1980 年，我国才开始引进物流的相关概念，并将全流程管理应用在企业的日常分析过程中，并利用其解决相关的物流问题。随着各国学者的不断研究，形成了当代的物流管理。

物流管理发展大概分成三个阶段：

第一阶段：实体分配阶段。

物流管理早在 20 世纪 50 年代之前就开始起步，并形成了军事后勤学派的物流概念及营销学派的实体分配概念。日本引入了美国的物流定义，并在国内开展、使用物流体系。在此时期，交易环境发生变化，由卖方市场转变为买方市场，产品售卖逐渐发展成为企业的焦点。在这个时期，注重产品到客户之间的物流成为这个时期的重要特征。

第二阶段：综合物流阶段。

到了 20 世纪 80 年代，物流管理理论和应用技术日益成熟，取得了相当大的突破。随着世界经济全球化，各区域之间连接越来越紧密，企业之间的竞争越来越激烈。企业要想不被淘汰，需要不断地寻求有效的物流管理体系，以此来增强自身的市场竞争力。企业开始把物品管理与实体配送协调整合，把物流的各步骤当作系统的不间断流程，以此使效率大幅提高，并获得更高的利润。

第三阶段：现代物流学阶段。

从 1985 年至今，称为现代物流学阶段。物流领域已经延伸到分销以外的领域，包括物资的供应、生产、分销以及回收的全过程，并采用 Logistics 作为物流的概念。

供应链理论从 1990 年诞生开始，供应链管理系统的发展推进了物流管理的方方面面，如物流管理的联合、共同、集约和协调。全面系统的管理整个供给链体系，对减少成本花费、缩短交货用时、促进资金流动效率与利用率等有显著效果。此时期的重要特点即是物流活动的整个流程的各个步骤的协调与配合。

二、供应链环境下物流各要素

从物流供应链整个流程进行分析，物流管理包括运输管理、仓储管理、装卸管理、包装管理、分销加工管理、分销管理、信息管理和客户服务管理。典型的物流系统包括运输、仓储、装卸、包装、分配和信息处理，接下来，将详细讲解各个要素及要素在供应链中的作用。

（一）运输

运输是指用设备和工具，将物体从一个地点向另外一个地点运送的物流活动。其具有以下两个职能：（1）将商品在要求的时间内运送到指定的目的地，通过时间和空间效应创造利润；（2）不需要长时间存储产品，将运输工具作为暂时的存储场所。

运输的方式有许多，不同运输方式都有不同优势和缺点。选择合适的运输方式可以减少运输成本，提高运输效率。根据不同的分类标准可以将运输分成不同类型。运输分类如图 4-1 所示。

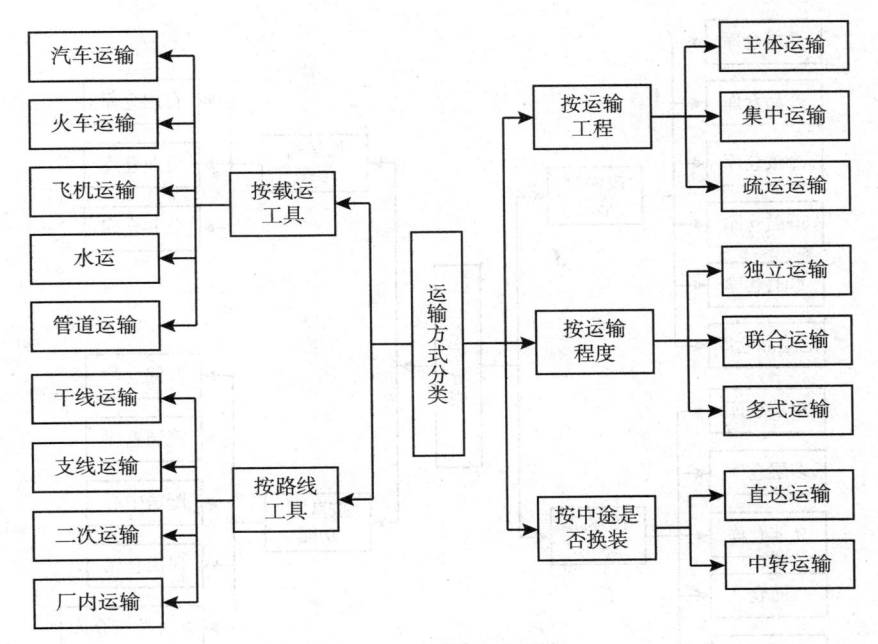

图 4－1　运输方式分类

物流存在着单位货物的运输成本随着出货规模的增加而下降和单位运输成本随距离的增加而降低这两个特点，所以运输需要遵守规模经济和距离经济这两项原则。在进行运输方式选择时，需要权衡运输成本与响应能力，选择最合时宜的运送方式，在不影响货物供应的情况下，使供应链的成本降至最低。

运输成本是供应链成本的主要组成部分。选择合理的运输方式是改善供需匹配和保持低成本的关键。从生产到消费，产品很少处于同一地点，因此运输是全球供应链不同阶段的重要环节。产品需要运输到各个商店进行销售，因此运输在整个供应链中扮演着极其重要的角色。选择成本最低的运输方式，并不一定使供应链的总成本最低。廉价的运输方式通常伴随一定的缺点，即供货期延长且运输能力低，从而导致供应链成本提高。合理选择运输方式才可以减少供应链的总成本。

（二）仓储

在国家标准《物流术语》（GB/T 18354－2006）中，仓储是指利用仓库及相关设施设备进行物品的入库、存储、出库的作业。储存是社会生产顺利发展的必要条件。它不仅可以调节生产和消费之间的时间差，而且可以保持稳定的市场存储；还可维持劳动产品价值。可以根据不同的标准对仓库进行分类如图 4－2 所示。

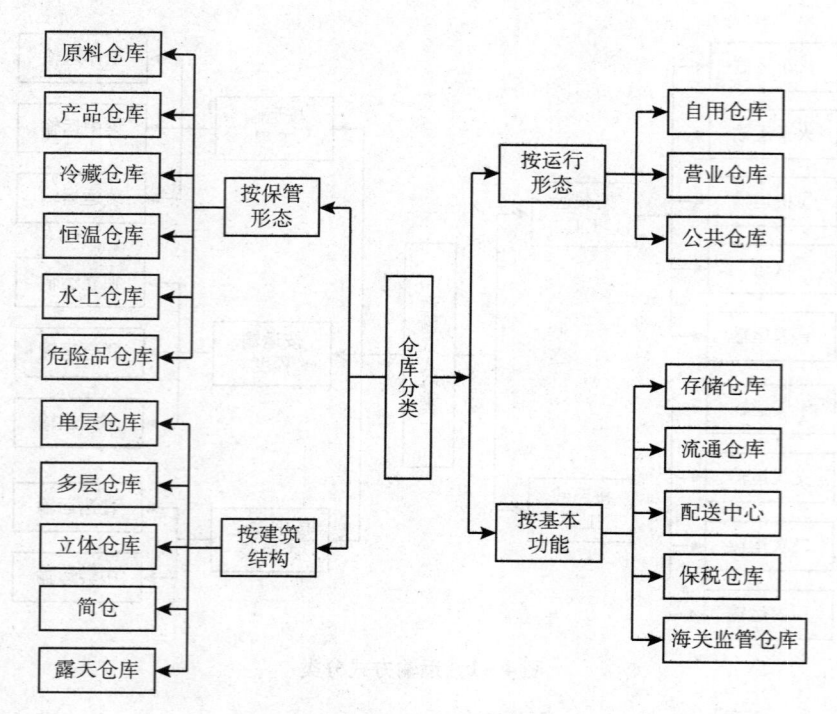

```
                     ┌─ 原料仓库
                     ├─ 产品仓库
              按保管 ─┼─ 冷藏仓库
              形态   ├─ 恒温仓库
                     ├─ 水上仓库              按运行   ┌─ 自用仓库
                     └─ 危险品仓库            形态   ─┼─ 营业仓库
   仓库分类 ─┤                                        └─ 公共仓库
                     ┌─ 单层仓库
                     ├─ 多层仓库                      ┌─ 存储仓库
              按建筑 ─┼─ 立体仓库              按基本 ├─ 流通仓库
              结构   ├─ 简仓                  功能  ─┼─ 配送中心
                     └─ 露天仓库                      ├─ 保税仓库
                                                      └─ 海关监管仓库
```

图 4-2 仓库分类

仓储在供应链中扮演着重要的角色，仓储具有以下作用。

1. 仓储是供应链中不可缺少的重要环节

从供应链的角度来看，产品从原材料到最终将成品交付给用户的整个过程中，存在着物料的运输和物料的存储。仓储的存在就是为了更好地连接前后两个运输过程。如果没有仓库，将会影响货物的有效流通。

2. 仓储能保证进入下一环节前的质量

产品的合格率直接影响着产品制造的成本，而保证原材料的合格可以提高产品的合格率。因此，在整个供应链中，可以通过仓储检查物料，防止伪劣物品进入下一道工序或混入市场。因此，仓储过程可以确保材料不会变质、损坏、短缺，并确保了材料的有效使用价值。

3. 仓储是加快流通、节省流通费用的重要手段

仓储管理在调配余缺，减少生产和销售部门的库存积压，在总量上减少地区内货物的储存量等方面，都具有积极的作用。

（三）装卸、搬运和包装

1. 装卸、搬运

在国家标准《物流术语》（GB/T 18354—2006）中，将装卸定义为物品

在指定地点以人力或机械装入运输设备或卸下；将搬运定义为在同一场所内，对物品进行水平移动为主的物流作业。

装卸和搬运在物流活动转换中起承上启下的连接作用，并可提高物流系统的效率。

2. 包装

随着社会生产力的发展，人类的社会分工越来越明确，人与人之间，地区与地区之间，国家与国家之间的交往越来越密切，包装伴随着贸易的发展而持续发展。如今，已经有专以设计包装为生的企业出现。如今的包装材料多半为塑料和纸，但也有新型包装材料的出现。包装为物流合理化起到相当重要的作用。

由于资源短缺，环境问题已逐渐变得严重，无毒、无污染、自然可降解和可回收的绿色包装已成为主流。世界各国都在倡导绿色包装，德国颁布了《循环经济法》，以促进绿色包装的使用；丹麦已实施"绿色税"；瑞典颁布了《包装法》，其中规定包装必须能再次使用。

包装有以下功能：

（1）防护功能。在搬运运输过程中伴随着货物的堆叠、磕碰等可能损坏货物的行为，而包装在一定程度上可以防止物品损坏变形；包装还可以阻挡有害物质进入产品中，造成货物的污染。

（2）方便功能。货物进行包装，有利于节省空间，有利于销售。

（3）促销功能。包装具有强化的视觉效果有利于产品的销售。

（四）配送

在国家标准《物流术语》（GB/T 18354－2006）中，配送是指在经济合理区域范围内，根据客户要求，对物品进行拣选、加工、包装、分割、组配等作业，并按时送达指定地点的物流活动。

供应链环境下配送的作用如下。

1. 配送是供应链的增值渠道

配送的运输距离较短，处于物流系统的最末端，即到最终消费者的物流。但配送集拣选、加工、包装、分割、组配等作业于一身，相当于小范围的物流系统。配送与最终的消费者直接接触，所以物流公司为了赢得客户的好评而采取行动。企业通过有效的物流体系运作来寻求产品或服务价值的增加。

2. 完善了整个物流供应链管理系统

第二次世界大战后，铁路、海运、公路等方面的干线运输得到了迅速发展并达到了较高的水平。但物流不仅有长距离的干线运输，还有必不可少的支线运输和末端运输。而这种支线运输和末端运输正是物流过程中的薄弱环节。完善支线运输和末端运输，解决"最后一公里"的问题，使得物流系统更加完整。

3. 减少整条供应链的运输成本

物流成本在供应链总成本中占较大的比例，而物流配送则是物流管理的重要组成部分。通过整合物流供应链资源、优化社会物流配送体系和合理运用物流配送战略，才能降低供应链的运输成本。

三、供应链管理与物流管理的关系

现代物流管理是为了满足客户需求，对从生产地到消费地的产品、服务和信息进行规划、实施和控制的过程。供应链管理对供应商到用户之间的关键商业流程进行集成，为顾客和所有其他过程参与者提供附加值。可见物流管理和供应链管理在服务顾客方面的目标是一致的。

两者的目标相同，但是两者的工作性质不同。供应链管理的主要工作是协调和处理供应链各个环节之间的关系，使得供应链更加协调。而物流工作则侧重于利用物流设施、物流生产技能去解决产品流通的问题，从而到达提高物流效率、降低物流成本的目的。

物流管理的内容涵盖了从原材料供应到产品销售的所有物流活动。供应链管理是通过物流、信息流、反馈物流和共享信息流将供应链中的各个环节结合起来进行管理。供应链管理不仅包含信息流、资金流等管理，还包括物流的管理，所以物流管理是供应链管理的一部分。

供应链管理是对物流的一体化管理。通过供应链，可以实现企业之间的物流合作，从而达到提高物流效率，降低物流成本的目的。供应链管理通过物流，信息流和资金流将整个供应链中每个环节的成员联系起来。改变了传统物流管理中成员零和博弈的思想，从而形成利益共生、信息共享的合作氛围。

供应链管理已经是物流在逻辑上的延伸，是物流的最高级形态。

第二节 供应链环境下的物流管理

一、物流管理在供应链管理中的地位

物流管理仅涉及企业之间的原材料和组件的相互流动，而不涉及生产制造相关的活动。供应链管理涵盖了商品从原材料采购到最终将产品交到用户

手中的整个物流过程,不仅包括物流活动,还包括制造、销售等活动。在构建供应链时,企业通常会通过调整和管理货物库存,达到降低库存和分销成本的目的;通过提高物流能力,实现扩大市场份额的目的。因此,许多企业都从供应链环境下的物流管理着手进行优化改革,从而实现降低物流成本、提高企业效率、扩大市场份额的目的。从这个角度来看,物流管理已逐渐成为企业占领市场,并提高供应链效率和增强竞争力的着重点。

从战略管理的角度来看,物流管理提升供应链及企业自身竞争力主要体现在组织结构上。物流本身就是一个复杂的控制系统即在一定的时间内正确地平衡材料的购买、产品的运输和储存。实现三者之间适当平衡是物流管理给公司的最优回报,因为通过有效的物流管理,可以减少公司系统中不必要的环节、行为和活动,降低公司的物流成本和其他成本。物流管理可以使一个企业的行为或活动增值,增强产品和服务的价值,或者说,它将充分突显出企业和供应链竞争优势。

建立高效的供应链管理系统是提高企业市场竞争力的关键措施,而物流管理又是供应链管理的主要构成部分。物流管理在供应链中发挥着重要作用:(1)创造用户价值,降低用户成本;(2)协调制造活动,提高企业敏捷性;(3)提供用户服务,塑造企业形象;(4)提供信息反馈,协调供需矛盾。

二、供应链环境下的物流管理的特征

21世纪是时间竞争的时代,企业竞争表现在如何以最快速度响应市场并满足客户不断变化多样的需求。通过畅通的运输通道和快速交货的物流策略来增加企业的市场竞争优势。随着高新技术、信息技术的不断发展,企业之间的竞争力也不断地加强,单打独斗的企业模式已经不能满足企业的发展需求。为了适应市场环境的变化,企业通过即插即用的信息网络实现与其他企业的合作,获得信息共享和知识支持,并因此赢得了竞争优势。人们在看重产品质量的同时也希望享有优良的服务。企业为了提高顾客满意度,会提供亲和的服务和多样化的产品,以满足不同顾客的不同需求。

在传统的物流系统中,需求信息和反馈信息都是逐级传递的,使得供应链的上游企业不能及时获取市场信息,对市场的反馈速度减慢,导致需求信息失真。传统的物流并没有从供应链的整体进行分析。传统物流可能因信息的不通畅,而导致一端的库存积累,而另一端不能及时对市场需求的变化做出反应。因此,传统物流管理具有以下几个特点:(1)纵向一体化的物流系统;(2)不稳定供需关系,缺乏合作;(3)资源和信息利用率极低。

传统的物流供应链如图4-3所示。

供应商 → 制造商 → 分销商 → 用户

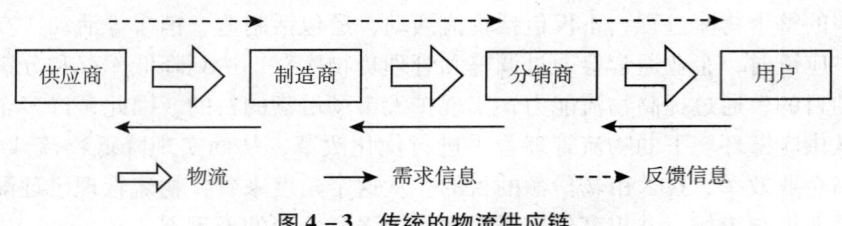

⇨ 物流　　→ 需求信息　　--→ 反馈信息

图4-3 传统的物流供应链

供应链下的物流系统比传统的物流系统多了共享信息的运作。共享信息对于供应链来说十分重要。传统供应链中上游企业会因为信息的不通畅而导致该企业不能及时对市场变化做出反应。而供应链环境下的物流管理的共享信息可以解决这个问题。信息共享可以使供应链各个环节的企业都可以及时掌握需求信息和反馈信息，并根据信息及时做出调整，从而避免需求信息的失真。供应链环境下的物流系统运作如图4-4所示。

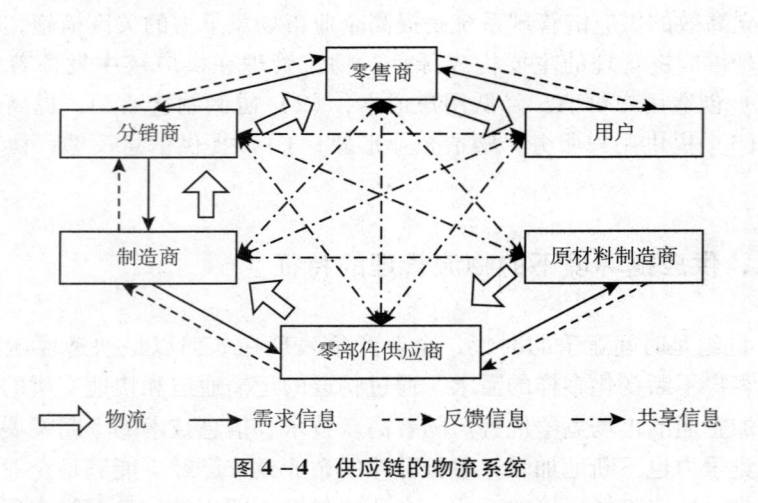

⇨ 物流　　→ 需求信息　　--→ 反馈信息　　-·→ 共享信息

图4-4 供应链的物流系统

供应链环境下的物流管理有以下特征。

（一）信息共享

供应链中的各个环节都能及时捕捉市场需求信息和整个供应链的运行情况，并通过供应链与供应链中的其他环节进行沟通，各个环节通过信息共享及时对信息做出反应，并制定出自己的调整策略。

（二）过程同步

供应链环境下的物流管理具有共享信息的功能。当客户下订单后，零售商将需求信息与原材料供应商、零部件供应商、制造商以及分销商共享。供应链中的各个环节开始共同运作，又因为物流系统的无缝链接，保证了供应链协调一致运作。

（三）合作互利

供应链环境下的物流管理有信息共享系统和信息反馈系统。供应链中的各个环节相互配合，使得供应链获得协调一致性。物流系统的无缝链接，可以使货物能够顺利及时地送达，及时对客户需求做出反应，使得整个供应链变得十分协调。

（四）交货准时

供应链环境下的物流管理通过信息共享可以随时掌握物流信息，及时对物流进行调控，使得货物可以准时到达客户手中。供应链环境下各个环节的商家相互配合，通过成熟的信息系统可以做到及时沟通，面对突发状况及时进行调整，确保供应链的畅通，从而达到交货准时的目的。

（五）响应敏捷

通过消除不增值的过程和时间，进一步降低了供应链系统的物流成本。快速的业务重组能力提高了物流系统的敏捷性，实现了供应链的敏捷性和精细化运作。

（六）服务满意

通过大数据分析客户的不同需求，生产不同的商品并用灵活的物流服务来满足客户的个性化需求。通过信息系统实现实时的信息交换，及时将运输、包装等信息反映给相关部门，提高运输效率，交货准时，最大限度地让客户对物流满意。

三、一体化物流战略

一体化物流战略是指不同部门之间、不同企业之间通过物流合作，达到降低物流成本的目的。企业将运输、仓储、配送等要素结合起来，物流各个要素协同运作，物流系统化运作。一体化物流包括垂直一体化物流、横向一体化物流和物流网络三种形式。

（一）垂直一体化

即纵向一体化。垂直一体化就是将供应商和用户考虑在其中，要求从原材料到最终将产品送到用户手中的每一个环节都要进行管理。随着互联网、电子信息技术的不断发展,全球制造、敏捷制造、柔性制造等先进制造模式的相继出现。企业为了适应如今市场需求的变化,开始更多地运用外部资源,将多家企业以动态联盟的方式组织起来,从而给原有企业生产组织和资源配置方式带来了质的飞跃。垂直一体化就是要求企业在自身条件的基础上,建立起与供应商和用户的合作关系,形成联合力量,增强市场竞争力。物流管理从企业内部的采购物流、生产物流和销售物流向上下游延伸至原材料供应商和消费者,从而实现了整个供应链纵向一体化。供应链是垂直一体化的延伸,是对从原材料到最后产品交付给消费者的整个过程中的物流、资金流和信息流的协调与控制。

(二)横向一体化

横向一体化物流也被称作水平一体化物流。顾名思义,它是指同一行业内多家企业为提高企业物流效率,实现企业规模经济,而在物流方面进行的合作与协调运作。

单位物流成本随着物流量的增加而减少,所以当企业的物流量较小时,可以与所需装运的商品物流范围相似的企业进行合作,从而实现增加物流量、降低成本的目的。企业在装运自身的货物的同时也可以装载其他公司的货物,这便是横向物流的合作。物流的横向一体化就是与其他企业合作,重新构造企业的物流运作模式,减少社会物流过程中的重复劳动,从而实现降低成本,提高物流效率的目的。

但是,企业之间的物流运作存在差异,企业的不同商品物流之间会产生时间或空间上的冲突,所以企业之间的物流运作存在着一些矛盾。为了企业之间能更加有效地进行协作,各个企业需要建立统一的物流需求信息的搜集和处理信息中心。通过统一的信息中心可以使企业以统一的方式进行管理与运营,从而实现了企业之间的相互协调运作,并可以找到最经济的物流运作方式。而横向一体化也需要大量的企业参与,当企业之间存在大量物流需求时,企业之间的协作才能提高物流的经济效益。此外,还必须着眼于商品物流与配送方式上的集成化。

(三)物流网络

一体化物流的各个环节不仅是系统的一部分,也是其他一体化系统的一部分。不同的一体化系统通过物流将相关企业紧密地连接在一起,形成了一种网络关系,即物流网络。通常情况下,企业可以自愿申请加入或离开,因此物流网络是一个开放的物流系统。当物流网络中的企业不能满足自己的物流需求时,可以寻求物流网络中其他企业的物流帮助,这样物流网络就更容易发挥其物流的效应。物流网络的规模效应取决于物流的一体化、物流标准化和物流规模化这三个条件。实现物流网络需要以下三个条件：(1) 实现纵向一体化。制造企业应先与具有优势的物流企业结成联盟，以共享物流市场。(2) 实现横向一体化。具有优势的物流公司因与其他中小型物流公司结成联盟，通过科学完善的营销体系，可以为制造企业打开市场，增加营业额。原来的竞争对手也变成了如今的合作伙伴。(3) 建立有效的信息系统。为了实现不同企业之间的信息交流，需要运用现代信息技术建立起行之有效的信息系统。随着物流网络中企业数量的逐渐增加，物流网络的规模经济便会呈现出来。物流网络促进了社会分工的发展，为"第三方物流"的发展提供了良好的条件，减少了社会物流成本。

总的来说，物流一体化是物流产业化发展形式的延伸，物流一体化的良好发展为第三方物流的发展创造了优越的环境和广阔的市场空间。

四、精益物流

精益物流（lean logistics）是由布莱斯特和克里斯托夫提出的。精益二字体现在去除不必要的浪费。精益物流与精益管理相一致，其出发点均为去除含库存在内的所有浪费。精益物流结合客户需求，从时间和空间上去除过剩储量、过剩行为、过剩员工和设备等，从而达到高品质、低成本、良好服务的物流管理的目的。精益物流将"以顾客需求为核心"作为经营理念，着重于不断地减少浪费，在保证不断优化品质的同时增加效率，提高客户满意度。精益物流认为物流体系需要及时精确，还要能不断地完善自身。发展精益物流，是要基于客户需求，优化物流供给链，促进企业之间的沟通交流，采取创建互信互助的体系，保障各企业进展同一，实现双赢。

实现精益物流可以增加供应链中的价值需要做到以下几点：(1) 缩短计划周期；(2) 缩短提前期；(3) 实施小批量、多频次的库存策略；(4) 降低制造和分销的批量；(5) 供应链中的物流从"预测—推动制"转向基于实际用户需求的"需求—牵引制"。

第三节　供应链物流模式

随着市场经济的快速发展，企业对物流企业的需求也与日俱增。我国物流业总体上仍处于探索和发展的初级阶段，但鉴于当今社会经济的快速发展和人们需求的不断增长，物流的发展前景不容忽视。随着物流的发展，物流已经发展成为四种物流模式：自营物流、第三方物流、物流联盟和第四方物流。

一、企业自营物流模式

企业自营物流就是指企业的物流工作仅仅依靠于企业自身解决，而不需要借助外力，自负盈亏，自我经营。企业自营物流模式中的物流业务只是该企业生产业务中的一部分，并且不是该企业的核心业务。物流业务的存在是为了辅助其他业务的发展。

企业自营物流模式中企业可以对供应链中的各个环节进行控制，确保物流活动的顺利进行且不会产生较大的偏差；企业的物流管理只服务于企业自身的物流业务，避免与其他企业产生摩擦和纠纷，从而提高了企业自身的物流管理效率；企业自营物流更了解自身的需求，根据自身的需求进行调整，自由度高且效率也高；企业自营物流有着详细的物流资料，可以及时发现问题并处理物流过程中的问题，可对物流进行灵活调节。

企业自营物流也存在许多问题：（1）对于非物流企业来说，物流不是核心企业，但是企业需要花费大量的资金、人力、物力来保证物流活动的正常运作。因此，企业需要支付各项固定成本，无形之间增加了企业的运行成本，影响了企业的核心业务的发展。（2）自营企业的核心业务不是物流，物流整体规模不大，专业化程度不高，组织协调程度不高，不能有效的调用现有资源。（3）对于自营企业来说，物流是由物流部门负责的，物流业务之间不存在竞争关系。这种物流模式不仅影响了员工的积极性，还可能因员工绩效意识薄弱而导致物流工作效率低下。

二、第三方物流模式

（一）第三方物流概念

第三方物流（Third Party Logistics，3PL）是指为由供方与需求方以外的企业提供物流服务的业务模式。生产经营企业为了集中精力发展自身的核心业务，将必需的物流业务外包给专业的物流公司，并与物流公司签订物流服务合同。生产经营企业通过信息系统与物流公司保持密切联系，并且可以通过信息系统对物流过程进行实时的监控和管理。所以，第三方物流又被称为契约物流或者是合同物流。第三方物流公司拥有物流相关的技术和管理方法，且只需要按照客户的要求完成物流任务。在我国古代，早已经有第三方物流的存在，例如早期的镖局，近代的码头仓库等。相对于企业自营物流来说，第三方物流的业务水平更专业、成本更低、效率更高，能够更好地帮助企业发展主营业务，提高核心竞争力，减少资源的浪费的优点。

（二）第三方物流分类

第三方物流可分成资产型第三方物流、管理型第三方物流和综合性第三方物流这三种物流模式。

1. 资产型第三方物流

资产型第三方物流是指本身拥有仓库、运输工具等一种或多种有形物流资产，并依托其资源提供核心服务。

该物流模式中的资产有两种类型：第一种资产是指机械、装备、运输工具、仓库、港口等具有物流功能的资产；第二种是信息系统硬件、软件、网络以及相关人才等信息资产。

2. 管理型第三方物流

管理型第三方物流是指自身没有多少固定资产，凭借其自身优异的管理和项目运作能力，通过信息技术整合满足客户物流服务所需的运输或仓储等物流资源的物流提供商。管理型第三方物流企业不把第一种类型的资产作为向客户提供服务的手段，而是将网络信息技术，高素质人才等管理力量作为企业的核心竞争力。管理型第三方物流公司主要以第二种信息类型的资产为主，但该企业也拥有第一种资产。

3. 综合性第三方物流

顾名思义该物流模式结合了资产型第三方物流和管理型第三方物流模式的优点。该物流模式有管理型第三方物流公司在信息、组织和管理的优势，又同时建立必要的物流设施和装备系统，但不是全面建设这种系统。综合性第三方物流企业不仅有资产型第三方物流模式的物流设备系统还有管理型第三方物流模式的信息管理系统的优势，避免了投资过大、系统不灵活和服务水平不足的缺点。

（三）第三方物流的主要特征

与传统的物流模式相比，第三方物流的主要特征体现在以下几个方面：

1. 双方关系的建立以契约为前提
2. 功能专业化

第三方物流提供的是专业的物流服务，无论是从物流方案的设计、过程的操作与控制、服务人员等方面无不体现着该企业的专业。

3. 服务个性化

根据客户不同的需求，从客户的实际出发，定制个性化物流服务。

4. 管理系统化

第三方物流必须建立在现代管理系统的基础之上，才能满足物流运行和发展的需要。

5. 信息网络化

信息技术是第三方物流得以快速发展的基础，物流行业的发展速度在相当程度上取决于信息技术的发展速度。

（四）第三方物流在供应链中的作用

第三方物流是一种集成运输模式，可以同时为多条供应链提供服务。物流公司可以将多条供应链需要运输的运输范围相似的货物装在同一辆货车上，使得运输成本降低。

1. 降低作业成本

3PL 可以为货主降低大约 10% 的成本。企业的自营物流需要机器、设备、运输工具、仓库和具有物流功能的资产。企业自营物流因只运输该企业的货物，会因为自身的物流量较小而出现非满载运输的情况。企业的这种小规模运输不经济，并且运输成本也会相应上升。而第三方物流可以同时为几条供应链提供服务，可以将不同公司但运输范围大致相同的货物安排在同一货车上，减少非满载的情况出现，从而达到降低作业成本的目的。

2. 有利于企业的核心业务发展

企业将物流业务外包给第三方物流公司，可以集中精力发展自身的核心业务。随着核心业务的不断发展，可以增加该企业在其核心业务领域中的市场竞争力，更有利用于企业的发展。

3. 利用第三方物流的先进技术减少投资

第三方物流公司拥有先进的信息系统、条码系统、自动识别系统、物流技术设备等先进的设施和软件。这些设备和软件便是第三方物流作业效率高的原因。当企业选择第三方物流公司时，不仅可以享受专业化的服务，还可以减少在设施和软件等方面的投资。

4. 整合供应链

第三方物流公司在整个供应链中不再仅仅只是提供仓储，运输等物流服务，更多的是参与设计、组织和管理供应链以及评价供应链整体的绩效。第三方物流公司是供应链中物流、资金流和信息流的纽带，链接了供应链中的各个单元，实现了供应链的互通互惠。供应链整合就包括对资金流、物流和信息流的整合。例如：一般大型的第三方物流公司会通过收购、合并的方式扩展业务，也会通过剥离、关闭部门的方式进行业务结构的整合。供应链的运行离不开信息系统的重要作用。第三方物流公司对客户管理系统、订单处理系统、仓储管理系统等信息系统进行整合，提高了信息传递速度，使得供应链中的企业可以及时掌握信息。

5. 扩展国际业务

随着互联网、电子信息技术的不断发展，经济全球化是不可避免的趋势，越来越多的企业想要进一步扩展国际业务。企业可以借助具有国际营销渠道的公司进入国外市场，而国际第三方物流公司恰恰拥有国际贸易服务，可以帮助企业扩展国际业务。

三、物流联盟模式

国家标准《物流术语》（GB/T 18354-2006）中对物流联盟（Logistics Alliance）定义是两个或两个以上的经济组织为实现特定的物流目标而采取的策略安排。物流联盟通过协议的形式明确相互的责任和义务，实现资源共享，以实现物流企业为了增强竞争力，实现自身目标的目的。物流联盟是以物流合作为基础的，它是由两个或多个企业为了实现自己的物流目标，而达成优势互补、风险共担、利益共享，并长期、稳定的协议。

企业建立物流联盟的优势主要可以从以下几个方面进行概括：

（一）降低企业物流成本

小型个体企业成立初期没有大量资金，并且不能成熟地发展自身的物流业务。因此，该类型企业可以选择与其他的物流企业合作，可以实现设备、信息技术等方面的优势互补，减少劳动成本，提高企业自身竞争力。

（二）提高服务水平

第三方物流企业不仅有物流所需的设备资产，还有现代化的信息技术系统。与第三方物流企业结盟，不仅可以提高公司的物流专业水平，还可以提高自身的服务水平，使顾客满意，从而达到提高企业的竞争力的目的。

（三）减少物流经营的风险

物流契约一般签约时间长，但基于企业之间的相互信任与承诺，可减少各种履约的风险，合作伙伴之间风险公担，可通过协商来减少在服务过程中产生的冲突。

四、第四方物流模式

1998年，著名的管理咨询公司安达信咨询公司（现称埃森哲）首次提出第四方物流（fourth party logistics）并将其注册为商标。公司将第四方物流定义为一个供应链的集成商，它对公司内部和具有互补性的服务供应商所拥有的不同资源、能力和技术进行整合和管理，提供一整套供应链解决方案。

第四方物流是第三方物流的延伸，它是在第三方物流以及其他服务的基础上出现的一种新的服务模式。随着信息技术的发展和物流管理的日益复杂，在供应链管理过程中需要一个"超级管理者"。超级管理者需要根据物流活动整合资源，为客户提供物流业务的整合方案。第四方物流比第三方物流更注重整个物流系统和资源的整合和优化。第四方物流依托于第三方物流供应商、技术供应商、管理顾问等业内优秀企业，为客户提供独特而全面的供应链解决方案。第四方物流提高了第三方物流的效率，第四方物流是物流活动的管理者，那么第三方物流就是物流活动的执行者，两者相辅相成。第四方物流运行模式如图4-5所示。

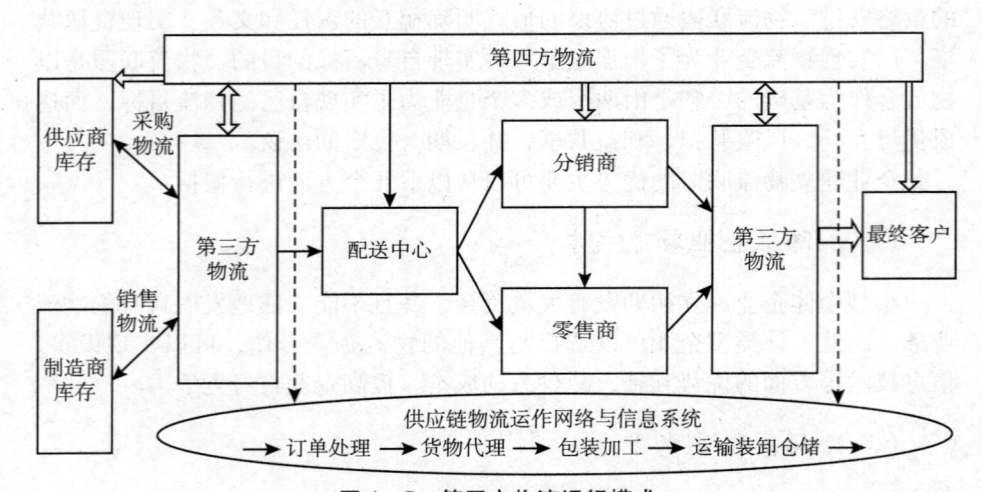

图4-5 第四方物流运行模式

第四方物流有以下三种模式。

（一）协同运作模式

协同运作模式是指为企业提供各种供应链物流服务的要素公司组成战略联盟为企业提供第四方物流服务，共同提升企业的物流及供应链水平，如图4-6所示。

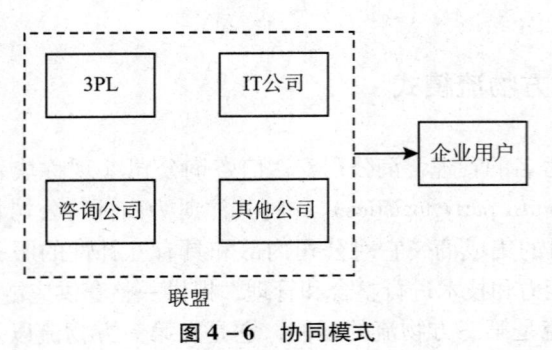

图4-6 协同模式

为了巩固长期的竞争优势，减少同质化资产竞争，第三方物流、咨询公司、IT企业和其他具有互补资源的企业结成联盟。这些企业针对某个或某些具体客户提供服务，一起为企业提供第四方物流。联盟企业地位相同，都要接受临时联盟团队的领导。协同运作模式是联盟公司通过创造共同利益，以较低的成本快速地为公司提供全方位的服务。由于每家公司都是企业客户的直接服务商，企业之间会出现争议并且协调难度大。由于联盟中的企业共同为客户提供服务，所以协同运作的方案分散在各个联盟企业中，难以快速沉淀成为行业经验。

因此，该模型适用于单一企业客户，其供应链的复杂性不高，通过快速反应可以得到解决方案。

（二）集成方案模式

集成方案模式是指第四方物流公司与企业客户直接合作，为企业提供系统的物流规划体系；另外，第四方物流公司与第三方物流公司、咨询公司、IT企业合作，通过付费获得相关服务，从而满足企业客户的需求，如图4-7所示。

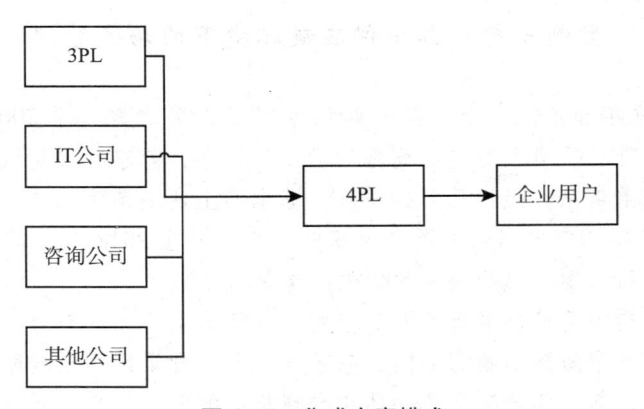

图4-7 集成方案模式

在集成方案模式中，第四方物流公司是核心，它决定了模式的成败和服务水平，它必须有能力对互补物流公司的资源、技术等要素进行调动和管理，同时必须能够根据各公司的系统进行整合，提供全面的解决方案。对于客户来说，集成模式不需要考虑复杂的联盟合作关系，提出需求就可以获得反馈。这种模式对第四方物流有很高的要求，同时对物流业的整体发展水平提出了很高的要求，因此更难实现。加之有第四方物流在中间负责信息处理和传输，可能造成成本的增加。因此该模式适用于行业发展成熟的单一行业企业客户，可复制性不高，但实现后价值很高。

（三）行为创新者模式

行为创新者模式与集成方案模式相似。这两种物流模式都是作为第三方物流沟通的桥梁而存在的。这两种物流模式将物流运作的两端连接起来。这两种物流模式的不同之处在于：行为创新者模式针对的是同一行业的多个企业进行物流管理，而集成方案模式是针对企业进行物流管理。在行为创新者模式下，第四方物流提供行业整体物流的解决方案，这样可以使第四方物流运作的规模更大限度地得到扩大，使整个行业在物流运作上获得收益。

思考与练习

1. 阐述供应链管理与物流管理的区别与联系？
2. 简述运输的方式和运输在供应链中的作用？
3. 供应链环境下的物流管理特征？
4. 为什么第三方物流行业发展如此迅猛？
5. 简述第四方物流的运行模式？

案例分析　苏宁供应链环境下的物流管理

从1999年开始，苏宁电器开始探索电子商务之路。于2005年组建了B2C部门，开始了自己的电子商务的尝试。同年，苏宁网上商城面世，但其销售区域仅限南京。经过几年的发展，苏宁网上商城销售区域扩大至全国范围内。2009年苏宁电器正式更名为苏宁易购。并在2018年，苏宁易购集团股份有限公司入围了《财富》500强的榜单。

苏宁易购的迅速发展离不开苏宁物流集团有限公司的努力。苏宁物流有限公司原是苏宁易购的物流部门。基于仓储网、骨干网和末端服务网这三大基础设施网，苏宁物流建立了一体化和规模化的服务能力。同时将高科技技术（例如智能机器人、无人机）运用到物流中，打造智慧物流体系。那么苏宁易购是如何打造智慧物流的？

一、自建物流网

在仓储方面，苏宁物流联合天天快递所拥有的相关配套仓储，打造了799万平方米的仓储。经过三十年的发展，苏宁物流拥有目前中国最大规模的自建仓库网络。苏宁物流还拥有覆盖全国的物流体系，平行仓、产地仓等高标准的仓储体系，实现快速流通的仓储网络。苏宁易购的销售方法是"线上+线下"，即"线上下单，门店提货"，所有遍地开花的门店相当于

"小型仓库"。门店的自提点、服务站等快递点像"根须"般不断地向下级市场延伸，进一步扩展了苏宁物流的仓储网。这就是苏宁物流独一无二的巨大优势。苏宁自建的仓储网提高了物流效率，降低了物流成本。

在运输方面，苏宁物流不仅拥有覆盖全国的物流网络，还打造了以"共享经济"为核心的无车承运人管理平台。无车承运人对于物流企业的要求相当的高：（1）要求无车承运人需要三年以上的货运经验；（2）无车承运人需要预先垫付运费，并为货物安全全权负责，这就要求企业在供应链金融方面具有一定的实力。无车承运人平台不仅需要进行车辆调度，还要利用互联网等高新技术对线上资源进行整合。苏宁物流通过无车承运人平台，实现了降本增效，提高服务质量的目的。

二、科技创新

苏宁智慧物流的关键就是自主研发技术。

苏宁物流建立了积木型供应链物流信息管理、物流整体运营的数据管理和对全链作业数据智能处理等强大的IT数据平台技术。三大自主研发的信息系统为苏宁物流增强了市场竞争力。苏宁物流的自主研发体现在物流管理的方方面面。例如：在仓储方面，苏宁推行机器人智能化运作仓库，并且拣选成功率高达99.99%以上。苏宁物流在南京雨花地区建立的"超级云仓"，这是行业领先的智慧物流基地。"超级云仓"采用的SCS智能拣选系统，可以完成自动存储、盘点和捕获等一系列分拣动作，提高了货物拣选效率。通过"超级云仓"的投产运营，苏宁率先将智能仓储打造成为智慧物流的标杆。在运输方面，苏宁物流在无人驾驶方面进行了探索，在汽车配备的激光雷达、摄像头等职能传感设备与系统进行了研究。正是因为这些技术的成熟，其无人重卡"行龙一号"才能横空问世，实现了L4级别的"仓对仓"无人驾驶。"行龙一号"的出现解决了物流园间的干线运输。随着无人重卡的不断成熟，可以大大减少苏宁物流的时间成本和人工成本。在配送方面，苏宁物流将无人技术运用得炉火纯青。乡村末端运用无人机进行配送，而在城市末端运用"卧龙一号"进行配送。为了满足农村地区的物流需求，苏宁物流使用无人机技术进行配送，让农村用户可以享受到安全、迅速、准确的物流配送服务。

苏宁物流将无人技术运用到物流过程中的每一个环节，例如物流园间的无人重卡运输、智慧仓储的机器人拣选和偏远地区的无人机配送。无人技术的广泛运用实现了苏宁物流的全程无人化，从而达到了提高物流效率，降低物流成本的目的（见图4-8）。

|供应链管理基础与前沿|

图 4-8　苏宁物流采用的无人技术

三、一体化供应链服务

苏宁物流通过打造数据生态、技术生态、服务生态、管理生态，从这四个维度构建智慧供应链综合服务能力。在数据生态方面，苏宁物流研发了 WCS 系统和大数据监控平台，实现了对整个供应链的全程监控。在技术生态方面上，通过无人技术的运用实现物流过程无人化。在服务方面上，通过智慧仓储的构建提高了客户的满意度。在管理生态方面上，通过对流程的创新和再造来提高物流效率。苏宁物流不仅服务于自身的线上线下物流，还向供应链上下游合作伙伴提供物流服务。

苏宁物流的成功离不开其对技术创新的不断追求。苏宁将高新技术引入物流全过程，打造了苏宁智慧供应链，推进了中国传统物流向智慧物流的转变。

（资料来源：林海芬等：《苏宁物流：冲破传统，领跑智慧》，中国管理案例共享中心案例库）

案例分析题：
1. 简述苏宁物流从哪几个方面打造智慧物流？
2. 查阅相关资料，结合自己的理解，简述苏宁物流接下来该如何发展？

参考文献

［1］杨晓雁、周艳军：《供应链管理》，上海复旦大学出版社2005年版。

［2］张义伟：《基于供应链环境下的配送中心选址研究》，云南财经大学，2011年。

［3］李柏敏：《XG公司物流模式选择研究》，湖南中南大学，2014年。

［4］王伟：《第三方物流企业核心竞争力研究》，载于《湖南工业职业技术学院学报》2010年第6期。

［5］马士华、林勇、陈志祥：《供应链管理》，北京机械工业出版社2000年版。

第五章

供应链库存管理

引导案例　"佳能"的供应链库存管理

　　1934年佳能在日本东京成立，同时生产出第一台35毫米相机。随后佳能一直不断研发新技术新产品，不断在商用机器上突破，公司得到了迅速发展。2015年佳能的办公设备用品、个人影像、生产型打印机分别占全球市场份额的55.5%、33.3%、13.8%。并在这一年佳能在全球500强企业排名中排第207名。

　　20世纪70年代末佳能开始在中国发展业务，经过了十几年的发展，佳能的业务已经覆盖影像系统产品、办公产品、产业设备等领域，物流网络覆盖全国范围。为了满足公司在中国发展的需求，佳能公司在中国共建立了大约30000平方米的仓库，其中北京仓库大约12000平方米、上海仓库约2000平方米、广东约10000平方米，并且由供应商提供仓库服务管理。全国的库存量约27500立方米，其中办公设备类为22000立方米，影像消费类库存为2300立方米，生产型设备库存2200立方米，其他约1000立方米，北京、上海和广州仓库的库存占据全部库存的95%。

　　佳能属于营销型公司，其库存成本占公司的比重相对较高，所以该公司重视库存管理，以达到降低成本的目的。

　　从2010~2015年6年中，佳能的库存周转天数分别是30天、33天、31天、37天、40天、45天。变化趋势如图5-1所示。佳能的库存周转天数在这6年之中有较大的波动，趋势是不断增加。在2015年，佳能库存周转目标天数为35天，而实际的周转天数为45天。这也说明了佳能在库存的周转目标控制不到位，而导致周转天数有不断增加的趋势。产品的"长期在库库存（从入库日期开始计算，超过90天以上没有进行过出入库的产品）比率"目标为占全部库存的5%，而实际情况为12%。目标与实际的情况存在着差异。

图 5－1　周转天数变化趋势

注：数据来源于国家统计局。

（资料来源：温月红：《佳能（中国）公司办公设备库存管理优化研究》，兰州大学，2017年）

第一节　库存管理相关概述

库存管理在供应链管理中占有非常重要的地位。供应链库存管理是指在供应链管理概念下，对整个供应链中的物流链、信息链、资金链、工作流和组织流程的有效管理，通过供应链中各个环节的相互沟通和协作，从而达到快速反应客户需求和满足消费者多样化需求的目的。

一、库存的概念

运营管理协会（APICS）将库存（inventory）定义为"用于支持生产（原材料、在制品项目）、支持性作业（维修、修理及运营供给）和客户服务（完成品及备件）的存货或物品"。在业界保持一定的库存是一个普遍的现象。库存的存在形式多种多样：原物料、在制品、成品。总的来说，库存的存在是因为供应的量在某一地点和它的消耗或销售相比有剩余。

库存可以调节供需之间的差异，以确保生产、生活和业务活动的稳步进行；可以稳定生产和管理的规模并获得规模经济效应；可以缓冲不确定因素的影响并缩短订单交货时间；库存还可以降低物流成本。

供应链中的库存是指供应链中的所有原材料、在制品和成品。库存是供应链中重要的供应链驱动变量，改变库存大大地改变供应链效率和响应速度。

二、库存控制办法

在了解供应链库存控制策略之前，先了解下以下几个概念。

提前期（lead time）是指从发出订单到收到订单中的货物的时间间隔。在本书用"T"表示提前期。

再订货点（Re-Order Point，ROP）是指用来明确启动补给策略的货品单位数。一旦存货量低于再订货点即补给订货。本章的订货点用"ROP"来表示。

批量（batch size）是指供应链中的某个环节每次生产或采购的数量。

库存管理由两部分构成，即库存补给策略和库存控制策略。

（一）库存补给策略

库存补给策略有连续性检查的固定订货量、固定订货点的策略，连续性检查的固定供货点、最大库存策略，周期性检查策略和综合库存策略四种策略。

（1）连续性的检查固定订货量、订货点的策略是对库存进行连续性检查，当库存到订货水平 ROP 时，即发出订货，每次订货量保持不变，都为固定值 Q。该策略可以保证订货量保持不变，安全库存量少且可以随时监控，避免缺货，但其策略需要检查和记录的工作量大并且订货和运输费用较高。该策略适用于缺货费用高且需求量大、需求量波动大，难以预测的物资。该策略的示意如图 5-2（a）所示。

（2）连续性检查的固定供货点、最大库存策略是随时检查库存状态，当发现库存降低到订货水平 ROP 时，开始订货，但最大库存保持不变，即为常量 S。定期检查库存策略，每隔一段时间 t 检查一次库存，检查周期即订货周期 t 和最大库存量 S 是固定不变的，而订货点和订货量是变化的。

（3）定期检查库存策略，即每隔一段时间 t 检查一次库存，检查周期即订货周期 t 和最大库存量 S 是固定不变的，而订货点和订货量是变化的。此策略用于不很重要，或使用量不大的物资，或是物资的存储费和缺货较低的情况。该策略的示意如图 5-2（b）所示。

（4）综合库存策略是最大库存水平战略策略和定期检查库存战略策略的综合。该策略有一个固定的检查周期 t，最大库存量 S，固定订货点 R。该策略的示意如图 5-2（c）所示。

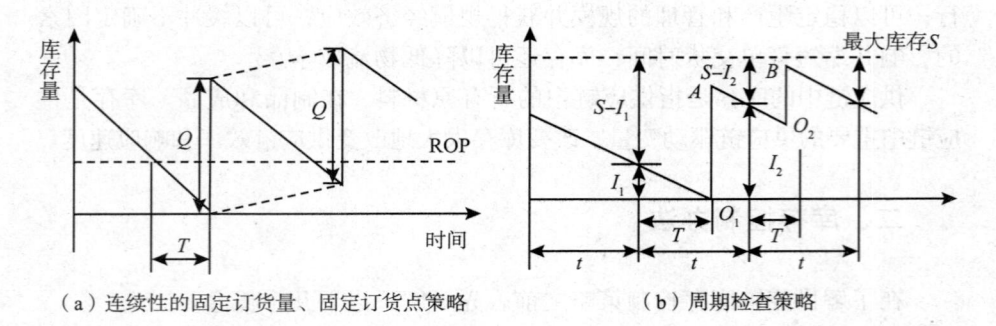

(a) 连续性的固定订货量、固定订货点策略　　(b) 周期检查策略

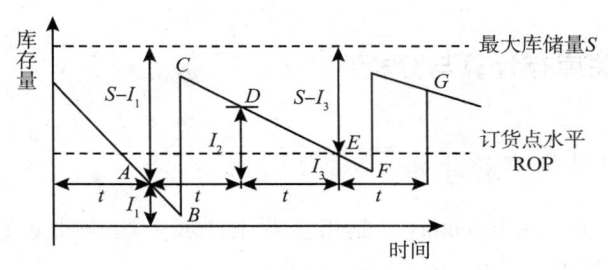

（c）综合库存策略

图 5-2 四种库存管理策略示意

（二）库存控制模型

库存控制模型分成周期检查模型、连续检查模型和随机型库存模型。因随机型库存模型较为复杂，而本章主要讲供应链库存管理，所以不对随机型库存模型进行详细的叙述。

1. 周期检查型模型

该模型分不允许缺货、允许缺货、实行补货等3种情况；且每种情况又分为瞬时到货和延时到货这两种。所以周期检查模型一共6种情况。

最常见的模型为不允许缺货、瞬时到货型。假设每次订货费用 S 元，单位产品库存维持费 H 元/件·年、年需求量 D 件/年

$$最佳的订货周期：T^* = \sqrt{\frac{2S}{HD}} \quad (5-1)$$

$$最大库存量：S = T^* \times D \quad (5-2)$$

2. 连续性检查模型

最经典的经济订货批量模型（Economic Order Quantity，EOQ），该模型基于以下假设：（1）需求已知而且不变；（2）发出订货和接受订货之间的时间已知；（3）订货瞬间到达；（4）数量不打折扣；（5）没有脱货现象，及时补充；（6）订货成本是固定不变的，与订货量无关，且保管成本与库存水平成正比。

经济订货批量为例具体分析，假设每次订货费用 C 元，单位产品库存维持费 H 元/件·年、年需求量 D 件/年，订货提前期为 T。则：

$$最佳订货批量：Q = \sqrt{\frac{2DC}{H}} \quad (5-3)$$

$$订货点：ROP = TD \quad (5-4)$$

三、相关库存计算与分析

(一) 周转库存的计算

周转库存 (cycle inventory) 是指企业生产或采购的批量超过客户需求量而产生供应链的平均库存。

假设需求稳定，订货批量为 Q，单位时间的需求量为 D，则：

$$周转库存 = Q/2 \tag{5-5}$$

$$周转库存平均流动时间 = \frac{Q}{(2D)} \tag{5-6}$$

供应链管理的目标就是使得整体的效益最大。而周转库存主要作用就是使得供应链下的不同环节以年总库存成本最小化的批量来采购产品。如果仅仅考虑库存持有成本，那么订货批量和周转库存将降低。采购和订货的规模经济会相应地增加订货批量和周转库存，所以库存管理者在做订货批量时必须进行权衡以达到降低总成本的目的。在供应链环境下，制定周转库存决策时应当考虑供应链整体的总成本。但在实际生产过程中，供应链各个环节都是独自考虑并制定周转库存决策。这样不仅会增加周转库存水平，还会增加供应链的总成本。

(二) 安全库存计算

安全库存 (safety inventory) 是指在给定期间，为了防止出现客户实际需求大于供应商预期供应水平的情况出现而持有的库存。客户的需求是不确定的，随着外部因素的变化而变化，如果实际需求超过了预测的需求这会出现产品的短缺。为了防止产品出现短缺的情况，商户会考虑持有额外库存。

1. 连续检查策略下的安全库存

当在库存降低到 ROP 时订购 Q 单位的产品。假设需求服从正态分布，且每期的平均需求为 D，每期需求的标准差为 50，平均补货提前期为 L，z 为特定服务水平下的标准。则：

$$提前期内的需求均值 \ D_L = D \cdot L \tag{5-7}$$

$$提前期内的需求标准差 \ \sigma_L = \sqrt{L}\sigma_D \tag{5-8}$$

$$安全库存 \ SS = z\sigma_L \tag{5-9}$$

$$再订货点 \ ROP = D_L + SS \tag{5-10}$$

2. 周期性检查策略下的安全库存

周转服务水平 (CSL) 所有顾客需求都能得到满足的补货周期所占的比例。周期服务水平是指一个周期内不发生缺货的概率，应在特定的补货周期内进行度量。例如：一家公司在两次补货发出之间有 3 个补货周期，3 个补货周期中只有 2 次需求可以用库存满足，则周转服务满足率为 66%。

假设每期平均需求 D，每期需求的标准差 σ_D，平均补货提前期 L，盘点周期 TL，特定服务水平下的标准差倍数 z。则：

在一个 $TL + L$ 期间的需求超过了订货点 ROP，则企业将会面临缺货。因此，ROP 的值要满足下式，使下式成立：

$$\text{Probability}（L + TL \text{ 期间的需求} \leqslant ROP）= CSL \qquad (5-11)$$

可知 $TL + L$ 期间需求的均值和标准差：

$$D_{T+L} = (TL + L)D \qquad (5-12)$$

$$\sigma_{T+L} = \sqrt{TL + L}\sigma_D \qquad (5-13)$$

$$ROP = D_{TL+L} + SS \qquad (5-14)$$

给定期望 CSL，所需的安全库存为：

$$SS = z\sigma_{TL+L} \qquad (5-15)$$

供应链管理在规划安全库存时需要考虑相关因素并进行权衡取舍。增加安全库存水平可以提高产品的可获性，但安全库存水平的提高将增加供应链库存成本。过多的库存可以帮助公司应对需求的波动，但是，如果该产品投放市场，旧产品的库存就会减少，从而损害公司的利益。在这种情况下，现有库存毫无价值。高水平的安全库存将增加产品的供应能力，还可以减少由于库存不足而导致的利润受损，但是安全库存的增加将不可避免地导致供应链库存成本的增加。对于任何供应链而言，找到减少安全库存而不损害产品可用性的水平是成功的关键。

第二节 供应链环境下的库存管理

一、供应链库存管理的特点

供应链库存管理的目标取决于整条供应链的目标。通过计划、组织、控制和协调整个供应链的库存，可以将在每个阶段的库存量控制到最低限度，从而有效地降低库存管理成本并减少资源闲置和浪费，从而让供应链中的总体库存成本达到最小化。与传统的库存管理相比，供应链库存管理不再是维持生产和销售的一种手段，而是一个完整的供应链平衡机制。通过供应链管理，让企业管理中的薄弱环节得以消除，实现了供应链的整体平衡。供应链管理理论在实践中不断成熟，是现代管理思想的发展，其特点主要表现为：

（一）管理集成化

供应链管理将物流、信息流、价值流、资金流和工作流贯穿于供应链的全过程，并以供应链流程作为基础，将供应链中的所有节点视为一个有机整体。因此，供应链管理是一种综合管理。

（二）资源范围扩大

在传统的库存管理模式下，管理人员只需要考虑高效率地整合利用企业内部资源。引入供应链管理模型后，企业资源管理的范围得到了扩展，要求管理者站在一个全新的高度，考虑整个供应链中每个节点企业的所有资源，以便优化利用供应链中的资源。

（三）企业间关系伙伴化

供应链管理以最终客户为中心，以客户服务、客户满意度和客户成功为管理起点，贯穿于供应链管理的整个过程。随着公司主动关注整个供应链的管理，供应链中成员公司之间的伙伴关系得到了加强，企业之间原有的竞争关系已经变成了"双赢"的关系。供应链的形成建立了供应链中企业之间的战略合作。通过快速响应市场，他们共同致力于减少供应链的总体库存。因此，库存管理不再是保证企业正常生产经营的手段，而是平衡供应链管理的机制。

二、供应链库存管理存在的问题及解决途径

供应链库存管理不仅仅是需求预测和补给，而是通过库存管理改善客户服务和盈利能力。供应链库存管理的内容主要包括：利用业务建模技术评估企业库存策略，交货时间和运输变更的准确性；在计算库存的经济订单数量时，要考虑对供应链企业的影响；充分了解库存状态，确定适当的服务水平。当前，供应链管理中的库存管理问题主要集中在信息、供应链运作、供应链战略和计划上。

（一）供应链库存管理存在的问题

1. 没有形成供应链管理要求的整体概念

许多供应链管理系统没有全球供应链绩效评估指标，并且每个节点公司都各自为政，做自己的事，导致供应链的整体效率低下。

2. 效率低下的信息传输系统

供应链库存管理强调协作和信息共享，供应链每个成员的需求预测、库

存状态、生产计划等都是供应链库存管理的重要内容。为了使企业快速有效地响应客户需求，他们必须实时准确地掌握在供应链成员公司的信息。目前，许多企业还没有建立信息传递系统，供应商获取到的客户需求信息经常被延迟或不准确，使得短期生产计划难以实施。因此，应该建立一个有效的信息传递系统，有效地传递供应链库存管理信息并改善供应链库存管理绩效。

3. 供应链中存在不确定性

形成供应链库存的原因可分为两类，一类是为生产运营需要建立的一般库存；另一类是为防止供应链中的不确定性而建立的保险库存。企业制订库存计划时，无法考虑不确定因素的影响，例如市场变化引起的需求波动、供应商意外变化导致的缺货以及生产过程中意外事件导致的生产中断等，这都将影响库存。不确定性是公司建立保险库存的主要原因，研究和跟踪不确定性对库存的影响是供应链库存管理的主要挑战。

4. 缺乏合作与协调

供应链中的各个企业是一个整体，需要每个成员企业进行协调与合作才能获得最佳的运营结果。但是，如果企业之间相互不信任，就会增加企业之间协调与合作的难度。企业之间缺乏相互信任是供应链企业之间合作不稳定的根本原因。因此，有必要在供应链中的企业之间建立有效的监督机制和激励机制，以促进企业之间的沟通与合作。与建立各部门内部监督激励机制相比，建立企业间监督激励机制要困难得多。

5. 产品设计未考虑供应链库存成本的影响

现代制造技术大大提高了公司产品的生产效率、毛利率。但是，供应链库存的复杂性常常被忽略，因此产品生产中的成本节省被供应链中的分销和库存成本所抵销。同时，在设计供应链结构时，需要考虑库存成本的影响。

（二）完善供应链库存管理

1. 必须树立供应链整体观念

为了在确保供应链整体绩效的基础上实现供应链成员之间的库存管理合作，需要分析各种直接或间接的影响因素，例如共同目标、共同利益和供应链企业的价值追求等。在信息充分共享的基础上，通过协调各个企业的效率指标和评估方法，使得供应链中的企业可以就库存管理达成共识。若供应链中的企业都能从大局出发，树立"双赢"的经营理念，自觉地协调彼此的需求，通过建立供应链库存管理系统，使得供应链库存管理中的所有参与者都可以在绩效评估中达到相同的内容和方法，并充分共享库存管理信息。

2. 要精简供应链结构

供应链结构对供应链库存管理有重要影响。供应链太长、供应链中节点之间的关系太复杂是供应链中信息传递不畅以及供应链库存成本高的主要原因之一。优化供应链的结构是确保信息在供应链所有节点的平稳传递和协调的关键，也是良好的供应链库存管理的基础。因此，我们应该尽力使供应链结构扁平化，简化供应链中节点的数量，并简化供应链中节点之间的关系。

3. 将供应链上各环节有效集成

将供应链中的所有链接整合在一起是基于一个共同的目标。这个目标就是将每个链接形成一个"虚拟组织"，并通过允许组织成员共享信息，调整每个组织的资金和材料来优化组织的目标和整体绩效。通过整合供应链中的所有环节，可以在一定程度上克服过于复杂的供应链库存管理系统对供应链库存管理效率的影响，从而可以将供应链库存管理数据实时传输到每个节点。并迅速降低供应链库存成本，从而快速响应客户需求，并改善供应链库存管理的整体绩效。

三、供应链库存管理的运行机制

供应链库存管理强调每个节点企业的长期稳定合作，需要明确的制度安排来增强每个节点企业合作的持久性，以抑制每个节点企业的机会主义行为。诺斯曾经证明：当交易成本为正时，系统很重要。建立合理的供应链库存管理机制是维持供应链库存管理系统稳定健康运行的重要手段。供应链库存管理机制的建立分为以下三个步骤。

（一）建立供需计划协调管理机制

该机制包括建立共同的合作目标、库存优化计划和协调控制方法、信息交流渠道、建立利益分配和激励与约束机制、风险分担机制，以确保供应链中信息传递的准确性和及时性。

（二）建立供应链库存运行机制

它主要包括合同规则、协作交易规则、库存信息共享规则、订单处理规则以及应收款和应付账款的财务结算规则的制定等，从而保证企业间合作的良性循环与生产经营的顺利进行。

（三）建立供应链库存管理绩效评价体系

例如使用财务指标和内部流程评估指标来评估企业之间的合作程度和业务状况。通过对评估结果的分析比较，发现库存管理存在的不足，并采取及时的改进措施。

第三节　多级库存优化控制

多级库存优化控制是对供应链资源的全局性优化控制方法，它是在单级库存控制的基础上形成的。传统的多级库存优化模型主要考虑的是供应链下游部分，即生产—分销的部分。现将该模型进一步扩大推广到供应链的一般性情况。多级供应链库存模型如图 5-3 所示。

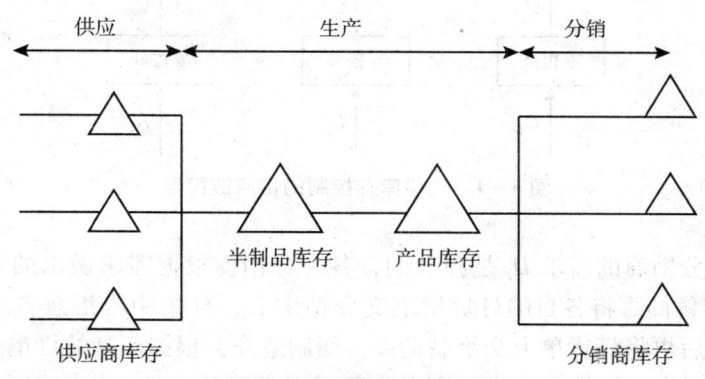

图 5-3　多级供应链库存模型

实施多级库存优化的首要任务是明确控制目标，使供应链库存成本最小。相对传统的单一库存节点库存优化，多级库存优化通过考虑相邻节点的库存信息来体现供应链的集成思想。即供应链中各个环节的节点企业的库存应等于某一库存结点现有库存加上转移到或正在转移给后续结点的库存。所以多级库存在检查库存状态时，不仅要检查该库存节点的库存，还需要检查其下游需求方的库存信息。

一、三级库存供应链模型

理论上供应链的层次是可以无限的，即从原材料供应商到客户之间，可以有 n 个层次。因为，供应商可以分为一级供应商、二级供应商、三级供应商等，然后到核心企业（组装厂）。而分销商也可以是多层次的，分一级分销商、二级分销商、三级分销商等，最后才到用户。但是，实际生活生产中供应链的层次并不是越多越好，而是越少越好，并且实际的供应链的层次也是有限的。因此，常采用典型的供应—生产—分销这样的三层模型（见图 5-4）来进行库存控制与优化研究。

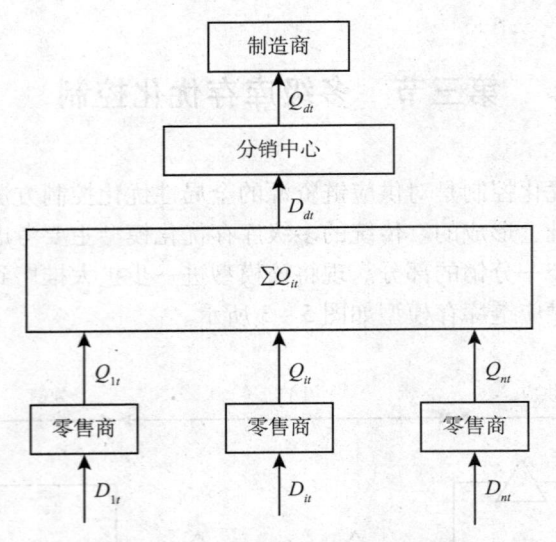

图 5-4 三级库存控制的供应链模型

各个分销商的需求 D_t 是独立的，各个分销商根据需求做出的自身订货量 Q_t。零售商再将各自的订货量上交分销中心，分销中心汇总各个零售商的订货量后再将订货单上交给制造商。而制造商会根据产品的订单决定生产计划，同时向上游原材料供应商上交物料需求清单。整个供应链在制造商、分销商、零售商三个地方存在库存，这就是三级库存。这里假设各零售商的需求为独立需求，需求提前期为同一分布的随机变量，同时系统销售同一产品即为单一产品供应链。途中的三级库存控制系统是一个串行与并行相结合的混合型供应链模型。那么，多级库存优化与控制的目的就是整体库存最小，所以制造商库存 C_m、分销商库存 C_c 和零售商的库存 C_r 直接最小，建立如下控制模型：

$$\min\{C_m + C_c + C_r\}$$

二、供应链的库存成本结构

供应链的库存管理的目的就是降低供应链的库存成本。库存成本包括了维持库存费用、交易成本和缺货损失成本。

（一）库存持有成本

其是指一段时间内持有一单位库存所需付出的成本。用"C_h"表示。单位周期内单位货物的维持成本用"h"表示，而库存量用"v"表示。那么，库存持有成本可以用下式进行计算。

$$C_h = hv \tag{5-16}$$

库存持有成本沿着供应链从上游到下游有一个累积的过程，示意如图 5-5 所示。如果在上游供应链，则维持库存费用是一个会合的过程，而在下游供应链，则是分散的过程。

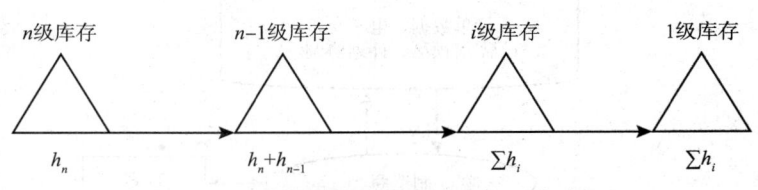

图 5-5　供应链持有库存费用的累计过程

第 i 级库存的单位周期内单位货物的维持成本用"h_i"表示，而 i 级库存量用"v_i"表示。库存持有成本表示为：

$$C_h = \sum_{i=1}^{n} h_i v_i$$

（二）交易成本 C_t

单位交易成本随交易量的增加而减少，交易成本与供应链企业之间的合作关系有关，通过建立一种长期的互惠合作关系有利于降低交易成本，战略伙伴关系的供应链企业之间交易成本是最低的。

（三）缺货损失成本 C_s

缺货损失成本与库存大小有关，库存量大，缺货损失成本小；反之，缺货损失成本高。为了减少缺货损失成本，维持一定量的库存是必要的，但是库存过多会增加维持库存费用。在多级供应链中，提高信息的共享程度，增加供需双方的协调与沟通有利于减少缺货带来的损失。

总的库存成本为：$C = C_h + C_t + C_s$ （5-17）

三、多级库存的控制策略

多级库存的控制策略分为中心化控制策略和非中心化控制策略，以下分别加以说明。

（一）中心化控制策略

中心化控制是将核心企业作为中心，核心企业就相当于供应链上的数据中心，担负着数据集成、协调上下游的责任。中心化控制策略如图 5-6 所示。在供应链中，由核心企业对供应链系统的库存进行控制，协调上游与下游企业的库存活动，以达到降低库存成本的目的。

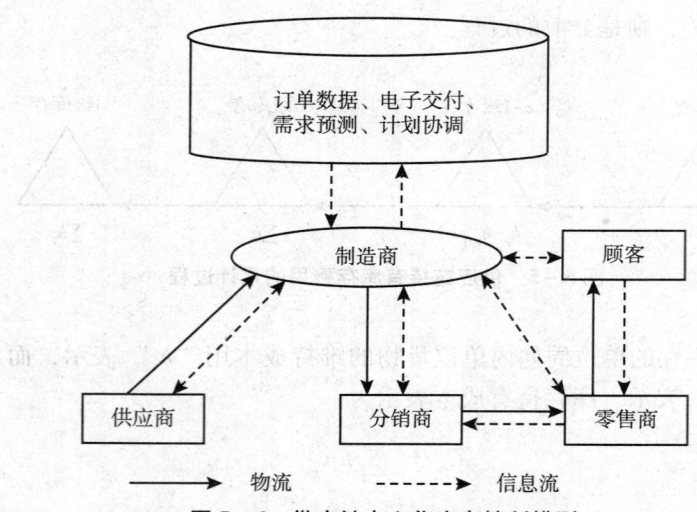

图 5-6 供应链中心化库存控制模型

该策略的优势就是能够对供应链系统的运行有一个较全面的把握，且可以协调各个节点企业的库存活动。

关于订货策略采用连续检查还是周期性检查的问题，原则上讲两者都适用，但各有特点。问题在于采用传统的订货策略时，有关参数的确定和供应链环境下的库存应有所不同，否则不能反映多级库存控制的思想。传统的订货策略是对单一库存点的库存成本优化，并没有考虑供应链相邻的节点的库存信息，所以传统的订货策略容易造成需求放大的现象。多级库存优化是基于完全掌握其下游企业的库存状况的基础上进行的库存管理，所以可以有效地避免信息扭曲的现象。

（二）非中心化的库存控制策略

非中心化库存控制是把供应链的库存控制分为制造商成本中心、分销商成本中心和零售商成本中心这三个部分。如图 5-7 所示，制造商成本中心、分销商成本中心和零售商成本中心这三个部分根据自己的库存成本优化做出优化的控制策略。非中心化的库存控制是通过增加供应链的信息共享程度，使供应链的各个部门都共享统一的市场信息，以优化整条供应链。

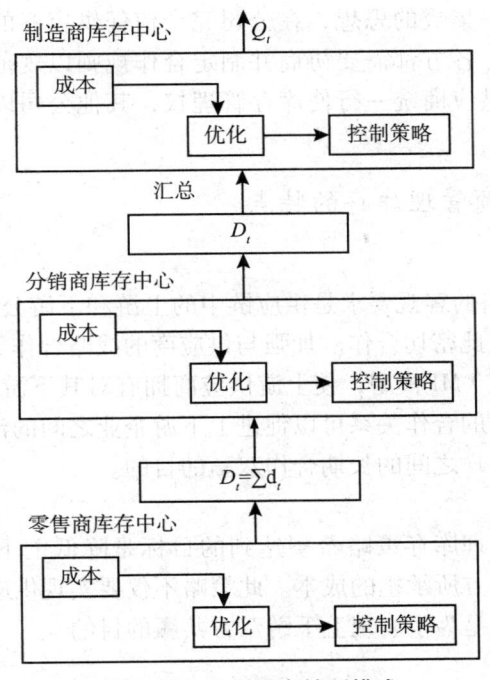

图 5-7 多级库存控制模式

（三）基于时间优化的多级库存控制

随着市场变化，市场竞争已从传统的、简单的成本优先竞争模式转化为时间优先的竞争模式，这就是敏捷制造的思想。因此，在供应链管理环境下，库存优化不仅要考虑对成本的优化，还应考虑对时间的优化。例如：对库存周期率、供应提前期、平均上市时间等因素的优化。库存时间过长对于产品的竞争力不利并且会导致库存成本的提升。因此，供应链系统应从提高用户响应速度的角度提高供应链的库存管理水平、缩短提前期。通过对时间的优化，不但能够维持更少的库存，而且有利于库存控制。

第四节 供应链环境下的库存模式

一、供应商管理库存模式

供应商管理库存（Vendor Managed Inventory，VMI）模式是指供应链每个节点上的公司将其库存移交给供应商进行管理的模式。这是一个基于供应链节点的统一集成的思想,在公司完全信任供应商的前提下进行,在实施此模型之前,各方都需要协商并制定合作规则以规范各方的行为。在规则的约束下,供应商统一行使库存管理权,其他公司以监督的方式促进更好的合作。

(一) 供应商管理库存的特点

1. 合作性

实施 VMI 战略的客观要求是供应链中的上游和下游公司必须相互信任,并在此基础上,彼此密切合作。加强与供应商的战略合作关系,在双方充分信任的基础上实施 VMI 模型,使上游供应商拥有对其下游客户库存管理权。稳定、可靠、密切的合作关系可以促进上下游企业之间的沟通,从而实现下游供应商与下游客户之间的长期合作双赢的目的。

2. 互利性

实施供应商管理库存策略希望达到的目标是降低上下游双方的库存成本,并不是分摊双方所承担的成本。此策略不仅要实现供应链上某单个企业的个体利益,更多是为了实现上下游双方共赢的目的

3. 互动性

VMI 要求合作的双方在合作中能够积极快速的做出反应,以此来减少由于信息的沟通不通畅而造成的高库存成本。

4. 协议性

VMI 库存管理策略的实施要求供应链上游和下游的供应商和客户必须具有一致的目标,并可以明确定义其在 VMI 协议中的职责。双方都根据目标框架协议实时监视和动态修改库存,确保有效达到最终目标。

VMI 也是一种相对高级的库存管理方法,但是在实施过程中存在一定的局限性。首先,决策过程不可避免地会犯错误,VMI 是统一的管理理念,缺乏灵活性,很难迅速对过程中的缺点做出反应,这可能会给整个供应链造成一定的损失。其次,VMI 首先需要生成一个财务计划,即库存的生成先于订单的生成。尽管对库存进行统一管理,但库存积压带来的风险也很大。最后,在实施过程中,整个供应链节点公司很难实现真正的谈判与合作,过程中的风险概率很高。

(二) VMI 的运行流程

1. 创建信息共享系统

顺利实施供应商管理库存的关键是库存信息和销售信息的公开度。通过建立信息共享系统,供应商可以及时掌握需求变化并迅速做出反应,实施有效的库存管理。

2. 建立销售网络管理系统

供应商管理库存的实施对信息的顺畅性有很高的要求,为了确保信息的顺畅流动,建立和完善销售网络管理系统是必要条件。要构建一个整体完备的系统,必须确定物料编码规则,确保代码的唯一性和可读性,然后根据已建立的规则对物料进行编码,打开双方之间的接口,并进行数据连接以确保良好的运转。

3. 建立合作框架协议

合作协议是实施供应商库存管理的重要前提。它是约束各方责任和义务的标杆,通过协商,各方确定了特定的业务流程和实施细节,以为VMI模型的特定实施做准备。

4. 组织机构的变革

VMI策略改变了供应商处理订单的方式,为了满足这种新的运营模式的需求,企业内的组织还必须根据VMI策略进行相应的调整。因此,针对客户的库存控制和库存补给等工作,订单交付部门因此产生了一个全新的职能。

供应商库存管理实施流程示意如图5-8所示。

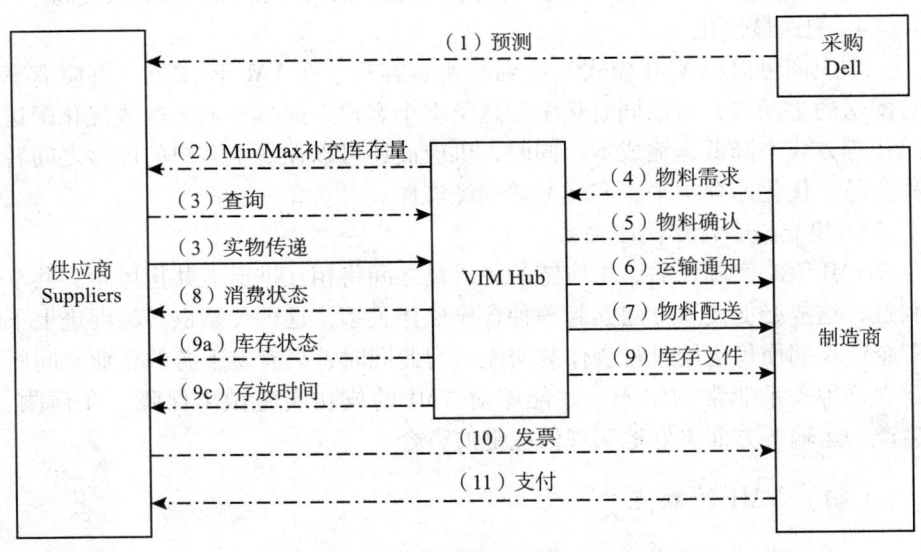

图5-8 供应商库存管理实施流程示意

(三) VMI策略的成功运作为企业带来的优势

1. 节约成本

在VMI模式下,它通过使用系统和集成的管理思想来实现其有效的库存管理。通过这种综合管理思想,供应链上下游企业的生产经营活动可以实现同步运作，降低整个供应链的成本。对于供应商而言，在 VMI 模式下，它承担了最初由客户承担的库存管理责任。尽管它可能会提早增加其库存管理成本，但可以整合上下游库存管理，从而减少信息不对称引起的"牛鞭效应"，从而降低了库存水平和库存成本。对于客户而言，在 VMI 模式下，库存管理责任已转移给供应商，相应的库存管理风险也已转移，库存成本的降低非常可观。

2. 提高供应商服务水平

在传统模型中，供应商仅需要机械生产，并根据客户订单安排分销，缺乏机动性，而且由于上下游信息之间的沟通不畅，经常会出现短缺或库存低迷的情况。在 VMI 模式下，上下游公司可以快速有效地交流信息。供应商可以及时了解客户的库存状况，迅速做出反应，并及时进行生产和分配以满足客户的需求。并可以结合多个客户的情况合理安排和协调生产分销，提高了供应商的服务水平。

3. 提高需求预测的准确性

在传统模式中，供应商对客户需求的预测是基于客户订单的。在 VMI 模式下，供应商通过信息系统与客户对接，及时获取客户的相关信息，并通过获取到的库存信息和销售信息对客户的需求进行预测，预测的准确性大大提高。

4. 配送最优化

供应商可以将 VMI 模式实施到其所有客户。在 VMI 模式下，供应商享有配送的主动权，可以同时集中配送给多个客户，通过车辆运输或优化配送路径等方式来降低运输成本。同时，供应商还可以在每个客户的库存之间转移产品，优化库存水平，实现配送的经济性。

5. 建立战略合作伙伴关系

VMI 策略实施以后，供应链的各成员之间将相互进退、共担风险、共享利益，这势必促使双方建立起一种合作伙伴关系，这种关系也必将促进上下游企业长期而稳定的进行合作与交流。与此同时，只有上下游的企业之间所建立这种关系非常的牢固，才能够对 VMI 的成功实施做出保障，在预测、生产、运输等方面更好地实现供应链的整合。

（四）VMI 的缺点

1. 信息很难完全共享

实施 VMI 的前提是合作双方需要高度互信和信息共享，但这样就会存在商业机密泄露的风险，所以完全实现信息的共享比较困难。

2. 前期供应商的成本会增加

虽然 VMI 能降低整个供应链的库存水平，但是在实施 VMI 的初期供应商的库存成本、运输费用和管理费用等将会增加，这在一定程度上会增加供应商的风险和实施难度。

3. 前期投入成本较高

VMI 的成功实施需要双方都具有较高的信息化水平，因此在实施 VMI 之前，双方都需要投入大量的人力、物力和财力来加强他们的信息建设和人员培训，这将增加早期阶段投入成本。

4. 需要长期不断改进

VMI 所带来的益处需要经过合作双方的长期实践和不断改进后才能更好地显现出来，这就要求合作双方需要保持长期的信任和合作，这对于合作双方来说是一个考验。

二、联合库存管理模式

联合库存管理（Jointly Managed Inventory，JMI）模式强调供应链节点企业共同参与，共同制订库存计划，实现利益共享与风险分担的供应链库存管理策略。供应链各个环节的库存管理者在制订库存计划时要注重相互之间的协调性，保证供应链相邻两个节点之间的需求预期一致，从而消除需求变异放大现象。库存管理不再是供应链各个节点独立运行的过程，而是相邻节点相互商议确定需求的过程，是供需连接的纽带和协调中心。

联合库存管理模式较供应商管理库存更加强调共同参与，相互协商，共担风险。通过建立联合库存管理中心，实现原材料和成品的共同管理。联合库存管理建立库存管理中心，由供应商、制造商和分销商共同管理，降低供应链中各个环节的物流成本。联合库存由三方共同制订需求计划，并要求三方实现信息共享，从而达到提高需求预测准确性的目的。

（一）实施联合库存管理（JMI）的优势

1. 信息优势

通过与供应商建立战略合作关系并建立开放的信息交流平台，企业库存管理之间的信息共享已成为现实，为零库存管理和完善的供应链库存管理目的奠定了基础。

2. 整体库存优化

在传统的库存管理中，公司根据自己的客户调查和市场需求预测安排公司的生产和采购，并管理自己的库存。公司的供应商根据公司发布的采购订单预测公司产品的使用情况，并管理自己的库存。在运营过程中，为了确保及时交货及效率，公司经常夸大供应商的采购订单；同样，供应商也对子供应商采取相同的措施，这种行为导致了需求"牛鞭效应"。JMI 的引入可以使公司和供应商共享双方的销售预测和库存状况，从而可以减少供应链的总体库存并减少各自的库存，有利于供应链上相关公司合理使用资金。

3. 深化了战略合作关系

联合库存管理必须加强公司与其供应商之间的战略伙伴关系，双方都需要披露各自与公司机密性有关的信息，例如销售预测、库存、生产和运营以及采购管理。在深化合作关系的基础上，这种合作关系可以建立利益共同体，共同应对竞争对手的威胁。

（二）联合库存管理的实施

1. 建立一套有效的协调管理机制

为了联合库存管理模式的顺利实施得到稳固，并使联合库存管理的优势得到充分展现，供需双方应从双赢共进的角度建立有效的协调管理机制。通过该机制的协调作用，可以明确定义供需双方的责任，有了有效的机制，就能充分发挥联合库存管理的优势（见图5-9）。

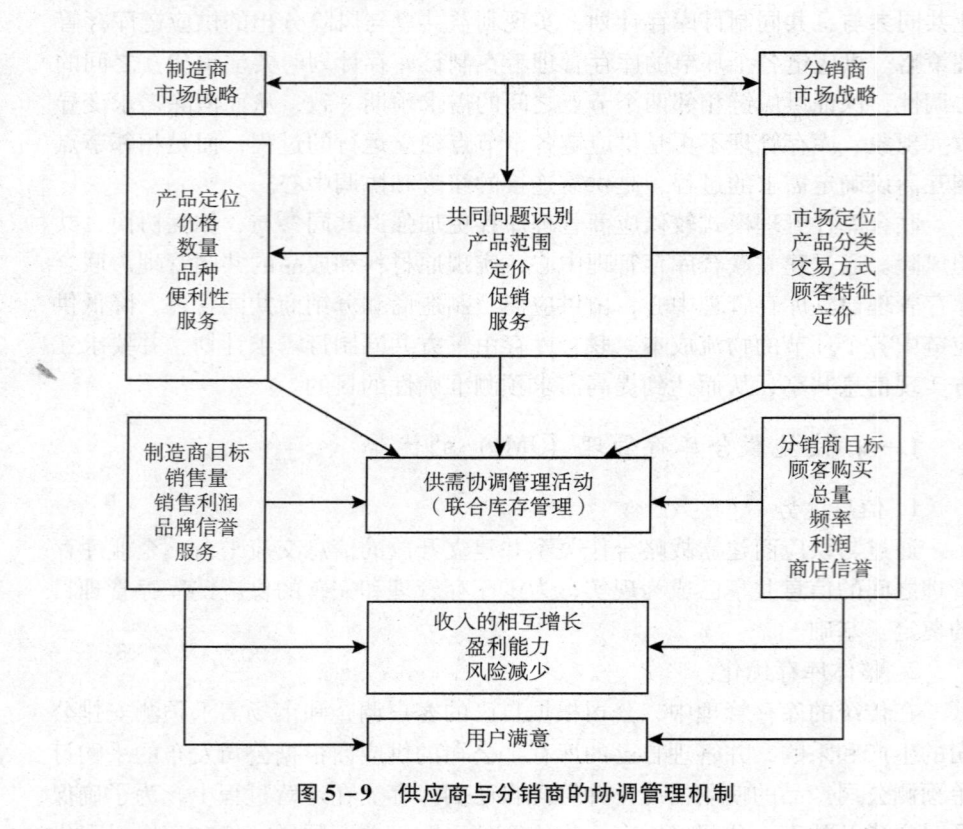

图5-9 供应商与分销商的协调管理机制

建立协调的管理机制应从以下几个方面开始：首先，明确彼此共同的合作目标。供需双方本着平等互助，互利双赢的原则，充分了解市场上供需双方的共同点和矛盾点，相互协调，制定共同的目标。例如，降低库存成本、提高顾客满意度等。其次，建立协调的库存控制方法。协调中心需要弄清需求预测的方法，公司优化库存的方法，确定最大库存、最小库存和安全库存的方法等。最后，建立合理的利益分配机制。为了确保联合库存管理的有效性，合理的利益分配机制和激励机制至关重要。建立利益分配机制后，应建立一套监督机制，防止机会主义对供应链中环节的破坏而损害供应链联盟的利益。

2. 构建畅通的信息传递渠道

构建顺畅的信息传输通道是指基于 Internet 信息技术的发展而建立的信息系统。该系统可以实现信息的实时传输。信息共享是联合库存管理的特点之一。信息共享可以使供应链上下游需求的一致性得到稳定，并使"牛鞭效应"的影响得到降低。为了构建一个顺畅的信息系统，除了 Internet 技术的应用外，还应结合使用 EDI 技术、条形码技术（如 RFID）等，共同实现联合库存管理需求的透明性。

3. 选择正确的联合库存管理模式

联合库存管理分为库存供应方和库存需求方两种联合库存管理模式。库存供应商是指需求者将商品临时存储在供应商处，而供应商保留商品。但此时，需求者通过支付定金或预付款等方式拥有商品的所有权，但是货物存储在供应商处，并且货物并未实际交付。库存需求方是指供应商在需求方存储商品的事实。根据合同协议，双方或供应商均进行日常管理，质量责任由供应商承担。如果损坏是人为造成的，则由损坏的一方负责。货物存储在需求方的仓库中，需求方可以根据公司自己的需求计划调用货物，需求方定期向供应商报告货物的使用情况，双方确定固定时间节点进行定期的结算。

4. 充分发挥第三方物流的作用

在联合库存管理模型中，可以使用专业的物流公司即第三方物流企业来承办非主营业务。第三方物流公司可以更好地满足客户的需求，提供更专业的物流服务。供应链中的公司可以利用丰富的经验和雄厚的资金来增强其核心业务的市场竞争力。第三方物流系统具有降低公司物流成本、提高客户服务水平、获得更多市场信息、快速进入国际市场等优点，如图 5-10 所示。

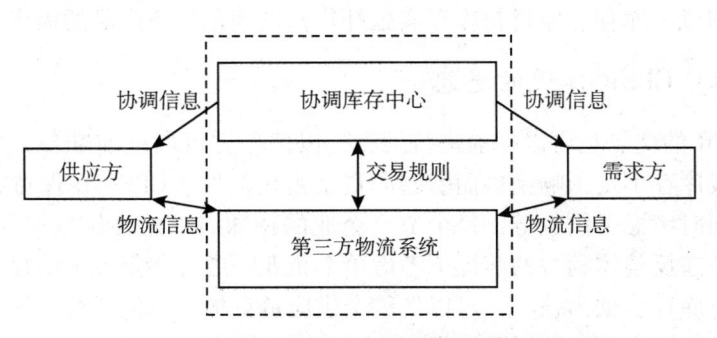

图 5-10　第三方物流系统在供应链中的作用

三、协同式供应链库存管理模式

供应链库存管理研究的不断深入以及企业对自身有效性的要求不断提高,一种新型的库存管理模型被提出,即协同式供应链管理模式(Collaborative Planning Forecasting and Replenishment,CPFR)。CPFR 的核心是联合预测、计划和补给,它是一种协作式供应链库存管理技术,这种供应链库存管理技术不仅可以增加销售量和减少库存,而且可以解决 JMI 和 VMI 的缺陷。

(一) CPFR 的本质特征

1. 协同

供应链上下游企业通过确定共同的目标,才能提高公司的绩效。CPFR 强调双方需要建立起长期沟通和信息共享的合作关系,从而确立其协同性的营销战略。协同的第一步就是签署保密协议,建立纠纷机制、制定共同的激励目标,只有通过相关协议的制定,才能保证供应链上下游企业长期有效的合作。

2. 规划

为了实现共同目标,需要供应链上下游企业协同制订促销计划、库存政策变化计划、仓储分类计划和产品导入、中止计划。

3. 预测

供应链上下游企业不仅要综合考虑影响需求的因素,共同协商、制定出最终的协同预测,还需要参与预测反馈信息的处理,根据反馈信息修正和制定预测模型。只有当数据集成、预测和处理等方面都处理清楚后,才能真正地实现降低库存、节约供应链资源等目的。

4. 补货

销售预测必须利用时间序列预测和需求规划系统转化为订单预测。再结合自身的成品库存、原材料库存实施补货,以满足生产产品的需求。

(二) CPFR 体现的思想

CPFR 的优点是可以提前进行预测,以便各方可以提前准备,避免因库存过多或库存不足影响销售而引起的资金占用问题。CPFR 在保持统一管理思想的同时考虑了供应链,每个节点企业的特殊需求始终从整体利益出发,可以在不违反整体利益的前提下考虑单个企业。通过制定统一的目标和管理方法,以库存管理为核心,可以使整个供应链更加顺畅地运行。该操作针对统一管理,它主要体现以下思想:

（1）CPFR 对于整个供应链框架的构建和运营规则的制定是以消费者的需求和整条供应链价值的放大为基础的。

（2）供应链中公司的生产计划基于相同的销售预测报告。卖方和制造商对市场的看法不同时，卖方和制造商可以在不泄露其商业秘密的情况下交换信息和数据，以提高其市场预测能力，并使最终预测报告更加准确和可靠。供应链中的公司根据此预测报告制订自己的生产计划，以整合供应链的管理。

（3）消除对供应过程的限制。该限制主要是由于生产灵活性不足所致。一般而言，制造商生产这些产品比卖方订单指定的交货日期的时间稍长。如果生产周期保持不变，延长订单周期以保持与制造商的生产周期一致，制造商就可以真正实现订单生产和零库存管理。这样，制造商可以减少甚至消除库存，大大提高了企业的经济效率。

具体的运行流程如图 5-11 所示。

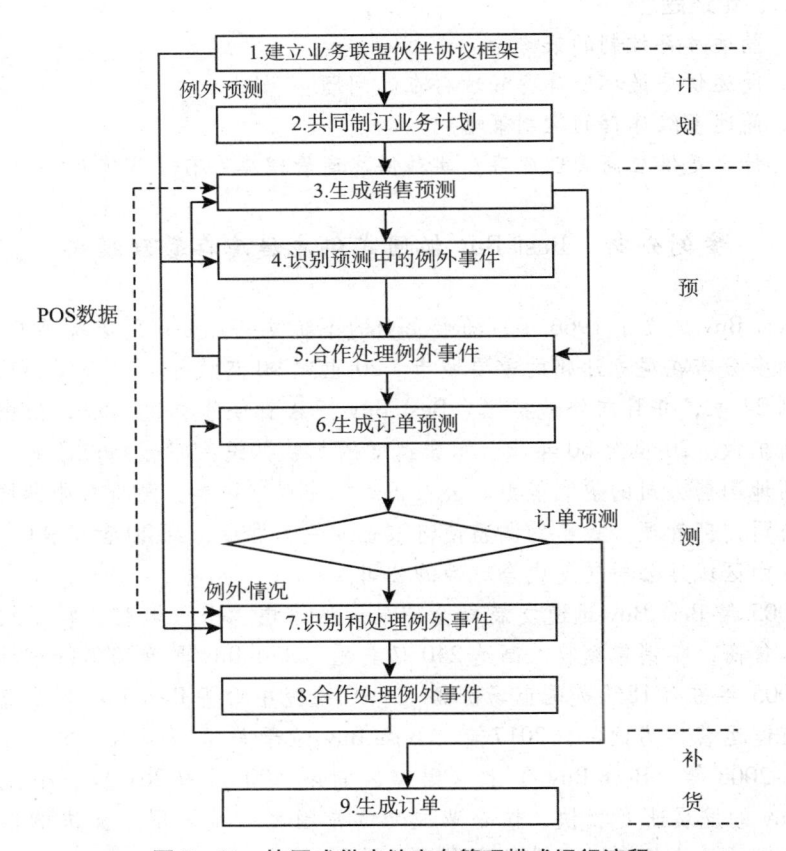

图 5-11 协同式供应链库存管理模式运行流程

CPFR 可以准确预测并提出高效的补货计划。供应链中各个环节可以通过相互协调对补给计划和销售计划做出调整，使得计划更加准确且具有前瞻性。CPFR 信息应用系统的形式多种多样，但应遵循以下设计原则：当前的信息标准应保持尽可能恒定，信息系统应具有可扩展性、安全性、开放性、易于管理和维护性、耐故障性和鲁棒性等特点。

思考与练习

一、名词解释
1. 库存
2. 再订货点
3. 批量
4. 周转库存
5. 安全库存

二、论述题
1. 简述库存控制的策略。
2. 简述供应链环境库存管理存在的问题。
3. 简述多级库存的控制策略。
4. 什么是供应商管理库存？实施供应商管理库存有哪些优势？

案例分析　Best Buy 协同式供应链库存管理模式

Best Buy 成立于 1966 年，随着企业的不断发展，企业门店也不断增加，且店铺多分布在尼苏达州的重要城市。20 世纪 90 年代中期，公司门店已经增加到 24 家，并且向外地扩张。Best Buy 门店就像蜘蛛网一般，由中心向外不断扩散。20 世纪 80 年代，扩张速度的加快并没有带来相应的利润，反而不断地削弱公司的盈利能力。公司迅速做出战略调整，放慢扩张速度，着重于公司内部管理。战略的调整使得该企业快速发展，到 20 世纪 90 年代初该企业由区域性公司转变成全球性的公司。

2005 年 Best Buy 迅速发展成全球最大的家电、个人电脑、娱乐软件的专业零售商，年销售额收入高达 240 亿美元。Best Buy 具有较强的市场竞争力，2005 年占有 18% 美国市场份额。AMR 研究中心将 Best Buy 列为美国最佳供应链运营实力之一。2017 年，Best Buy 位于美国《财富》500 强的第 72 位。2008 年，Best Buy 位于《财富》世界 500 强的 261 位。由此可见 Best Buy 的发展速度极快，该企业成功的原因之一是采用了先进的信息技术、先进的库存管理模式进行库存管理。

Best Buy 提出以消费者为核心的营销概念，通过不断细分市场重新设计和改造门店以实现向客户为中心的转变，并投入 500 万元实施客户中心战略。通过对员工的不断培训,增强员工对了解客户的需求、爱好的能力。

企业的发展离不开信息技术的应用。1990年,该公司推出了IBM信息系统;1991年对管理信息系统(MIS)进行了重大改进;1992年实现自动补货和信息流管理;并于1993年引入了电子数据交换(EDI)技术。1997年,PC是库存管理的关键,到1998年,个人计算机的周转率已从8.5提高到11.5,从而降低了开展这项业务的风险。在2000年i2 Technology的需求和补给计划中,一旦发布了产品策略,库存部门便使用i2的预测和补给系统来使产品需求与广告时间和季节性波动保持一致。科技、信息系统的不断投入提高了该企业的库存管理水平,从而实现了货物周转率的不断提高且始终高于竞争对手的目的。同时,采用射频识别技术(RFID)改进零售商的库存管理。

在供应链管理中,库存管理是必不可少的环节,组织壁垒是增加库存的重要因素。无论企业之间还是企业内部,相互合作与协调都是供应链无缝连接的关键。Best Buy与美国市场的供应商保持着密切的"竞争关系"。在仓库管理方面,为了满足未来供应商的需求,Best Buy在很大程度上使用了由美国工业贸易标准协会(VICS)开发的协作库存管理模型(CPFR)。这种透明的供应链库存管理模型可以使库存部门和连锁店了解产品在销售渠道中的位置,并可以使用预测和补货系统使产品需求和广告时间与季节性波动保持一致,因此索尼、惠普、松下、汤普森等17个供应商采用了协同库存管理(CPRF)模型,以更好地利用商品并改变市场需求。

面对最终消费者,家电连锁企业是商品流通的最终环节,因此其库存管理就是管理库存数量,库存商品结构和商品周转时间。从20世纪90年代到21世纪,人们对电子商品的需求是不断变化的,而Best Buy依据消费需求的变化,及时调整商品组合。该公司的营业种类从21种大幅度增加到2005年的39种。当Best Buy意识到人们对娱乐软件业务的需求不断增加,该公司就加大了对这类产品的投入。当Best Buy意识到家庭办公用品的经营品种持续下降、录像机等产品不在受顾客喜爱时,该公司就直接削减此类产品品种,甚至直接取缔此类产品的销售。Best Buy时刻观察着市场需求的变化,对变化及时做出反应,增加高流通商品,从而达到大量地减少商品库存成本提高周转率的目的。

该公司不断探索,积极使用先进的供应链库存管理模式——协作库存管理模型(CPFR),与供应商一起预测消费者需求的变化,并可以及时调整产品结构,增加高流转商品以降低库存成本,另外公司在建设库存信息系统上花费了大量资金,以提高公司的库存管理水平。

(资料来源:施小慧:《基于家电连锁业的供应链管理研究》,南京财经大学,2006年)

案例分析题：

1. 根据材料简述 Best Buy 采用了哪些信息技术，这些信息技术对库存起到什么作用？
2. 根据材料，简述协同式库存管理模式带来的优势？

参 考 文 献

[1] John A. Muckstadt, Amar Sapra, The principle of inventory management. *Knowledge and Process Management*, Vol. 9, No. 3, 2005, pp. 2 – 3.

[2] 马士华、林勇：《供应链管理》，机械工业出版社 2005 年版。

[3] Hua L. Lee, Corey Billington, Managing supply chain inventory pitfalls and opportunities. *Sloan Management Review*, Vol. 33, No. 3, 2005, pp. 65 – 73.

[4] [美] 鲍尔索克斯著，马士华译：《供应链物流管理》，机械工业出版社 2014 年版。

第六章

供应链营销管理

引导案例 "TCL"的供应链营销管理

1981年，TCL科技集团股份有限公司创立。随着几十年的发展，到2018年10月，TCL荣登福布斯2018年全球最佳雇主榜首。2019年TCL集团股份有限公司在中国500强排名第79位。TCL成功原因之一就是其营销策略。

2004年，TCL借鉴国外手机品牌的手机营销模式，采用了"保姆式"营销模式。厂家通过建立自属省级分公司、地级办事处来弥补销售这个弱项。再有分公司的营销团队建立销售渠道、售后网点、市场推广等一系列项目。这种手机营销模式被业内人士称为"保姆式"营销。

但"保姆式"营销存在着重大问题。TCL采用厂家会对全部库存进行价差补偿的"全程保价"，使得门店没有风险，会大量囤货。厂家不能准确地掌握市场的需求信息，导致累积库存不断增加。销售中间环节多，需要一级一级往下发，这样增加了物流成本和库存成本。售后的物流是由门店一级一级向上发送，信息流通速度慢，信息流不及时、不流通，从而不能及时掌握市场暴露出来的问题。迫于生存，TCL放弃了"保姆式"的营销模式改用直供模式（见图6-1、图6-2）。

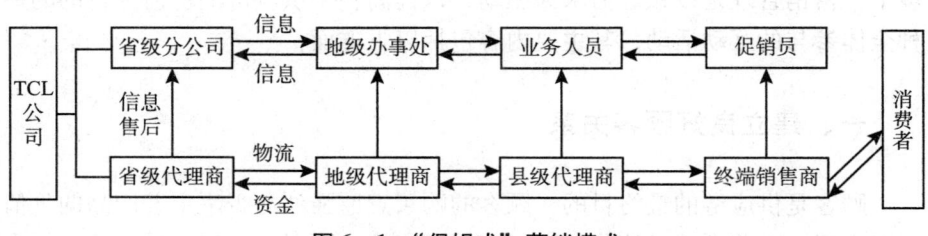

图6-1 "保姆式"营销模式

图6-2 "直供"营销模式

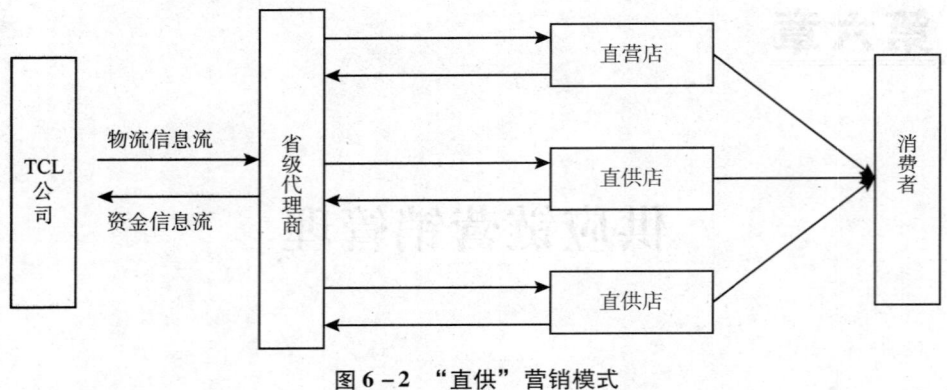

"直供"模式，删除了渠道中的地级代理商、省级分公司等中间环节，每个省的业务人员2~3人，其工作性质更像是联系省级代理商和厂家总部之间的纽带。直供模式简化了物流、资金流和信息流间的环节，缩短了从消费者到厂家的距离，节约了时间、物流和资金成本。但直供模式也存在诸多缺点，如公司对于渠道的掌控越来越弱，包括价格、市场动态，难以培养建立商家忠诚度，同时由于没有引入供应链管理知识，也就欠缺客户关系管理的意识，更不用说通过客户关系管理挖掘潜在顾客、进行有效市场定位了。

（资料来源：章程辉：《基于供应链管理的我国国产品牌手机营销模式的研究》，南昌大学，2011年）

供应链环境下的营销管理，主要有些什么内容，与传统营销管理有何不同之处？本章将详细介绍。

第一节 供应链环境下营销管理的主要内容

传统的营销是在产品生产完成之后才开始寻找客户市场，而在供应链环境下，营销管理是以顾客需求为驱动，以提高整个供应链的价值为目的的一种全体参与的互动活动，其主要内容包括以下方面：

一、建立良好顾客关系

顾客是供应链的最终目的，顾客的购买意愿强烈与否决定着产品的价值能否实现。随着全球经济化的发展，买方市场也逐渐占据着主导地位，如果供应链的营销管理不能满足顾客的个性化需求，提供个性化服务，而始终保持着有距离的传统营销模式,那么是很难走向成功的。因此供应链环境下的营销管理应该以客户为中心,建立起良好的顾客关系。客户关系管理就是为了充分满足客户需求,实现客户终生价值的一种管理方法,其对营销管理的成功实施也有着重要的作用。

要想建立起良好的顾客关系,需要供应链上各企业的共同努力,通过客户关系管理对不同客户行为进行分析及分类,尽量满足每种客户的个性化需求。首先在产品设计初期,应该寻求目标客户的相关建议,利用客户的知识、经验、欲望和需求等因素进行设计产品,使得客户参与到产品的设计、评价阶段,了解产品的制造过程;其次按客户需求进行组织生产,并能够及时响应客户的最新需求以更新产品的相关性能;最后使得产品能够准时上市到达客户手中,并做好高质量的售后服务,只有这样让客户参与到产品的全生命周期中,才能够赢得顾客,赢得市场,与顾客建立起一种良好的关系。

二、合作与结盟

在传统的营销管理中,供应商、制造商、分销商、零售商、顾客之间的关系仅仅只是买卖关系,各方考虑的都只是自身的利益而压榨其他方的利益,形成一条"博弈链",这种关系显然对于长远发展是不利的。因此在供应链环境下的营销管理转变了这种各企业自建网络、自产自销、自给自足的思想,各企业之间开始相互信任与合作,建立起一种"一损俱损,一荣俱荣"的战略联盟,将自身的资源优势集成起来,互相提供支持和服务,从而令供应链整体成本降低,响应速度加快,实现整体最大的供应链盈余能力。

三、现代信息技术与物流

现代信息技术和物流的发展推动了供应链一体化进程。企业之间的信息共享,如需求信息、存货情况、生产能力计划、生产进度、促销计划、需求预测和装运进度等信息的实时共享使得供应链上各企业的联系更加紧密,减少了库存,降低了产品成本,使顾客以更优惠的价格获得产品,企业也有更多时间与能力为顾客进行服务。而对顾客来说,信息技术的快速发展使他们有了更多的渠道去了解相关产品的信息,使得顾客更加方便、安全地表达自身的需求以及遇到的问题,并且能够快速得到响应,从而获得迅速准确的个性化服务。

第二节 供应链环境下营销管理体系的建立

一、供应链环境下营销管理体系建立的前提

要想在供应链环境下进行有效的营销管理，需要建立一套规范化的营销管理体系，而建立该体系的前提包括以下内容。

（一）供应链一体化改造

要建立供应链环境下的营销管理体系，应该对供应链进行一体化改造，供应链上各企业首先要对自身竞争优势进行评估，然后将各自的优势集成到整体供应链上去，以建立起一条整体竞争优势最大的供应链。

（二）顾客服务战略的实施

行之有效的营销管理体系也离不开好的顾客服务战略。顾客服务战略应该以企业文化理念为依据，形成一套成熟的服务标准，这样才能拥有更良好的顾客服务质量来成功实施顾客服务战略。

（三）敏捷物流管理

成功的营销管理体系还需要敏捷物流管理的支持，物流本身也是一种营销手段，迅速准确的物流水平对于提高营销水平来说有着不可忽视的作用。同时物流管理还应该基于供应链整体思想，供应链一体化的敏捷物流管理才能有助于供应链环境下营销体系的建立。

（四）科学的顾客服务绩效评价体系

成功的营销体系理所当然地离不开科学的顾客服务绩效评价体系。科学的顾客服务评估体系是通过顾客服务创造顾客价值最大化的保障，如果没有一套明确、细致、规范的顾客服务标准及科学、合理的顾客服务评价机制，顾客服务水平就会有很大的不确定性，严重时甚至可能失去顾客市场。

二、供应链环境下营销体系的建立流程

供应链环境下，可以将营销体系的建立划分为以下五个阶段。

(一) 基础分析阶段

首先应该确定供应链的营销目标，分析供应链内部各企业的优势与缺陷，同时找出响应外部市场环境的特点和不确定性因素，以此来改善供应链。当供应链生产的产品是以高端市场为目标时，就要注重产品的质量以及良好的售后服务；而如果目标是提升产品的价值，则要尽量满足任何消费群体的消费需求。

(二) 职能集成阶段

职能集成阶段主要是对供应链各企业的物流部门实行集成化管理，同时各企业的优势部门可以实行业务流程重组，以对供应链进行整体优化。

(三) 内部供应链整合阶段

内部供应链整合阶段就是要对供应链上核心企业的功能进行整合、管理，ERP系统就是一种可以实现企业间的整合，构建对内部供应链的集成化计划与控制系统的工具。

(四) 外部供应链整合阶段

外部供应链整合阶段则不仅包括供应链上各核心企业的整合，还集成了外部供应商及最终客户，最终形成一个完整的供应链网络。

(五) 营销整合供应链协作联盟阶段

当形成一个完整供应链网络之后，接下来就要提高整体供应链的核心市场竞争力，更新、完善能够加强营销水平的功能、部门甚至企业，淘汰不能适应市场变化的部门、企业，使供应链成为一个即时的动态重新组织结构。

第三节　供应链环境下的关系营销

一、关系营销概论

(一) 关系营销的定义

关系营销是1985年由美国营销学专家巴巴拉·本德·杰克逊提出的，他把营销活动看成是一个企业与消费者、供应商、分销商、竞争者、政府机构及其他公众发生互动作用的过程,其核心是建立和发展与这些公众的良好关系。关系营销理论一经提出,迅速风靡全球,并且使人们对市场营销理论的研究,又迈上了一个新的台阶。

(二)关系营销的本质特征

关系营销的本质特征可以概括为以下几个方面:

1. 双向沟通

在关系营销中,沟通应该是双向而非单向的。只有广泛的信息交流和信息共享,才可能使企业赢得各个利益相关者的支持与合作。

2. 合作

一般而言,关系有两种基本状态,即对立和合作。只有通过合作才能实现协同,因此合作是"双赢"的基础。

3. 双赢

即关系营销旨在通过合作增加关系各方的利益,而不是通过损害其中一方或多方的利益来增加其他各方的利益。

4. 亲密

关系能否得到稳定的发展,情感因素也起着非常重要的作用。因此关系营销不只是要实现物质利益的互惠,还必须让参与各方能从关系中获得情感的需求满足。

5. 控制

关系营销要求建立专门的部门,用以跟踪顾客、分销商、供应商及营销系统中其他参与者的态度,由此了解关系的动态变化,及时采取措施消除关系中的不稳定因素和不利于关系各方利益共同增长因素。

此外,通过有效的信息反馈,也有利于企业及时改进产品和服务,更好地满足市场的需求。

(三)关系营销的原则

关系营销的实质是在市场营销中与各关系方建立长期稳定的相互依存的营销关系,以求彼此协调发展,因而必须遵循以下原则:

1. 主动沟通原则

在关系营销中,各关系方都应主动与其他关系方接触和联系,相互沟通信息,了解情况,形成制度或以合同形式定期或不定期碰头,相互交流各关系方需求变化情况,主动为关系方服务或为关系方解决困难和问题,增强伙伴合作关系。

2. 承诺信任原则

在关系营销中各关系方相互之间都应作出一系列书面或口头承诺,并以自己的行为履行诺言，才能赢得关系方的信任。承诺的实质是一种自信的表现，履行承诺就是将誓言变成行动，是维护和尊重关系方利益的体现，也是获得关系方信任的关键，是公司（企业）与关系方保持融洽伙伴关系的基础。

3. 互惠原则

在与关系方交往过程中必须做到相互满足关系方的经济利益，并通过在公平、公正、公开的条件下进行成熟、高质量的产品或价值交换，使关系方都能得到实惠。

二、供应链环境下的关系营销

关系营销把顾客市场扩展为六个市场，即内部市场、推荐者市场、影响者市场、雇员市场、供应商市场和顾客市场。它既重视供应链企业内部市场，也重视供应链企业与顾客、供应商、推荐者、影响者、雇员市场建立广泛深入的外部关系，同这些个人或组织建立、保持和发展关系，是供应链企业营销成功的关键。

（一）内部市场

内部市场是指供应链企业内部的个人和团体通过自己的行动和理念决定着企业开展业务的风格和气质。现在得到人们普遍认可的是，一切从客户出发，发展共有价值的企业文化是企业在市场上获得和保持优势的一个根本保证。

（二）推荐者市场

推荐者市场可以成为开发新业务的有效渠道。推荐者可以来自诸如医生、律师、银行管理者和会计师等专业咨询渠道，也可以来自现有的对企业感到满意的客户。他们对供应链企业新产品的开发与营销成功的影响力已成为供应链战略中不可分割的部分。

（三）影响者市场

影响者市场由一些实体、组织和个人构成，他们能够积极或消极地影响企业参与新产品竞争的市场营销环境。成功的企业都与对市场有影响的主要渠道有良好的关系。

（四）雇员市场

雇员市场构成关系营销的焦点，因为任何供应链企业都非常需要聘用和挽留那些愿意为企业实现市场目标的雇员。这个目标是把供应链企业发展成为一个有吸引力的组织，使雇员的表现与企业倡导的价值观保持一致。

（五）供应商市场

供应商市场是指为供应链企业提供物资、产品和服务的组织网络。一些已经与供应商建立良好关系的企业发现，企业把那些数目不多但不错的供应商转变为合作伙伴，这些供应商会在生产设备上大量投资，而且会参与产品的设计决策，即使在货源青黄不接的时期，他们在供货上也不会出现问题，由此为供应链企业带来的产品和服务质量的改进、市场推出时间加快、革新产品增多以及存货积压水平降低等，为企业获得了相当可观的优势。

关系营销强调与利益各方之间相互交流，并形成一种稳定、相互信任的关系。其目的在于企业以最小的成本实现客户价值最大化。这样必须把供应链企业的业务过程看作是创造价值和付出成本的连贯事件，这个流程的目的是创造一流的客户价值。要达到这个目的，需要把以前分散在不同业务职能部门的各个要素加以协调统一。供应链系统内的制造企业联合供应商及客户共同设计研发产品，在满足客户个性化需求和快速响应的前提下，通过供应企业对材料性能、成本等知识的融会，确保产品性能好，并且成本低。在设计个性化产品的同时，制造企业将自己了解和掌握的新产品的零部件信息，及时与供应链上供应企业，甚至是客户，达成共享，使得客户积极参与，同时也可以让供应企业在第一时间进行产品开发，从而提升制造企业和供应企业的研发能力，形成供应链系统协同设计的良性循环，最终实现客户价值的增加。同时，许多行业的市场分割越来越细，使客户对产品和服务的形式要求更加丰富多彩，企业要想把产品和服务个性化交付的同时寻求实现价值链上的成本优化，企业必须具备针对单个客户或者客户群的迫切要求而对产品或服务加以调整的能力，要求企业必须精心的设计价值交付体系，其价值交付体系必须具有越来越多的灵活性。

思考与练习

1. 供应链环境下的营销管理主要包括哪几方面的内容？
2. 供应链环境下的营销体系的建立流程是什么？
3. 关系营销的原则有哪些？

案例分析　青岛啤酒的供应链营销管理

一、公司简介

青岛啤酒股份有限公司（简称青岛啤酒）的前身是日尔曼啤酒股份公

司青岛公司，1903年由英、德两国商人合资开办，是我国最早的啤酒生产企业。1993年6月，经过90年的发展，最终改名为青岛啤酒股份有限公司。1993年7月15日，青岛啤酒股票（0168）在香港交易所上市。同年8月27日，青岛啤酒（600600）在上海证券交易所上市，成为中国首家在两地同时上市的公司。20世纪90年代后期，运用兼并重组、破产收购、合资建厂等多种资本运作方式，青岛啤酒在中国19个省、市、自治区拥有50多家啤酒生产基地，构筑了遍布全国的营销网络，基本完成了全国性的战略布局。

青啤品牌在世界品牌价值实验室（World Brand Value Lab）编制的2012年度《中国品牌500强》，品牌价值已达631.68亿元。青岛啤酒2013年品牌价值正式发布：805.85亿元，升值28%，连续10年居啤酒行业首位。现啤酒生产规模、总资产、品牌价值、产销量、销售收入、利税总额、市场占有率、出口及创汇等多项指标均居国内同行业首位。此外，青岛啤酒远销美国、日本、德国、法国、英国、意大利、加拿大、巴西、墨西哥等世界70多个国家和地区。全球啤酒行业权威报告Barth Report依据产量排名，青岛啤酒为世界第五大啤酒厂商。

青岛啤酒的主要产品为青岛牌系列啤酒，是中国最具盛名的名牌啤酒，它集世界一流的设备、百年积累的丰富酿造经验及独特的生产工艺、科学严格的质量保证体系之大成，素以酒液清澈透明、香醇爽口、泡沫细腻而驰名中外，曾多次荣获国家质量金奖和国际啤酒评比金奖，是国内啤酒行业的驰名商标，也是国际市场上最具知名度的中国啤酒品牌。

二、青岛啤酒供应链整合特点

在青岛啤酒100多年的发展过程中，与时俱进，并通过对自身供应链的整合来提高自身的竞争力，从而发展成为如今这样一个具有品牌效应的大企业。具体来讲，青岛啤酒的供应链整合方式具有如下特点：

（一）由外延扩张走向内部整合

增长和发展的第一个区别就是青岛啤酒以前走的是外延扩展法，非常强调外延扩张以及对增量资本的投入。青岛啤酒经过对增量资本的投入，实际生产能力在不断接近潜在生产能力。这就是在资本总量没有扩展的情况下，资本产出和净利润翻了6倍的原因所在。2001年，青啤集团提出一个重要口号，那就是从简单的资本投入转移到对存量的挖掘。

要增加效益就必须要内部整合。一个企业能做多大取决于三条标准，一是产品能力；二是产品市场空间容量；三是其整合资源的能力有多强。这三者之间相互联系，互为一个完整的系统。国内企业实际都存在对外部资源的整合能力比较弱的问题，扩张的风险非常大。兼并要考虑到地方政府政策、企业文化、企业经营模式、企业职工素质等因素，成功达成兼并预期目的的企业少之又少。青岛啤酒并购的很多企业也有种种问题，如职工转制问题、企业生产工艺技术改造问题、品牌整合问题等，而且有些效益持续不好的企业要关闭退出的成本也很高，有些企业生产工艺上不一致，必须投入巨资进行工艺改造和设备改造才能生产青啤的主品牌。

（二）由资本并购走向行为协同

协同是供应链管理最大的价值所在，企业发展不管是增长模式还是发展模式，最终都是达到一种协同模式。协同可以减少交易的成本，协同可以提升价值的创造，协同可以打造行业的市场地位。

资本并购通过把外部的交易转为企业内部的交易来减少交易成本，优化资源配置和生产成本。但是这种增长的模式没有内部行为的协同整合是不能达成预期效果的。因此应通过行为的协同管理，打造一套成熟的协同行为标准来实现交易成本控制、资源优化配置和管理的一体化。

目前青岛啤酒外部一体化走的是行为协同一体化道路。因为资本兼并是一个简单的过程，但是真正难的是把这个厂或者公司买下来后要如何处理。企业希望控制行为，实现内部的协同，但是买了厂并不代表自然就控制了它的行为。青岛啤酒如果无法控制并购厂的生产、销售，那并购的意义就荡然无存，而且会给自己加上很多包袱。

（三）强化存量资源的控制能力

渠道模型，包括供应采购渠道→核心企业→分销渠道→终端消费者。对于食品、家电等行业来说，渠道模型实际就是喇叭模型。供应链信息的不透明和不准确，会在渠道传递过程中得到放大，这就是通常所说的"牛鞭效应"。

青岛啤酒当时就面临这个典型的牛鞭效应。青岛啤酒的供应相对来说是比较简单的，原料主要是大麦和啤酒花，日常供应主要是包装物，像纸箱、瓶盖、标签等。但是后端就非常复杂，消费终端的多元化决定了分销网络的复杂性。啤酒可以在酒吧、餐厅终端消费，也可以是家庭购买消费。实际不是终端为主，而是渠道为主。所以多元化的销售模式，决定了其渠道组织要不断地放大。青岛啤酒连同其一级经销商、二级经销商、终端促销人员，说其是百万销售大军也不为过。

渠道组织在不断增加，组织的节点也在不断地扩大，但是对渠道成员的控制力却跟不上这种增长速度。多数企业都面临销售不断上升的情况下而利润根本没有增加的情形，其根源就在于销售的控制力减弱。供应链信息的不透明、不准确，会在渠道传递过程中得到放大。当时青岛啤酒由于缺乏合理的供应链管理和需求采集通道，特别在冬夏淡旺两季，对需求预测几乎完全陷入瘫痪状态，生产供应不均衡问题尤为突出。

第六章 供应链营销管理

如果市场上促销费用完全失控，造成企业每年的损失就难以计数。大众商品的促销费用主要通过渠道商转移到消费者手中。"买一赠一"和"开瓶有奖"都是通过渠道商去做的，但是促销费用是不是真的到了市场中呢？据估计50%的促销费用都在渠道上被漏掉了，有的是一级批发商拿去了，有的是二级批发商拿去了，有的是分公司拿去了，有的是销售管理员拿去了，只有50%不到的费用到了市场，而这50%是不是达到了应有的效果呢，企业也无从得知了。

这种问题的实质是外部资源虽在不断地扩大，但有效产出却越来越少；外部的组织虽在不断地扩大，但是外部组织的控制力却在不断地下降。青岛啤酒面临这样的问题，应对战略就是企业必须从增长走向发展，核心是必须对现有的资源进行有效的管理。在这样的战略背景下，青岛啤酒供应链管理就是实现战略转型非常重要的实施手段。

三、青岛啤酒在供应链环境下的关系营销

随着世界经济一体化的高速融合，谁把顾客奉为上帝，以优质的产品和服务赢得顾客，谁就是市场竞争中的胜者。在青岛啤酒中，这并不是一句冠冕堂皇的空话，因为顾客将是最终决定谁是市场赢家的仲裁者。青岛啤酒相信消费者的信念是来自于其本身的，因为消费者对品牌价值与品质的认知，将决定青岛啤酒的未来。

以顾客价值为导向。青岛啤酒在梳理发展指导思想时，正式提出一项做大做强的新战略，这一战略的核心是由生产型企业向服务型企业过渡，通过实现为股民、为职工、为消费者服务，来进一步转变机制，真正地与市场接轨，以形成新的企业竞争优势。

消费者忠诚的塑造是青岛啤酒成功的前提条件，也是青岛啤酒百年持续的战略选择。这种战略的实施要注意以下几点：

第一，消费者忠诚塑造在于不断探索获得消费者忠诚的方法和渠道，青岛啤酒必须从3A［买得到（Available）、买得起（Affordable）、乐得买（Acceptable）］转向3P［无处不在（Pervasiveness）、心中首选（Preference）、物有所值（Price to value）］。当消费者变化的时候，青岛啤酒的战略也要相应做出变化。同样，赋予产品的文化内涵也要变化，这样才可能使一个单一口味的产品，能够适应百年消费者的变化。

第二，消费者忠诚的塑造不是从价格上过分地与对手竞争，而是在于通过对产业链和价值链进行分析，通过控制某些关键点，或者通过收购与兼并，去获得比较竞争优势。这种竞争能够塑造一个健康的行业结构，能够使啤酒行业的领导者能够通过竞争去扩大自己的市场份额，减少跟随者"反击成功"的机会。

当然，青岛啤酒也十分清楚，追求"消费者忠诚"最大的问题是成本问题，无限制追求3A或3P导致的将是庞大的组织体系与费用开支，所以减少"消费者变心"的另一个办法就是通过收购与兼并，不断塑造一个有利于青岛啤酒的行业结构。通过在行业结构中制造"高门槛"来阻止竞争者或替代产品的进入，从而实现相对的垄断。在这一点上，青岛啤酒称得上是典范。

为使产品和服务过程能有效地满足顾客和市场的需求，青岛啤酒确定产品、服务及过程目标如下：

（1）产品：质量第一、品种多样、环境安全、满足不同顾客的需求。
（2）服务：向顾客及相关方即时提供优质产品和超值服务。
（3）过程：确保实现产品及服务目标，即经济、合理、高效。

当对服务有特殊需求时，由市场部、销售单位及技术部根据市场及顾客需求，对售前、售中及售后服务过程进行策划，组织相关部门实施，并根据反馈的信息进行过程改进，确保服务过程实现。

此外，青岛啤酒还通过以下方式来满足顾客及供应链上各相关方的需求：

（1）1998年，公司建立客户拜访制度，对国内外客户定期巡回拜访，互通信息；积极参加各类进出口商品展销会，对当地市场进行实地考察，了解终端消费需求、变化及发展趋势，了解相关法律法规等；与客户间建立畅通的沟通渠道，及时获取有关信息，及时调整销售策略。

（2）1999年，公司建立了全球性市场信息网络和迅速、快捷的市场信息管理系统，市场部及销售单位采用问卷、网上调查、客户沟通等方法，及时获取市场需求信息，并进行分析整理，准确识别顾客及相关方需求。

（3）2001年，公司的销售网络开始采用CRM系统、计算机网络分析模块和销售分析模块等更高效的分析、识别方法，更加快捷、准确地识别顾客及相关方需求。

（4）公司每年还利用啤酒节等机会邀请国内外客户来青岛考察市场、参观工厂、举行客户座谈会、酒会等，增强与客户的沟通，并获取信息，寻找改进机会。

（5）公司采取多种内外部沟通方式，对社会、股东等相关方要求进行获取与识别。

四、国际化道路——供应链的延伸

青岛啤酒在海外市场的全球布局是："先市场，后建厂"，先集中力量，加大美洲、欧洲、东南亚这些主要市场的营销力度。首先在中国台湾地区建厂，以台湾地区为重点基地深度开发东南亚市场，接着辐射南非市场，并逐步在美洲和欧洲设厂。最终搭建美洲、欧洲、东南亚"金月角"的国际市场框架，完成青岛啤酒国际化世界版图的雏形。

从上面的叙述来看，从东南亚、欧洲到美洲，直至南非市场，青岛啤酒自2002年出口增加1吨（在美国和欧洲均实现1吨的增幅）之后，2004年拓展海外市场的力度进一步加强，2004年1~12月，青岛啤酒出口较2003年同期增长113%，每月出口量都在8000吨以上。

2002年10月21日，青岛啤酒和全球最大的啤酒企业安海斯布希公司（简称"AB公司"）在纽约正式签署了战略性投资协议，青岛啤酒将向AB公司分三次发行总金额为1.82亿美元（约合14.16亿港币）的定向可转换债券，该债券在协议规定七年内将全部转换成股权，AB公司在青岛啤酒的股权比例将从目前的4.5%最终上升到27%，所有的增持均为在香港联交所上市的H股。

2005年4月，就在世界级啤酒巨头AB公司宣布正式增持其在青岛啤酒股权27%之后不久，AB公司亚洲有限公司大中华区董事总经理程业仁指出："拥有百威啤酒的AB公司与青岛啤酒建立的是一种战略合作关系。"随着青岛啤酒这一步棋的尘埃落定，青岛啤酒国际化的思路愈发明晰：已经百年的青岛啤酒是中国的老牌企业，是一个骨子里浸透着浓厚本土文化的传统企业，而正是这样一个企业，同样面临着不走真正的国际化道路，就不能完成做强、做大的战略性课题。这种战略性的危机感，催生了青岛啤酒的国际化战略：走真正的国际化道路，市场要国际化，企业的内涵也要国际化，青岛啤酒还面临着怎样从AB公司中学习成功的管理经验，并大胆平等利用其在美国的资源"为我所用"的问题。

（资料来源：白爱青：《青岛啤酒供应链管理改进策略研究》，中国海洋大学，2014年）

案例分析题：
1. 青岛啤酒供应链整合具有哪些特点？
2. 试简述青岛啤酒在供应链环境下的关系营销的内容。

参 考 文 献

[1] 周林洋：《工业企业新产品开发供应链管理研究（5）——新产品开发供应链营销管理分析》，载于《石油化工技术经济》2001年第2期。

[2] 苏尼尔·乔普拉、彼得·梅因迪尔著，刘署光、吴秀云等译：《供应链管理：战略、计划和运作》（第5版），清华大学出版社2013年版。

[3] 陆克斌、余国锋：《基于关系营销的供应链产品客户协同开发研究》，载于《物流工程与管理》2011年第33期。

第七章

绿色供应链管理

引导案例　宜家的绿色供应链管理之路

宜家（IKEA）是一家跨国性的私有居家用品零售企业。宜家家居在全球多个国家拥有分店，贩售平整式包装的家具、配件、浴室和厨房用品等商品。宜家家居是开创以平实价格销售自行组装家具的先锋，目前是全世界最大的家具零售企业。截至2008年12月，宜家在全世界的36个国家和地区中拥有292家大型门市（其中258家为宜家集团独自拥有，34家为特许加盟）。大部分的门市位于欧洲，其他的则位于美国、加拿大、亚洲和澳大利亚。宜家非常注重打造绿色家居理念，并制定了一套绿色供应链管理体系。

一、宜家绿色供应链的计划和目标

宜家家居很早就已经意识到家具制造与环境保护之间的关系，并在加工过程中尽量降低对环境的影响程度，一个重要标志就是宜家家居通过了ISO14000环境标准体系认证。在此基础上，公司设定的绿色供应链的基本内涵是：以可持续发展为管理理念，以清洁生产为主要手段，通过整个供应链的运作，将生产过程中产生的废物减量化、资源化、无害化，实现资源综合开发利用与生态环境系统的良性循环，使企业发展目标与社会发展、环境改善协调同步，实现可持续发展。

二、宜家的绿色采购计划

简单地说，从源头出发，首先对供应商有所约束，要求其采用绿色原料、绿色工艺，实现材料、能源的节约，从而满足公众对环保产品的要求，提高产品的竞争力就是绿色的采购计划。宜家在全球拥有近2000家供货商（其中包括宜家自工厂），在对这些供应商的筛选时，"绿色"成为首要标准。在宜家内部，其对各项指标有一个统一的评估格式，类似与沃尔玛的

"模仿工厂"，宜家的全球采购办公室"买手"深入工厂，考察供应商的产品质量、社会道德和环保体系，依据此情况得出的评估将决定供应商是否入选。

同时，宜家的供应链也对其供应商进行环保宣讲和教育，发起促进绿色运营的各种攻势。他们会联合供应商在全国范围内广泛开展诸如节能灯推广、消费者节能教育等一系列活动，从中取得显著收效。

三、宜家的绿色制造环节

研究表明，产品性能的70%~80%是由设计阶段决定的，宜家在设计阶段充分考虑产品对生态和环境的影响，使设计结果在整个生命周期内资源利用、能量消耗和环境污染最小。绿色设计主要从零件设计的标准化、模块化、可拆卸和可回收设计上进行研究。比如适合货盘大量运输的杯子，或者抽掉空气的枕头，这些都是设计者对绿色运输的考虑。

同时，宜家按照"四阶梯"模式，逐步提高对木质原材料的经营要求，以实现长远的认证目标。另外，宜家还提出了用非实木替代实木原料的要求。世界自然基金会总部与宜家家居集团，共同执行一个为期三年的森林项目，通过制定和完善全球林业管理指南，并在优先地区示范经营良好的林业等活动来实现宜家的林业行动计划和世界自然基金会的森林保护目标。这一点恰恰能够体现宜家的绿色制造。

四、宜家的绿色供应链交付环节

首先，宜家对销售环节注重生态管理，它包含分销渠道、中间商的选择、网上交易和促销方式的评价等。宜家根据自身产品特点，尽量缩短分销渠道，减少分销过程中的污染和社会资源的损失。选用中间商时注意考察其绿色形象。开展网上销售，作为新的商务方式，电子商务是很符合环保原则的，且发展前景广阔。在促销方式上，选择最有经济效益和环保效益的方式，还大力宣传企业和产品的绿色特征。

同时，宜家不可避免地存在着大量的物流活动。为此，宜家将运输全部由外包负责，即大力发展第三方物流。因为由这些专门从事物流业务的企业提供物流服务，可以从更高的角度、更广泛地考虑物流合理化问题，简化配送环节，进行合理运输，有利于在更广泛的范围内对物流资源进行合理利用和配置，可以避免自有物流带来的资金占用、运输效率低、配送环节烦琐、企业负担加重、城市污染加剧等问题。

宜家通过绿色供应链管理的实施，大大提高了其经济效益，也带来了巨大的社会效益，并使经济效益和社会效益协调优化，为企业可持续发展和品牌竞争力的提升奠定了基础。

（资料来源：奚程：《浅谈宜家家居的绿色供应链运作模式》，载于《现代商业》2011年第5期）

第一节 绿色供应链管理概述

一、绿色供应链管理的概念

历史的车轮碾过，人类社会飞速发展，经济发生了翻天覆地的变化，但是由于人类一味追求经济发展不顾生态环境，环境问题不断加剧。1948年，美国多诺拉小镇，由于受反气旋逆温控制使得大气污染物在近地层大气中集聚，导致全镇43%的人口，即591人相继暴病。1952年，伦敦被浓雾笼罩，许多人突然患呼吸系统疾病。1984年，印度博帕尔市农药厂，地下储罐内剧毒的甲基异氰酸脂外泄，死伤22万多人，5万人失明，孕妇流产或产下死婴，数千头牲畜被毒死。这一系列严重的污染事件使人们意识到环境保护的重要性，明白经济的发展不能以破坏环境为代价，一些保护环境的公约条款不断出台，从而掀起了环境保护和绿色革命的浪潮。至20世纪90年代，"绿色"的概念已深入人心，绿色革命已轰轰烈烈。在1996年密歇根州立大学的制造研究会议上，绿色供应链的概念首次被提出。这一概念的提出，从某种程度上标志着绿色供应链管理研究的开端，并使绿色供应链成为一个重要的研究内容。同年，ISO开始推出ISO4000系列标准，这使得各个地方学者对绿色供应链管理的研究更加活跃。

目前，有关于绿色供应链管理的理论和实践已经被全世界广泛关注，但是关于绿色供应链管理的确切定义，目前在学界还没有达到统一，但学者们的一致观念是：绿色供应链管理是一种在供应链管理的基础上，增强环境保护意识的管理模式。基于此，本书对绿色供应链管理定义如下：绿色供应链管理是指在供应链采购、制造和物流等环节考察环境保护因素，通过对各个环节进行有效管理，达到经济效益最大化的同时降低各个环节对环境的负面影响。

绿色供应链管理模式将生产运营过程对环境的影响纳入了综合考虑的范围，它的主要思想是增加资源利用率，减少环境污染以达到保护环境的目的。它把环境问题纳入充分考虑范围，传统的供应链管理是以顾客需求为主，将供应链上的各个企业联系起来实现全过程集成化管理，它的管理对象仅仅包括供应链中的物流、能流、信息流、资金流等影响经济效益的因素，它强调将产品及时地、有效地送给顾客。与绿色供应链管理相同的是它也有充分利用资源的思想，但这里的充分利用资源仅仅是供应链内部的资源充分利用，没有考虑所选择方案对外界环境和人员的影响、是否合理地利用了资源、是否节约了能源、如何绿色地处理或回收废弃物和排放物、如何建立环境绩效的评价体系，这些问题正是绿色供应链管理模式需要解决的。

二、绿色供应链管理的驱动力

很多因素都会促使公司采用绿色供应链管理。全球供应链管理驱动力可分为以下三个主要类别。

（一）客户要求

客户要求在供应链设计和规范中起着重要作用，供应商通常会遵守这些要求。特别是大客户的绿色思维，能够让供应商采取绿色做法。这种需求具有级联效应，贯穿整个供应链。此外，大客户可以在产品和工艺设计方面的合作来帮助供应商实现这一目标。

（二）政府和国际法律法规

政府、国家标准机构、工业发展局和地方当局通过法律法规的通过和控制行业执行这些法规，对行业产生重大影响。国际联盟，如联合国和欧盟，也通过法律和法规，使各国符合绿色供应链管理实践。

（三）环保活动家和非政府组织

这些组织也可以在社会和行业内创建绿色意识。首先，他们可以鼓励人们购买绿色产品，而不是非绿色产品。尽管缺乏技术领域的专业知识，环境活动家和非政府组织仍然可以通过提高人们的绿色意识和要求行业采用绿色做法来对行业产生影响。非政府组织可以作为合作伙伴提高行业中的绿色意识。

三、绿色供应链管理内容

绿色供应链管理涉及供应链各个主要环节，包括绿色采购、绿色制造、绿色物流、绿色营销等重要内容。

绿色采购：绿色采购是指企业在采购活动中，推广绿色低碳理念，充分考虑环境保护、资源节约、安全健康、循环低碳和回收促进，优先采购和使用节能、节水、节材等有利于环境保护的原材料、产品和服务。绿色采购的出现给企业带来了提高经济效益的机会，在绿色供应链中能通过提高能源与材料的利用效率来降低采购成本，而实现绿色采购是保障能源与材料利用率高的基础，实现绿色采购也是实现绿色供应链管理的关键所在，做到了绿色采购，就等于从源头上控制了污染源，从根本上解决了环境污染问题，保护了环境。因此，绿色采购又被认为绿色供应链管理的起点，整个绿色供应链的环境绩效直接受到绿色采购的影响。

绿色制造：绿色制造包括了绿色设计、清洁生产和绿色包装这三项内容。绿色设计指的是在产品及其制造过程对环境的总体影响和资源消耗减到最小，它实施过程需要考虑三个要素：成本、环境影响、性能；清洁生产是指将综合预防的环境策略持续地应用于产品生产过程中，以便减少对环境和人类的风险性，它主要是通过使用低污染、无污染、无毒、低毒的原料和能源替代有毒、有害、高污染的原料和能源，还有采用清洁高效的生产工艺，是物料能源高效率、最大限度地转化为有用产品保护环境；绿色包装是指包装产品从原材料选择阶段到产品废弃阶段的整个产品生命周期，都应该符合保护生态环境的规定，以天然的植物或矿物为原料制成，能够循环与再生利用，且易降解，是一种促进可持续发展的无公害包装。

绿色物流：绿色物流是指在物流过程中抑制物流对环境造成危害的同时，实现对物流环节的净化，使物流资源得到最充分的利用。它通过融入可持续发展以及保护环境理念，并创新物流过程，来达到减少资源浪费，减低环境污染的目的。它的思想分为两个层次，在微观层次绿色物流中，环境污染在物流活动的开始就被杜绝了，凭借着先进的科学管理方法与先进技术设施，在运输、储存、装卸、搬运、包装、流通加工、配送、信息、处理等功能要素中实现节能、降低能耗以及减少环境污染，并借此达到盈利的目的。在宏观层次绿色物流中，它意图在通过对城市、地区以至全国的人口布局与产业布局做合理规划，适当调整，尽量减少重复的物流活动，降低总的物流发生量；提倡环境友好的物流技术，用健全的标准体系来规范物流企业的环境行为，建立绿色物流评审制度，从技术和管理上抑制物流对环境的影响；大力发展绿色物流，使之规范化、产业化，最终实现物流与经济、社会的协调和持续发展。

绿色营销：绿色营销是绿色供应链管理的一个重要组成部分，它是一种能辨识、预期及符合消费的社会需求，并且可带来利润及永续经营的管理过程。与传统营销通过对产品、价格、渠道、促销的有机组合来实现自己的营销目标不同，绿色营销强调营销内容中的"绿色"。它的完整步骤大致分为四步：开发绿色产品、制定绿色产品价格、选择绿色营销渠道、开展绿色促销。值得一提的是，在当前环节，绿色促销可谓是绿色供应链管理发展的重点，因为绿色产品属于新生概念，既没有稳定顾客，也没有现成的市场。

四、绿色供应链管理构架

绿色供应链管理也像许多其他概念一样有自己的整体构架，大致整体构架如图7-1所示。

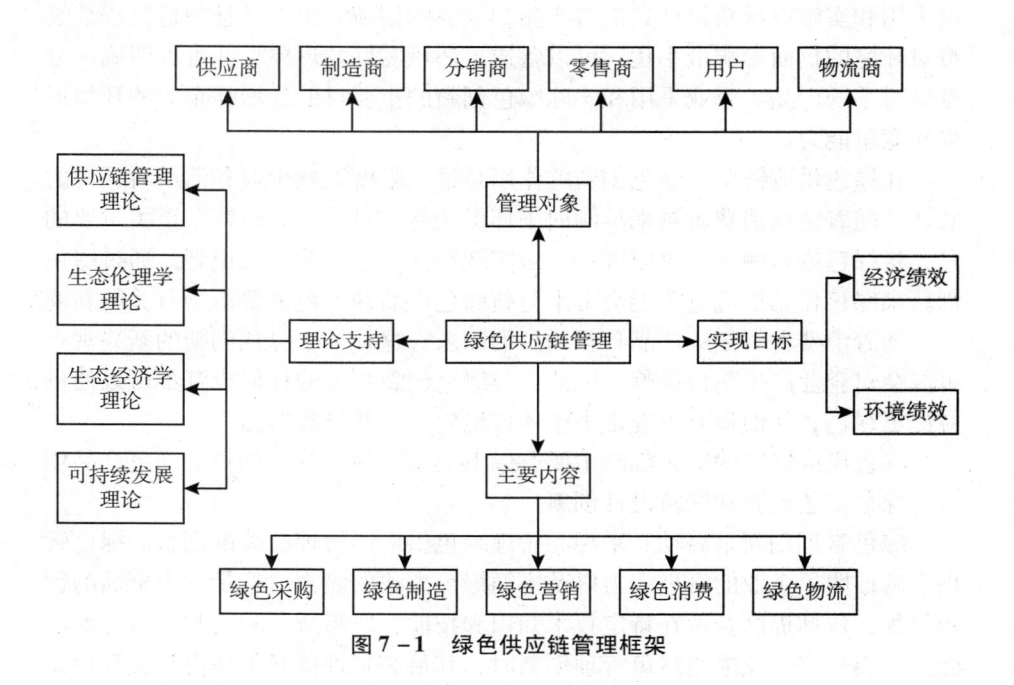

图7-1 绿色供应链管理框架

实现目标：绿色供应链管理所追求的目标是经济绩效与环境绩效的统筹最优化，而且在绿色供应链中，减少对环境的影响，增加对资源的利用都是首要的。

管理对象：绿色供应链管理的对象包括供应链上的各个主体，在实施绿色供应链管理的过程中，要对完整的供应链实施标准而不是仅仅对供应链中的个别企业实施标准，因为只有这样做才能真正有效地提高整条供应链的环境效益。

主要内容：主要包括了绿色制造、绿色采购、绿色营销、绿色物流等重要概念。通过系统工程观点，细致并综合地分析了绿色供应链管理的全过程的环境保护以及资源利用问题。

理论支持：由于绿色供应链管理问题是环境保护问题与供应链管理问题融合而成，因此它的发展就需要供应链管理和环境保护相关理论作为理论基础。

五、绿色创新与绿色供应链管理

绿色创新是指通过以下方式减少业务活动对环境的影响的任何创新：通过更好的环境管理体系，环境友好的产品设计或采用新的绿色技术。企业通过采用和实施以重新设计其消费产品和服务的创新方法，并且制造过程继续将对环境的负面影响最小化，可以营造出环境友好的形象，并可以明确区分竞争对手的产品。企业采用和实施绿色创新的主要目的是增强企业的环境形象和竞争能力。

在绿色供应链中，绿色创新的作用是最大限度地减少业务活动对环境的破坏。随着全球消费者越来越倾向于环保产品，对于企业而言，至关重要的是，将绿色创新融入其供应链中，以实现环保。企业确实意识到，通过绿色创新来绿色化其供应链可能会带来与新绿色产品和绿色消费市场有关的新商机。随着消费者对健康产品日益增长的需求，这种关于绿色创新的新兴观点可能会对企业产生积极影响。因此，与绿色创新相关的任何投资都可以使供应链更绿色，从而最有可能带来整体环境效益，并导致双赢。

绿色供应链中的绿色创新主要有以下类型：绿色管理创新、绿色产品创新、绿色工艺创新和绿色设计创新。

绿色管理创新是启动、采用和管理绿色供应链管理的关键创新。绿色管理创新证明了企业的管理能力以及遵循绿色方法的能力。这是一个全面的创新过程，包括提高企业在特定技术知识和技能，所需运营和获利能力方面的能力。当一家企业采用绿色管理创新时，其最高管理层必须获得有关环境管理体系（EMS）ISO14000认证和关键供应链合作伙伴的支持。绿色管理创新的作用是整体的，因为它涉及内部生产流程和运营的改变和重组，这有助于实施和实现内部绿色供应链管理。此外，这种内部变化还通过新建立的环境标准改善了产品或服务。例如，企业需要建立内部环境管理系统并遵循特定的ISO14000系列认证，以最大限度地减少水、电、气和汽油的使用。企业应让供应链合作伙伴参与进来，并定期举办环境意识培训和研讨会，帮助供应链成员学习减少有害排放以及不可再生能源消耗的方法。

绿色产品创新是指适合环境的产品创新。绿色产品创新包括对产品设计，质量和安全功能进行的各种修改，以及对与节能，节水，减少噪声和减少废物有关的技术创新，从而减少整个产品生命周期对环境的影响。开发绿色产品意味着使用最少的资源来满足消费者的需求。对于企业而言，绿色产品创新可带来许多商业利益，例如更低的价格，更高的新产品市场渗透率，对资源的经济利用以及实现可持续商业运营的最终目标。同时，有形的绿色产品创新可以帮助企业差异化并创造竞争优势。此外，它还可以帮助企业改善整体环境绩效和企业在消费者面前的绿色形象，并有助于实现总体环境目标。

绿色工艺创新包括所有制造过程，这些过程可通过诸如节能，污染预防和废物回收等具体措施来减少对环境的负面影响。通过采用这项创新，企业可以修改其产品制造流程，从而生产出符合既定生态目标的环保产品。当企业在其制造过程中采用绿色创新和绿色技术时，会减少自然资源的使用和能源消耗。绿色工艺创新通过减少生产浪费来改善企业的环境绩效，并通过降低与资源利用和生产成本相关的成本来提高企业的商业绩效。

绿色设计创新是工业设计概念中的自我完善，需要不断开发和改进设计以克服任何缺点。换句话说，绿色设计创新还可以保证可持续性。绿色设计遵循3R（减少、回收和再利用）的原则，为消费者提供了产品质量的基本保证，同时还符合所有必需的绿色和健康标准，因此，绿色产品设计对环境无害，并且不会造成资源浪费，还不会对用户的身心造成不利影响。特别地，绿色设计是企业的未来，是消除绿色贸易壁垒的有效方法。为了发展绿色设计创新，应用了许多原则，例如，最佳的生态和经济效益原则，节能原则，零污染原则，先进技术原则以及充分利用资源原则。

六、绿色供应链与传统供应链比较

绿色供应链和传统供应链的基本框架都是由各类型的企业以及顾客等成员组成的一个网链结构。其中各个成员构成供应链的各个节点，成员之间的需求与供应关系构成了上下节点之间的联系。简单来说它们相同的地方主要有四点。

（一）供应链的复杂性

随着经济全球化，信息技术发展迅速，供应链渐渐展现出了它的复杂性，供应链中的企业经常是不同国家、不种类型的，而企业与企业之间可能存在跨度，所以供应链结构模式比一般单个企业的结构模式更为复杂。而绿色供应链也是如此，由于在供应链中添加了环境保护这个要素，绿色供应链比传统供应链更具复杂性。

（二）供应链的动态性

由于企业战略和市场需求实时会发生变化，企业为了适应它们，节点企业需要对供应链进行动态更新，这就使得供应链需要一定的动态性。由于绿色产品属于新生概念，既没有稳定顾客，也没有现成的市场，为能够及时适应政府实时政策以及市场变化和顾客需求，对其供应链的动态性的要求只会更高。

(三) 以用户需求为动力

用户需求是供应链产生的一个关键要素,许多供应链的形成、存在、重构现象,都是基于一定的市场需求而产生的,并且在供应链的运作过程中,用户的需求是拉动供应链中物流、信息流和资金流运作的重要因素。在绿色供应链中也是如此,上面也提到了,由于绿色产品暂时还没有市场基础以及稳定消费者群体,用户需求对绿色产品行业显得更加重要,甚至一定程度上影响着绿色产品行业未来几年的发展形势。

(四) 供应链的交叉性

供应链的交叉性指的是一家企业可以是这条供应链的一环,同时也可以同时是另一条供应链的一环,我们把这样的企业叫作交叉企业,行业中有许许多多的交叉企业,这些交叉企业的存在,大大增加了协调管理的难度,可以说这一点是不可避免的,交叉企业的存在已经是一种现象,大型供应链中一般都存在交叉企业。同理,绿色供应链中也有许多的交叉企业。这些交叉企业使得供应链与供应链相交,体现出供应链的交叉性。

以上四点可以一定程度上反映出供应链与绿色供应链之间的相似之处,而供应链与绿色供应链之间除了相同,更多的还是它们之间的差异。

与此同时,绿色供应链与传统供应链也存在不同之处,这些差异主要表现在以下两方面。

首先,从企业的角度出发,传统供应链中的制造企业只需要依靠技术来解决环保指标的问题,没有环境绩效指标这类的要求,而绿色供应链中的制造企业需要进行全面的环境管理,不再像传统供应链般单纯靠技术解决环境问题。绿色供应链在产品设计时就考虑了环境因素,避免了未来的环境治理成本,这样做既可以提高环境保护的效率和效果,同时也能给企业带来一定的经济效益。但是也为企业带来了许多成本。一家企业要想成功从传统供应链转入绿色供应链,是需要付出很大代价的,在转型过程中企业的资源,企业的制度,甚至是企业的使命都会经受考验,可以说,绿色供应链与供应链虽然只差两个字,它们本质上的区别还是很大的。

其次,绿色供应链中的物流种类比传统供应链中的物流种类要多,不仅有传统供应链中的对原材料、半成品、产成品等物品进行的物流,还存在所谓的"逆向物流"。"逆向物流"的含义是将能再次利用的回收处理的产品或包装物投入新的绿色供应链循环,进入新一轮的产品加工。倘若不能再次利用,则对其进行焚烧或填埋处理,减少对环境造成的影响。因此,双向物流使绿色供应链成为一个"封闭式"的供应链。从供应链上增加的要素企业来看，绿色供应链在传统供应链所有元素的基础上增加了产品及包装回收再利用的回收处理商要素，使之充当了一个半闭合的、绿色的商业链条。

第二节 绿 色 采 购

一、绿色采购概述

绿色采购是指企业在采购活动中，推广绿色低碳理念，充分考虑环境保护、资源节约、安全健康、循环低碳和回收促进，优先采购和使用节能、节水、节材等有利于环境保护的原材料、产品和服务的行为。不同于传统采购，绿色采购结合可持续发展思想发展成全新的采购观。21世纪过度的开发利用和排放大量废弃物污染的行为，使大自然已经无法仅靠自己的生态调节机制来保护自己了。人类的活动已经造成了很多不可再生资源的消耗甚至枯竭。环境问题也越来越严重，这对可持续发展产生了严重的负面影响。因此，为了使人类的这些活动在促进经济发展的同时也符合可持续发展要求，绿色采购应运而生。

在绿色采购思想的发展过程中，研究者们发现，供应链的原材料采购、产品制造和消费等过程都会对环境造成或多或少的影响，所以要真正贯彻绿色采购思想，应当从原材料、制造、运输、产品使用等方面想方设法来使供应链绿色化。其中绿色采购就是实现绿色供应链的关键所在。做到了绿色采购，就等于从源头上控制了污染源，可以从根本上解决环境污染问题，保护自然环境。因此，绿色采购又被看作绿色供应链管理的起点，整个供应链的环境绩效直接受到绿色采购的实现程度影响。

绿色采购相对于传统采购，最大的差异在于"绿色"，这里的"绿色"实际是指"对环境有利"。一般来说，生产运营活动都会对我们所在的环境造成不好的影响。在绿色概念出现以前，我们应对其的做法是先斩后奏，即先对环境产生不利结果以后，再采取补救措施。而如今，绿色采购体系中，绝不能出现上述情况，绿色采购是要预见可能出现的负面影响，进行源头处理，旨在对环境造成最小的影响。因此，绿色采购要实现从源头上对产品进行控制，它从现有的采购体系中加入环境绩效及其实施过程和评估方法，来保证用这种采购方法生产符合可持续发展观念的产品。在绿色采购中，产品的"绿色"问题要从其整个生命周期来考察，即从产品的资源开发到废旧处置阶段各个环节，都要按照绿色要求最优化进行，考察产品的整个生命周期是绿色采购所强调的。

那么绿色采购如何取得企业竞争优势呢？传统采购关注的是怎么获得最大的经济效率，因此它关注如何降低采购成本，而绿色采购在此基础上，同时关注经济效率和公平，考虑将效率和公平转化为企业的竞争优势。此处的公平是指既要做到代际公平，又要做到代内公正。代际公平是指这代人的活动不能损害到下代人的利益，而代内公平是指这代人中这部分人的活动不能损害到另一部分人的利益。而在效率方面，绿色采购的效率也大于传统采购，因为其运用了更加优越以及科学的方式合理选择了供应商和商品。包括将传统采购方式与信息与网络技术相结合、在线订购、订单电子化处理、采供双方信息共享、建立完备的供应商库等技术。

除此之外，绿色采购还有一个特点，那就是成本观念的转变。传统采购仅关注原材料的价格，而绿色采购则是考虑相关过程的总成本，包括了交期、质量、库存等传统经济成本以及环境成本的计算。不仅如此，一个优秀的绿色采购员，不仅要考虑成本，还要考虑是否合理利用了资源、是否节约了能源、供应过程中对周围环境产生的影响进而导致的额外成本、排放物或废弃物的回收计划、是否能对环境影响做出评价等各个方面。

绿色采购带来的效益：就从其概念而言，绿色采购降低了采购活动对于环境的负影响，并且凭借尽可能低的成本获得了指定数量和质量的产品及服务。采购部门通过减轻包装物重量不仅能够降低包装产品成本，而且可以通过减少包装物重量增加每批的运货数量来降低运输成本。绿色采购可以通过减少末端处理成本、节省资源等使企业获得经济利益。采购者可以通过对供应商的设计过程提出建议，实现企业资源的再循环和再利用。企业的环境保护的改善可以提高企业声誉，企业也可能得到政府的支持，绿色产品也可以比较容易获得消费者青睐。此外，通过供应商的选择和企业内部的合作，可以减少使用有毒有害原材料，这样不但可以减少原材料的成本，而且可以避免触犯现有及潜在的法律。与此同时，由于在源头控制了污染，企业可以减少治理污染费用。绿色采购给产品的各个生产环节施加一个环保标准，减小污染产生，从源头上控制污染，接着再加强对废弃产品的处理及回收，实现了清洁生产。清洁生产是降低企业污染，实现绿色采购的重要环节。它的好处不仅有减少污染，节约资源，还使企业可以获得更多的经济效益，并且提高企业的竞争力，从而实现企业发展与环境保护的协同发展。所以从长远来看，绿色采购对企业发展也起到了一种推动作用。

二、绿色采购的战略和实施

如果说生产活动是企业一切活动的基础，那么采购就是一切生产消费活动的先提条件。采购过程的好坏直接会影响到企业的生产成本，进而影响企业的生产过程，甚至企业的竞争力。所以，研究采购发展战略是现代企业生产运营的一个重要且庞大的领域。绿色采购战略不仅能够保护自然环境，同时也能在一定程度上提高企业竞争力。

总的来说，采购战略是指在充分分析外部客观环境以及内部对采购要求的基础上，采购部门为了确定采购管理目标，制定采购战略规划并实现采购战略目标的一个动态管理过程。绿色采购战略包括了采购战略和环保战略，即要求采购者应同时考虑环境影响和经济效益，既承认企业追求经济效益的合理性，又强调环境保护的重要性。企业绿色采购战略如图7-2所示。

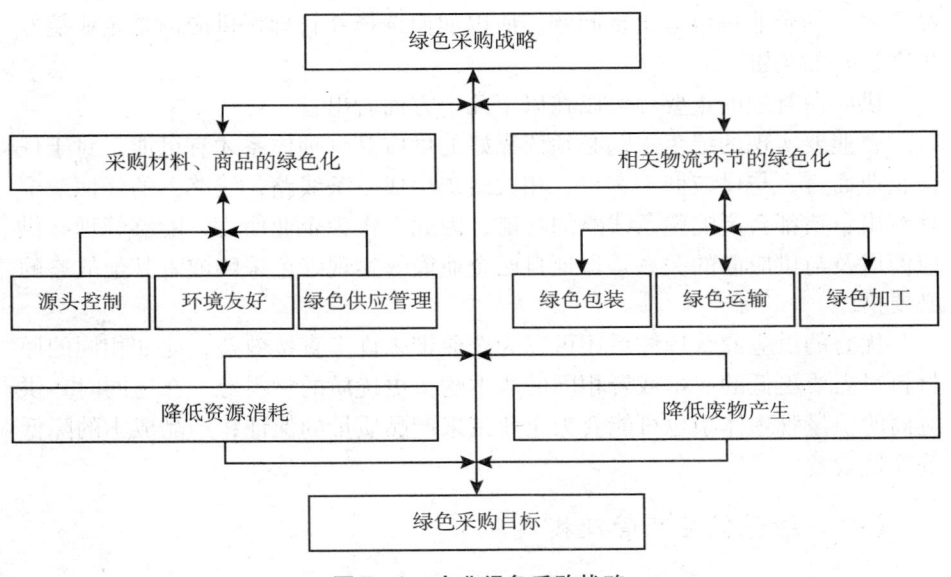

图7-2 企业绿色采购战略

上面已经提到过，绿色采购观念是把保护环境和企业的采购活动和谐地融为一体的一个新型的采购观念，在实施绿色采购时，影响绿色采购实现主要有以下因素。

内部因素：采购人员的素养。采购人员的素养可以说是直接影响到采购政策实行的重大因素，一个采购人员的素养的高低，可以决定很多，比如相同原材料的成本高低，或者说与供应商的关系管理的好坏，甚至是采购政策的贯彻实施，无论是绿色采购还是传统采购，采购人员的素养都是采购的第一位保证。

外部因素：供应商、消费者、政府、市场。这些因素都会影响到绿色采购能不能顺利实现。假设一个供应商没有环境绩效评定，其生产运营过程不考虑环境绩效，那么他的下游企业也很难做到绿色化生产运营。消费者及市场因素就是指企业的产品需要有去处,而消费者的绿色意识和市场行情直接决定了这一点。最后,政府的政策和经济调控也会影响到绿色采购在企业的实行。

三、绿色采购中的供应商管理

所谓供应商,就是指为企业生产运营活动提供原料、设备及其他资源的企业,这其中不仅包括了生产企业也包括了流通企业。供应商管理是企业生产运营过程中的一个十分重要的问题,一旦供应商出了问题,接受供应商产品或服务的企业也势必出现问题。所以如何选择并管理好供应商是企业搞好生产运营的关键。

供应商管理的重要性可以在以下几个方面看出:

企业要实现的绿色采购必须依靠好的供应商管理体系才有可能。对于任何企业而言,与供应商、客户、相关组织构成一条线路,线路上的任何一个环节出了错都会影响整条线路的功能,因此,作为企业而言,能够管理好供应商以及与供应商的关系是保证自己企业能够实现绿色采购或者其他战略的必要措施。

优秀的供应商管理体系还可以为企业带来许多直接效益,比如相同的原材料只需要更低的成本或者相同的成本购买更优质的材料等。在这同时,供应商的质量管理体系也可能会为企业带来产品质量的保证,产品成本的降低等隐性效益。

(一) 绿色供应商管理模式

企业通过实施绿色供应商管理可以使企业获得不限于眼前的好处。企业要彻底改变其环境状况,就要从源头抓起,把供应链上的其他组织融合到一个核心理念上,这个核心理念就是环境管理。表7-1从目标、采供关系、关联方式等方面对绿色供应商管理模式和传统供应商管理模式进行了对比。

表7-1　　　　　　　绿色供应商与传统供应商管理模式对比

对象	目标	关系	关联方式	供应商数量	管理手段	评价标准
传统供应商管理	经济效益最大化	对手关系,一方的盈利建立在另一方的损失的基础上	短期合同	供应商数量多,通过供应商间的价格竞争获得好处	主要通过在供应商之间分配采购数量对供应商加以控制	价格为主,同时考虑交货期和企业信誉等因素

续表

对象	目标	关系	关联方式	供应商数量	管理手段	评价标准
绿色供应商管理	注重经济效益和生态效益的优化协调	伙伴关系，合作创造新价值	长期合作	供应商数量少，减少谈判次数和时间，降低交易成本	采用分配采购数量、奖励、合作开发等方式	以生命周期总成本代替交易价格，考虑环境因素

（二）绿色供应商选择标准

在绿色采购中，受供应商评价体系影响，绿色供应商评价体系与一般的供应商评价体系并不相同，绿色供应商评价有很多新特点：

（1）做出评价的目标不同。传统的供应商评价一般评价产品的价格、质量以及能否及时送达；而绿色供应商的评价体系还额外增添了对供应商的环境绩效的评估，不再是单目标效益最大化，而是经济效益和环境绩效的双目标效益最大化。

（2）作出评价的过程不同。传统的供应商评价体系主要评价过程仅仅是采购过程这个独立的过程，而且基本上是静态的。而在实际情况中，供应商的情况往往会实时发生变化，特别是在绿色采购中，有关环境绩效的相关内容无法通过原有的供应商评价体系反映出来。因此，绿色供应商评价是多阶段的、动态的评价，使供应商可以不断改善自己的环境绩效。

（3）评价的指标和权重均有不同。目前的供应商评价体系不注重环境因素，而绿色供应商评价体系着重突出环境因素。因此，在绿色供应商评价体系中与经济有关的指标的权重势必降低，而与环境绩效有关的环境指标从无到有，权重也自然增加。

基于此，可以构造绿色采购下的供应商评价体系如表7-2所示。

表7-2 绿色供应商评价体系

一级指标	二级指标	评价指标
1. 环境指标	环境质量指标	生产中污染的排放情况，主要环境质量指标的达标率，各种环境资源的耗用量，有毒有害材料的使用，"三废"排放量等
	环境管理指标	环境纠纷数量，建立的环境管理制度和管理体系的情况，排污费缴纳，承担的污染管理控制等
	环境投入指标	清洁生产技术开发、新设备投入、环境技术开发和维护人员支出、工作人员绿色知识培训费用等

续表

一级指标	二级指标	评价指标
2. 质量指标	材料或产品合格率	无缺陷的产品总数占抽检产品总数的比例
	质量管理体系	全面质量管理情况
	产品的耐用性	一定时期内产品返修数量占该供应商供应的产品总数
3. 供应指标	准时交货率	按时按量交货的实际批次占订单确认的交货总批次的比例
	交货周期	自订单开出之日到收货之时的时间长度
	订单变化接受率	订单增加或减少的交货数量占订单原定的交货数量的比例
4. 经济指标	价格水平	成本加运费，其他成本
	降低成本的态度及行动	供应商是否积极配合采购者制订改进计划、降低成本；降低成本的好处也让利给采购者
	付款	是否积极配合响应本公司提出的付款条件要求与办法
5. 服务指标	反应表现	是否重视本公司的要求，供应商沟通协作是否能满足本公司的要求
	参与开发	是否参与、如何参与本公司的产品或业务开发过程
	售后服务	是否主动征询顾客的意见、主动解决或预防问题

四、各国绿色采购管理现状及前景

随着全球气候变化问题越来越严重，各个国家的政府、企业以及个人也越发的关注环保问题。而且伴随着21世纪的到来，全球席卷可持续发展风潮，也波及了生产和消费等各个领域。作为现代供应链的重要组成部分，采购与供应活动是社会生产和消费活动的起点，考虑到可持续发展，传统的理论已无法满足社会的长远发展，而绿色采购理论兼顾眼前的经济效益和社会长远发展的需求。在这些环境下，各国政府提出了政府绿色采购，来发挥政府采购在组织采购中的标杆和引导效应。

发达国家由于环保意识较高并积极采取措施，采购活动逐渐与环境保护的发展协同一致；我国在绿色采购这方面，还处于起步状态，既需要制定合理的法律法规，也要提升大众的绿色环保意识，引导采购者以及供应商关注绿色化趋势采购，从而使绿色采购被我国政府、企业适用。

（一）部分发达国家绿色采购现状与政策

欧盟地区是将绿色采购成功推动到法律高度的发展绿色采购的成功案例，他们发布了一个采购法令，其内容包括了：（1）要求采购单位以某种方式具体阐述合同的特点,从而可以满足采购单位的使用。对此欧盟委员会还发表了一份声明来确保产品和服务可以满足买方的使用。(2)考虑了投标者的环境管理体系,这指的是该企业可以使用投标者的环境管理体系作为技术实力的证明,但是需要该体系对该公司的产品质量产生影响,这样才能确保合同的执行符合环境保护的要求。

作为欧盟成员国之一的德国是世界上最早开展环境标志认证的国家,从1979年就开始推行环保标志制度,规定了政府机构应当优先采购环保标志产品,这些后来都被收纳到他们1994年发布的《循环经济法》之中。

在这个法律中,他们规范了绿色生态产品,推广了绿色生态产品,建立了绿色生态产品的法律地位。同时,他们还通过互联网、报纸、电视、报刊等传播媒体大力宣传环保,普及环保知识、宣传绿色意识,这使得他们公民的环保意识走在其他国家之前,为他们绿色采购的发展造成了潜移默化的影响。

日本在绿色采购方面,是世界上的领先国家,从其法律法规、组织机构形式、公共意识等方面看,都是如此。全球气候变暖开始起,日本作为国土面积只有一个岛的国家,早就深刻地认识到环境保护的重要性。1990年左右,日本首先实施政府绿色采购,国家也推出了可持续采购政策,并取得了举世瞩目的成果。因此,日本目前也有非常多的世界标杆企业值得我国企业学习借鉴。

(二)我国绿色采购现状与政策

由于绿色采购在我国起步晚,虽然发展迅速,但还是属于探索阶段,避免不了产生一些问题。

第一,我国缺乏完备的法律体系支持绿色采购,这主要体现在三方面:现行政策没有相应的法律条文支持和法律规范的约束,不够具有强制力,然后是法律体制不够细化,只有概括性的要求,接着是缺乏对绿色采购的处理规范。

第二,缺乏高素质的采购人才,人才问题一直是重点问题,在各个行业都是如此,没有优秀的人才,这个行业是不可能能够发展起来的,而绿色采购这个行业具有很大的特殊性,在考察产品来源、质量、环保等方面需要专业化知识,而我国目前的这方面人才还为数不多。

第三,大部分企业对于绿色采购观念和对供应商的有效管理的意识仍然较为模糊。我国多数企业对采购重视程度不够,更不要说绿色采购,它们缺乏相应的战略规划目标,它们采购管理的目标仍是获取最低价格,相比起我国先进企业与大多数外企,还是很落后的,而且对于供应商的管理也没有准确定位,企业与供应商还处于原始的对立关系,采购双方属于零和博弈,采购体系是十分落后的，这样的企业大部分是没有意识也是没有能力实施绿色采购管理的。

第四，企业绿色采购的外部环境还需改善，比如说，消费者的绿色采购意识不够强，绿色知识不够普及，我国的消费者在消费中尚未形成优先购买绿色产品的习惯，据统计调查发现，绿色产品消费在我国社会消费品零售总额中不到10%，等于说，我国绿色消费尚未形成规模，如何引导消费者更多地进行绿色消费是改善目前企业绿色采购的外部环境的关键。

我国绿色经济较上述发达国家相比，起步发展慢了十余年，但21世纪以来，我国也发布了许多有关绿色采购的法律，比如2002年发布的《清洁生产促进法》中对环境保护有直接要求，2003年的《政府采购法》也明确规定了政府采购必须考虑环境绩效。所以说，我国法律是鼓励发展绿色采购的。不过，我国绿色采购的情势依然严峻。我国越来越多的行业开始出现绿色采购，但仅限大企业，我国的中小企业还没有能力或者说意识去实现绿色采购。

目前看来，我国大部分中小企业还未能实现绿色采购，有一部分原因是因为绿色采购改革往往前期会消耗巨大的成本，中小企业承担不起，这也是我国主要是中小企业没实现绿色采购的原因。所以要推行绿色采购，对政府来说，能做的就是为企业绿色采购提供好的外部环境，比如制定完善的绿色采购法律法规、运用经济调控手段，保护实施绿色采购的中小企业、推广绿色产品，培育绿色产品市场和循环市场、培育公众绿色意识等。

第三节 绿 色 制 造

一、绿色制造概述

人类自从开始进入现代工业社会以来，迅猛发展的工业经济一方面不断消耗着自然资源；另一方面产生了大量的工业废弃物和污染物。以至于现在的人类不得不面临阻碍现代工业社会经济发展的两大主要难题——日益匮乏的自然资源与逐年增加的废弃物污染。因此，近年来提倡的可持续发展的绿色经济观念愈来愈广泛地受到了人们的关注。在此背景下，绿色制造应运而生，旨在为解决影响人类现代工业社会的可持续的发展问题提供有效的解决方案。

绿色制造是指在充分保障了产品的功能、质量、成本的前提下，综合地考虑降低环境影响和提高资源利用效率的一种新型现代制造的模式。绿色制造从产品设计、制造、包装、运输、销售、使用到报废回收再利用的全生命周期中都对其进行了绿色化的处理，使得绿色制造产品在全生命周期中产生的能源消耗与对环境的污染都达到最小化的目标的同时使资源综合利用率最大化。

发展绿色制造在环境问题日益突出的今天具有重大意义。它有利于从源头上有效地减少制造业发展过程中产生的各种环境污染问题。绿色制造可以通过选用绿色环保材料、规划生产工艺减少生产过程中的污染以及使用绿色处理技术减少寿命终结产品产生的废弃物来降低产品对环境的影响。此外，发展绿色制造有利于提高产品生产的资源利用效率与生产效率，增加企业的经济效益。绿色工艺规划技术可以通过优化工序与加工处理方式以减少资源浪费，减少资源消耗的同时提高生产效率，从而使企业以更小的成本制造产品，达到效益最大化。绿色制造还有利于实现制造业的可持续发展，是21世纪制造业发展的必由之路。绿色制造选择的产品材料与包装均考虑了循环利用，同时绿色处理技术使产品实现再利用，均体现了可持续发展的思想。

二、绿色制造主要内容

绿色制造由绿色制造专题技术和绿色制造支撑技术，如图7-3所示。绿色制造专题技术是绿色制造技术的主体，一般包括绿色设计技术、绿色材料选择技术、绿色工艺规划技术、绿色包装技术和绿色处理技术等。绿色制造支撑技术一般包括绿色制造的数据库和知识库、绿色制造系统环境影响评估系统、绿色ERP管理模式和绿色供应链和绿色制造的实施工具与产品。

（一）绿色制造专题技术

1. 绿色设计技术

绿色设计技术是指通过综合地考虑绿色制造产品的功能、结构、质量与成本等工程因素，结合对环境的影响与资源利用效率，优化各项设计因素，使绿色制造产品在全生命周期内对环境的影响与资源消耗达到最小的目标的一门系统设计技术。

基于全生命周期的绿色设计步骤及程序：

（1）绿色设计目标的确定与分解。绿色设计的目标要依据产品需求而定，可以是多个，绿色产品不仅有功能、成本等工程方面的需求，环境协调性的需求也应当被考虑。

（2）绿色设计系统边界的设定。设计系统的边界就是绿色设计的范围，合理的设定系统边界可以有效减少设计工作的工作量，加快设计进度。

```
                    ┌─ 绿色设计技术
                    │
                    ├─ 绿色材料选择技术
                    │
         ┌─ 绿色制造专题技术 ─┼─ 绿色工艺规划技术
         │          │
         │          ├─ 绿色包装技术
         │          │
         │          └─ 绿色处理技术
绿色制造 ─┤
         │          ┌─ 绿色制造的数据库和知识库
         │          │
         │          ├─ 绿色制造系统环境影响评估系统
         └─ 绿色制造支撑技术 ─┤
                    ├─ 绿色ERP管理模式和绿色供应链
                    │
                    └─ 绿色制造的实施工具与产品
```

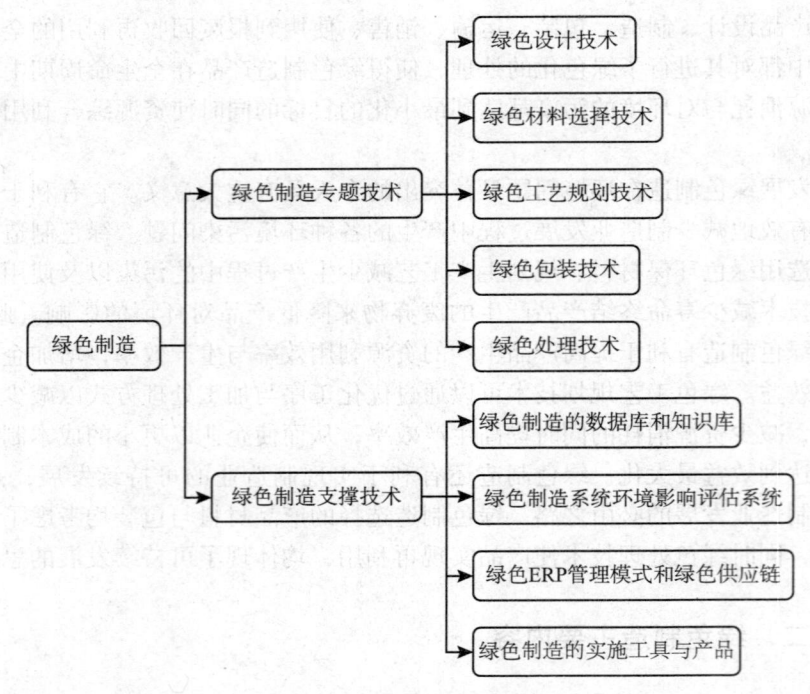

图 7-3 绿色制造的组成

（3）产品设计功能分析。当产品的设计目标与范围确定后，便可确定产品的总功能，产品的总功能一般使多个子系统的功能与离散单元的功能有机的组合。

（4）设计内容参数化。产品要进入详细设计阶段，必须先将设计内容参数化，产品设计参数必须满足产品的功能。

（5）详细设计。当设计参数确定后，便可以应用各种绿色设计分析方法对产品进行详细设计。

为了满足绿色产品对环境协调性、技术、经济特性的需求，绿色设计技术将多种现代设计方法有机地结合起来。下面介绍两种常用的绿色设计分析方法。

（1）系统论的设计思想。绿色设计需要综合产品全生命周期中的各种工程与环境影响等信息，这是一个复杂而庞大的工程。而运用系统论的思想对这些信息进行研究，找出其中的关联并分类信息，可以迅速抓住设计的关键点，并全面地满足设计的需求。

（2）产品生命周期分析。这是一种对产品在全生命周期内的资源消耗、环境影响程度等各项内容进行评估的产品评价工具。产品生命周期分析可以对产品的全生命周期中产生的各项有效数据和信息进行测定、分析评估，并且可以为产品的后续改善设计提供可靠有效的依据。

2. 绿色材料选择技术

绿色材料选择技术是指在满足产品的性能要求的基础上，综合产品环境影响与成本等多方面的因素，选择最优材料的技术。

基于全生命周期的绿色材料选择步骤及程序：

（1）产品及零件功能分析。功能分析是通过分析产品或零件设计的功能与性能来确定符合条件的材料范围的方法。

（2）材料初步选择。在材料的类型确定的基础上，通过工程计算可以实现材料类型的初步选择。

（3）材料的性能指标评定。材料性能指标是实现产品功能的保证，是材料选择时应考虑的主要因素。

（4）材料的环境友好度评估。通过对材料生命周期各阶段与材料相关的各类环境影响进行测定与汇总，可以为材料选择提供完整准确的环境友好度信息。

（5）材料的经济可行性评估。材料的成本在一定程度上决定了产品的成本，对材料进行经济可行性评估必不可少。

（6）材料选择的最优决策模型的建立与求解。综合考虑材料的性能、环境友好度、经济可行性，并建立模型选择最优的材料。

3. 绿色工艺规划技术

绿色工艺规划技术是指根据产品的制造工艺系统的实际生产使用情况，规划出在加工过程中，采用物料最少、废弃物最少、对环境影响最小的工艺流程的技术。

实现清洁生产是绿色工艺规划技术的主要目的之一。清洁生产的内容与实施途径如下：

（1）产品的绿色设计与绿色材料选择。

（2）绿色工艺规划与设备更新。

（3）建立闭合生产线，实现废物的零排放。

（4）实施科学的环境管理体系实现持续清洁生产。

4. 绿色包装技术

绿色包装技术是指通过优化包装方案，使产品包装过程达到资源消耗与废弃物最少的目标的技术。当今世界主要工业国要求包装应遵循"3R1D"（Reduce 减量化、Reuse 回收重用、Recycle 循环再生和 Degradable 可降解）原则。

5. 绿色处理技术

绿色处理技术是指在产品在使用寿命终结后，企业通过有效回收使废弃物最少的技术。绿色处理一般有多种方案，如直接再次利用、回收再制造等，每种方案的处理成本和收益视具体情况都有所不同，需要对每种方案进行评估与分析，计算出最佳的绿色处理方案，从而以最小的成本，获得最高的收益的同时使废弃物最少。

（二）绿色制造支撑技术

绿色制造专题技术的应用离不开绿色制造支撑技术的帮助。绿色制造的数据库和知识库可以为绿色制造的专题技术提供数据与参数支持，是绿色制造高效应用的保障。绿色制造系统环境影响评估系统负责评估制造过程中的物料与能源消耗状况以及产品全生命周期内的环境污染情况，是绿色制造中各项信息的来源。绿色ERP管理模式和绿色供应链在普通的管理模式与供应链的基础上还充分地考虑了资源消耗与环境影响等其他因素，为绿色制造的应用实施提供了平台基础。绿色制造的实施工具与产品则是辅助企业应用和实施绿色制造的软件与硬件产品。

1. 绿色制造的数据库和知识库

绿色制造的数据库和知识库使绿色制造实施者可以更加全面、便捷地完成绿色设计、绿色材料选择、绿色工艺规划以及绿色处理方案的初步制作，同时为方案的后续调整提供了信息与理论基础，是绿色制造技术高效应用的保障。同时，绿色制造的数据库和知识库也应当有实时更新的功能，实施者可以将通过绿色制造系统环境影响评估系统或其他渠道获取的有效信息输入系统，以保证数据库和知识库的信息不丧失时效性。

2. 绿色制造系统环境影响评估系统

绿色制造系统环境影响评估系统负责评估制造过程中的物料与能源消耗状况以及产品全生命周期内的环境污染情况，是绿色制造中各项现场信息的来源之一。由于绿色制造系统环境影响评估系统需要评估与收集的信息众多，因此如何确定一个科学有效的评估方法来确保系统的准确性是当前的绿色制造系统环境影响评估系统亟待解决的问题。

3. 绿色ERP管理模式和绿色供应链

绿色ERP管理模式和绿色供应链在普通的管理模式与供应链的基础上还充分地考虑了资源消耗与环境影响等其他因素，为绿色制造技术的应用实施提供了平台基础。绿色ERP管理模式和绿色供应链是保证绿色制造技术长期改进与实施的必要前提，只有绿色制造的理念要在全供应链上贯彻落实，绿色制造技术的实施才有意义，而绿色ERP管理模式正是企业与供应链落实绿色制造理念的途径。

4. 绿色制造的实施工具与产品

绿色制造的实施工具与产品是辅助企业应用和实施绿色制造技术的软件与硬件产品，包括计算机辅助绿色设计、绿色工艺规划系统、绿色制造的决策支持系统、ISO14000 国际认证的支撑系统等。

三、绿色制造专题技术选择

制造业几乎涵盖了工业的各个方面，绿色制造在不同的行业中应用的技术内容以及侧重点也有所不同。目前，中国的制造业大致分为三类：一类是轻纺工业，占我国制造业的比重为 30.2%；一类为资源加工工业，占 33%；还有一类为机械、电子制造业，约占 35.5%。下面列举这三类制造业中的绿色制造选择。

轻纺工业囊括了食品、饮料、烟草加工、服装、纺织、皮革、木材加工、家具、印刷等行业。食品行业与烟草加工等行业的绿色制造一般是应用在加工过程中——通过工艺规划技术使得加工过程无浪费；在饮料等产品独立包装的行业中绿色包装技术是关键，且应当考虑循环包装材料；服装、纺织等产品废弃后难以回收的行业应当考虑绿色材料选择技术，选择环境影响较小可降解的材料；皮革、木材等需要自然材料的行业则需考虑工艺规划技术将加工过程中的资源利用效率提高，降低对环境的影响。

资源加工工业囊括了石油化工、化学纤维、医药制造业、橡胶、塑料、黑色金属等行业。传统资源加工工业属于污染重灾区，因此，资源加工工业在产品的全周期都应该考虑将污染影响降低同时使废弃物最少，一般来说，绿色工艺规划、清洁生产、绿色处理是该行业绿色制造应当侧重考虑的。同时，像橡胶、塑料、金属等这类废旧产品可回收的行业，应当考虑建立专门的回收再制造机制或网络，方便对废旧产品进行绿色化回收处理。

机械、电子制造业囊括了包括机床、专用设备、交通运输工具、机械设备、电子通信设备、仪器等行业。机械、电子制造业的绿色设计技术则显得尤为重要，需要综合考虑产品全生命周期内的工程因素以及环境因素以增加产品的可拆卸性、易维护性、可回收性等。产品材料选择要考虑经济效益与环境效益相协调，选择少污染或无污染、易回收的绿色材料。在加工过程中，利用工艺规划技术，采用高效设备，减少或优化复杂工艺的步骤，去除或改善存在污染的流程。同时，绿色处理技术可以为寿命终结的产品创造新的价值，增加企业的经济效益。表 7-3 对制造中不同问题的绿色专题技术选择进行了归纳。

表 7-3　　　　　　　　　　　绿色专题技术选择

项目		绿色制造专题技术				
		绿色设计技术	绿色材料选择技术	绿色工艺规划	绿色包装	绿色处理
传统制造业可能存在的问题	生产过程造成污染	√	√	√		
	生产转化率低		√	√		
	能源消耗量大		√	√		
	生产效率低			√		
	包装问题	√			√	
	使用过程造成污染	√	√		√	
	产品维护性差	√				
	报废产品造成污染	√				√
	报废产品存在价值	√				√

四、绿色制造的外部驱动

（一）政府的法规与补贴

制造业的可持续发展能力在某些方面取决于绿色制造水平，世界各国都已经广泛地认识到绿色制造的重要性。因此，积极制定绿色制造奖励政策成为各国现阶段寻求传统制造业的绿色转型升级的行动之一。绿色制造被美国列为《先进制造伙伴计划 2.0》中 11 项振兴制造业的关键技术之一，德国将"资源效率（含环境影响）"列为"工业 4.0"的八大关键领域之一。英国《未来制造》中提出实施绿色制造提高现有产品的生态性能，重建完整的可持续工业体系，实现节材 75%，温室气体排放减少 80% 的目标。《中国制造 2025》将绿色发展作为主要方向之一，明确提出全面推行绿色制造。

目前，中国多个省市政府已经推出了绿色制造鼓励政策来激励企业运用绿色制造生产产品。下面列举北京市与黑龙江省的相关政策。

北京市：《关于开展 2018 年度北京市绿色制造体系建设示范名单申报工作的通知》指出，已入选国家级绿色制造示范名单的企业自动入选市级示范名单，未来国家级绿色制造项目原则上从市级示范名单中推荐上报。对入选本市及国家级绿色工厂、绿色供应链示范名单的企业，给予一定额度的奖励资金。

黑龙江省：《2018 年全省工业领域奖补政策》提出，对承担绿色制造等专项，并获得国家财政专项资金支持的项目。按获得国家财政资金实际支持额度的10%予以资助，单户企业最高不超过500万元。

（二）经销商的环保要求与补贴

随着社会整体的绿色环保意识提升，符合绿色标准的产品将更受消费者欢迎。因此，各大企业或经销商开始和供应商签订新的协议，要求供应商提供绿色制造的产品或符合绿色环保标准的商品。并且为了提高供应商参与的积极性，各大企业或经销商将对进行绿色制造创新或环保表现优异的供应商提供补贴。

沃尔玛是一家美国的世界性连锁企业，其已经在节约经营成本、搭建与完善物流配送系统以及供应链管理等方面取得了巨大成就。最近这些年，沃尔玛制定了一系列的绿色供应链管理战略，对它旗下的供应商提出了绿色制造的要求，并对战略实施过程中表现优异的供应商进行了奖励。

基于2005年制定的"可持续发展360度战略"，沃尔玛提出了"环保360计划"与一系列倡导环保商品以及环保包装的项目。"环保360计划"就是在沃尔玛所销售的产品中，必须是100%采用可再生能源、制造零耗费，并且只销售和环境能源相协调的环保产品。在2010年，沃尔玛为了全面地实现这一计划的目标，开始实施环保积分卡项目，对它旗下的供应商提供的商品进行实时的网络跟踪。这个积分卡事实上是一种为沃尔玛信息系统服务的软件，以表格的形式呈现结果，供应商必须如实输入每个商品的详细信息，沃尔玛会负责抽查数据是否属实，这些数据包括商品名称、条码编号、运输距离、产品包装材料等方面的信息，由于不同的因素对环境的影响程度不同，沃尔玛依据表格上的信息为所有因素都设置了权重，再将各种因素的得分相加得出总积分，并且进行排名，对排名高的供应商进行奖励，对排名低的供应商则进行惩罚。同时，沃尔玛将绿色制造等内容列为供应商的表现的评估标准之一，对于在评估中未达标的供应商，沃尔玛将不再与之合作。同时，沃尔玛承诺对遵守这些环保规则与认同可持续发展战略，并且为沃尔玛高质量产品的供应商采取一定的政策倾斜，甚至可以根据具体情况以更高的价格收购他们的产品。

五、绿色制造的未来发展趋势

绿色制造将在研究与应用的过程中愈来愈体现全球化的趋势。近年来的全球化的市场为绿色制造的全球化发展提供了坚实的基础，而目前世界通用的ISO14000系列标准则为其提供了全球化的发展依据。

绿色制造的发展将获得更多的政府与社会支持从而体现社会化的趋势。政府将出台相关的政策方法来扶持该应用绿色制造企业的发展，市场也将愈来愈倾向于绿色产品。市场经济的机制将对绿色制造的发展起促进作用。

绿色制造的广泛应用与普及必将引起一波新兴产业崛起的潮流，因此，产业化也是绿色制造的未来的发展趋势之一。制作绿色制造的实施工具与产品的产业与由传统制造业进行升级而来的绿色制造产业将是最早出现的两个产业。相关专家认为绿色制造产业化的出现能够大幅度地助推绿色制造的前进与发展。

对绿色制造的系统研究和集成研究将使其发展出集成化的趋势。因为绿色制造涉及产品的整个生命周期，并且涉及企业生产经营的各个阶段，所以集成化的绿色制造将利于系统地解决问题。当前，绿色制造的集成化更多的限于生产制造过程，未来系统化集成更多的内容的研究将成为绿色制造的重要趋势。

并行化也是近年来绿色制造发展的一个重要趋势。所谓绿色制造并行化是指在绿色制造实施的过程中使用并行工程的知识，将各个原本独立的环节联系起来。并行工程是一种系统方法，它要求在产品的设计阶段考虑产品在整个生命周期内遇到的所有问题并综合地提供设计解决方案，并在设计完成一部分后同步实施下面的步骤，实时反馈改进设计，以加速整个设计生产过程同时完善产品。绿色制造与并行工程的结合必定将为制造业提供新的活力。

人工智能与智能制造技术将应用于绿色制造中，使其呈现智能化的趋势。人工智能技术将帮助处理产品整个生命周期产生的各种数据并建立联系以获取最优化配置，而智能制造技术将为清洁化生产以及其他过程提供更优选择。

第四节 绿 色 物 流

一、绿色物流概述

在日益全球化的世界中，物流活动的重要性日益显著。罗兰贝格咨询公司的一项研究预测表明，2014~2019 年，物流市场将以每年 2.4%~3.0% 的速度增长。伴随着物流活动的快速发展，日益增多的污染排放也越来越受到人们的关注。其中，温室气体排放就是一个典型例子。据世界经济论坛 2009 年的估计，物流活动已经造成每年有 2800 亿吨的温室气体排放，并预测未来几年货运运输的碳排放将会不断增加。物流活动的污染排放会对环境造成极大破坏，包括大气、水资源、土壤等，如图 7-4 所示。例如，排放到大气中的温室气体，直接会导致局部空气污染，还会间接影响全球气候变化，导致全球变暖。为降低物流环节中的资源消耗、提高物流活动的环保友好水平，发展绿色物流的呼声越来越强烈。

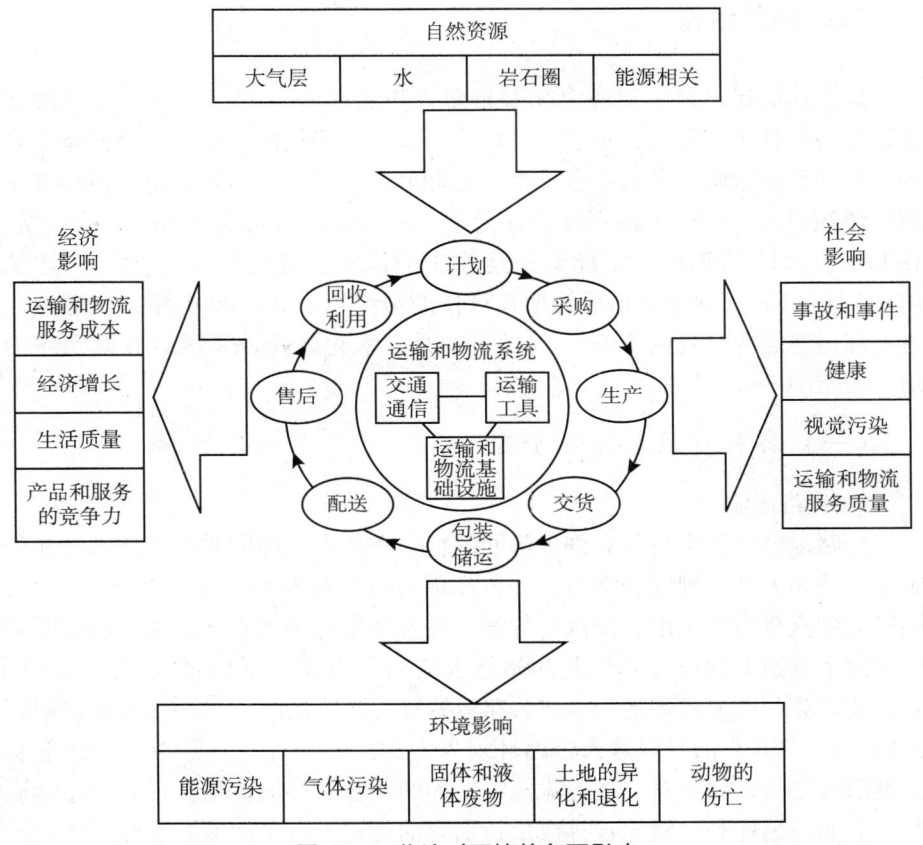

图 7-4 物流对环境的负面影响

通常，绿色物流是指在物流过程中抑制物流对环境造成危害，同时减少对资源的消耗。绿色物流的任务是在资源消耗和污染排放处于尽可能低的情况下，以合理的成本在准确的时间在正确的地点提供正确数量的所需产品。从物流作业环节来看，主要包括绿色运输、绿色包装和绿色仓储等。

企业通过实施绿色物流，可以获得如下好处：从长远角度提高企业的财务业绩；有效利用组织的生产资源，提高资源的可持续性；有效的资源管理（包括减少、处置和再利用废物）有助于降低运营成本、减少罚款和获取税收优惠；将服务和产品定位为环保产品可以吸引环保型客户（合作伙伴）、提高公司的形象和市场声誉，提高产生产品差异化和竞争优势；引入绿色技术可以降低因违反环境标准和使用不道德商业行为而承担责任的风险；企业、供应链合作伙伴、员工和客户参与长期绿色解决方案的开发和实施，有助于加强企业与客户的长期合作关系、提高企业的社会企业责任形象。

二、绿色运输

运输在确保可持续发展中起着重要作用，因为一方面，运输是解决社会，经济和技术问题的最重要工具；另一方面，运输的功能对环境产生了各种各样的负面影响，并且危害人类生命和健康。此外，运输系统是供应链中能源消耗最大，对环境最不友好的元素。根据国际能源署（IEA）的数据，在1990~2011年期间，全球交通运输中的能源消耗增长了近55%，达到102焦耳（EJ），交通运输成为增长最快的最终用户区。2001年，交通运输占全球最终能源消耗的27%，伴随着的是二氧化碳排放量随着能源消耗的增加而增加。

（一）各种货运工具与污染

1. 公路运输

公路运输尽管本身具有许多鲜明的特征和优点，却同时严重地影响和危害着自然和人类的健康和生命，如汽车的有毒物质和尾气能直接污染空气，燃料油能直接污染土地，而汽车的噪声更容易使许多人心烦意乱，遗憾的是许多汽车制造商和设计者对此却始终未能为人类做出任何重大贡献。近年来，我们党和国家逐步地加大对公路运输环境污染的综合治理的力度，制订实施了到2020年的打赢蓝天公路环境保卫战的行动计划，其中的一个重要关键因素之一，就是对交通运输能源结构的调整和环境优化。目前公路运输的主要能源消耗和二氧化碳排放量特别大的是重卡汽车运输的超标污染物排放，是对公路运输绿色经济在实现绿色建设和发展过程中需要重点研究和关注的基础性问题。因此，转变当前我国发展公路运输绿色经济的发展思路和模式，建设公路绿色交通运输的管理体系，坚持公路运输绿色经济发展，是对社会主义经济的发展和环保的必然内在要求，是有效保障和促进改善社会经济民生水平的一个关键。

2. 铁路运输

铁路从很久以前开始就是国民经济的大动脉。它由一条南北交错，东西走向横贯的电气化铁路线和沿线的各站、段、厂，编织而成一个全国性的铁路交通运输网络。这个是沟通全国铁路和城乡轨道交通、繁荣经济、联结内外交通运输的重要交通网络，同时也被认为是全世界造成能源和环境污染的一个主要的流动通道和污染源。

3. 水路运输

水运以其货物运输量大、成本低等的优点在我国乃至世界的货运量上一直占有不可动摇的重要地位，而远洋海运又是我国水运中及其重要的一部分，地球70%的面积都为巨大的海洋所直接覆盖，海洋货物运输每年的实际货运量就已经占到了世界总实际货运量的70%以上。随着我国社会经济的进一步发展和现代科学工程技术的突飞猛进，水运所可能带来的对环境严重污染和资源的破坏也在日益严峻，并深刻地引起了我国乃至世界其他各国的重视和关注。目前造成海运环境污染的原因和形式多种多样，而这其中又以海运发生的原油天然气泄漏环境污染事故最为显著，除此之外，船舶污水的排放，固体废弃物的合理排放，大气污染，都对该地区的环境也造成了不同程度的环境污染影响。

4. 航空运输

航空运输对于环境的直接污染影响，主要表现在以下两个方面：一是航空产生的大气污染；二是航空产生的噪声污染。其中，噪声污染尤其重要也受到了社会人们的高度注意。

对于大气污染，就一个单位的运输量所产生和消耗的实际运输能量而言，航空运输的总量是陆上运输的数倍，是水上航空运输的数十倍，因而，所需要产生的运输量和大气污染也会因此而相应成倍地增加。航空运输过程引起的降水和大气污染主要是发生在高空。恶劣天气可以直接影响当地气候，使得降水中各种有害物质的含量增加。为了降低航空运输过程引起的降水和大气污染，除了通过技术改进新风能发动机和太阳能飞机的线形，以有效降低飞机的能量消耗外，研制使用太阳能的飞机和低能耗的发动机和现代航空飞艇，有着一个极其重要的作用和意义。

对于飞机场的噪声污染，近年来，由于我国大中城市的不断扩大，飞机场周围逐渐市区工业化，以及喷气式航空运输飞机的发展，飞行架次的增加等，使得航空运输飞机场噪声的问题，日益地成为引人注目的一个社会与经济和环境的问题。对于航空运输飞机场的噪声污染采取的措施和对策，大体上来说可以划分为两类：一类主要是降低了发动机声音的主要噪声源作为对策；另一类主要是采用隔声的设施作为对策。隔声即如何在航空运输飞机场周围有效地设置各种隔音的设施，降低或有效地消除飞机场的噪声和环境危害。而有效地设置各种隔声的设施，又可以大体上分为发动机隔离噪声源和发动机遮断噪声两类。

5. 管道运输

油气长输管道对安全和生态环境影响最严重的油气安全事故之一就是油气运输管道断裂事故造成的油气运输管道泄露。它的主要事故原因是来自两个主要方面：自然灾害和各种人为因素。自然灾害的因素包括自然地震、山洪、雷击等自然现象，而各种人为因素为有人蓄意的破坏所造成的油气安全事故。如非法偷盗犯罪分子在油气运输管道上的钻孔非法偷油、盗窃管道及其附属油气运输设施的重要零部件等。因这种偷盗行为而发生的运输管道泄露对周围地区土壤的理化性质、地面水和其他地下水、大气和其他生态环境都可能会造成一定的影响。

（二）绿色运输与措施

绿色运输是指以有效节约能源、减少对废气的排放和低污染为基本特征的公共交通运输。其制定和实施绿色运输途径主要内容包括：优化运输、增强公民的环境保护意识和做好交通沿线或区域内的绿化工作。

1. 优化运输

优化运输可以通过避免运输、减少运输和运输路线长度等方式减少运输的环境的负面影响。首先，通过对产品进行数字化和远程传输，可以避免产品运输的发生。已经实现的产品有软件、音乐、书籍和电影。通过增加使用3d打印机，这一趋势可能还会扩展到其他产品类别，对物品的分享也会避免运输的发生。其次，通过减少的运输数量和缩短路线的长度可以来实现减少运输。运输数量的减少可以通过捆绑运输、匹配货物流动、减少空载运行、增加装载空间利用水平来实现。最后，在战略层面上进行供应链网络的设计可以减少运输路线长度。例如，物流网点重新选址，优化仓储水平和仓库数量。在更实用的层面上，可以通过使用智能运输系统来改进方法追溯和跟踪配送员和车队，以改进运输线路。

优化运输还包括合理地选择运输工具和路线，在保证运输成本尽可能低的情况下实现节能和绿色减排的交通运输目标。

2. 增强公民的环境保护意识

从目前全世界和我国对环境保护状况来看，我国的公民对于开展环境的保护活动各方面的理解和意识普遍水平相对较低，大部分环保的活动都实际上是由环境保护相关的机构和社会组织参与进行的，很少有任何个人及其组织自发地参与开展环保的活动，在对环境的保护活动全过程的保护中，无论地方政府投入多少的物资，没有了公民的参与和配合都有可能是难以实现的。在对公路交通的运输中，公民也同样应该充分地具有自觉承担保护环境的社会责任意识，形成对环境的危机意识，并进一步建立对环境保护的理念，落实对环境的保护措施。以此例如，在较短步行距离的路程中，尽量适当地选择使用步行或者自行车。总之，环境的保护活动离不开经济社会和人民群众的全员共同参与，如果每个人都自觉地投入参与到了环境保护的意识和活动中，那么由于公路交通的运输所可能造成的环境污染将有可能会大大地减小。

3. 做好交通沿线或区域内的绿化工作

树木同样可以有效吸附空气中的颗粒物，净化了空气，减轻普通车辆行驶带来的空气污染，降低了噪声。据科学家估计，一亩树林的意念可以有效吸收各种污染物的灰尘 20~60 千克。如果一颗中等大小的桦树，约有 20 万片的叶子，相当于 2 亩地的面积，就已经能有效截流大量的粉尘和飘尘。树木对草坪的净化和降尘的效果也很大，草坪上对滞留尘埃的净化能力比一般裸土大 70 倍。而树木对于有毒气体的吸收具有净化和降尘功能，树种不同，对于污染物的吸收和净化反应不同，净化的能力也就会有很大的差异。但是，当室内污染物的浓度已经超过一定的限度时，即使我们是对环境抵抗性强的部分植物也可能使环境受到很大的伤害。只有当我们的植物和环境都处在有毒气体能够影响我们生存的恶劣环境条件下时，它们才能有效吸收少量的有毒污染物质，具有净化和滤尘的作用。表 7-4 展示了能够有效吸收室内空气有毒污染物的部分植物。

表 7-4　　　　　　　　能吸收空气污染物的部分植物表

污染物质	植物名称	
	木本	草本
SO_2	珊瑚树、女贞、大叶黄杨、臭椿、刺槐、广玉兰、榆、紫藤、木麻黄、侧柏、棕榈、泡桐、桑树、龙柏、柳、柿、水冬瓜、重阳木、石榴、合欢、柑橘、柳杉、夹竹桃等	鸢尾、玉簪、番茄、玉米、甜菜、马铃薯、黄瓜、芹菜、菊花
NO_x	石榴、合欢	黄瓜、苏铁、向日葵
光化学烟雾	洋槐、柳杉、银杏、夹竹桃	白菜

三、绿色包装

（一）绿色包装概述

绿色包装的理念发源于 1987 年联合国环境与发展委员会发表的《我们共同的未来》，到 1992 年 6 月第二次联合国环境与经济合作发展组织大会一致通过了《里约环境与发展宣言》《21 世纪议程》，随即在中国乃至全世界的范围内迅速掀起了一个以保护人类生态环境利益为主要核心的全球绿色包装浪潮。绿色包装也可以被简称为无公害绿色包装，是指能够进行循环复用、再生利用或有效降解生物腐化，而且在绿色产品的整个使用生命周期中对于人体及周围的环境不造成任何公害的适度利用包装。它的核心理念其实有两个非常多方面的重要性和含义：一个的核心就是如何保护环境；另一个的核心就是如何节约资源。

具体来说，减少绿色塑料包装应具有以下含义：第一，积极实施减少环保和绿色包装的工作。环保和绿色包装应被视为目前在满足环保、便利和销售等主要功能的实际条件下使用量最少的中等绿色包装。欧美等世界各国都将环保和绿色包装的减量政策列为加快发展环保无害绿色包装的首选政策措施。第二，包装废料应易于重复利用或易于回收。回收利用的主要目的是回收包装废料，生产回收的塑料产品，燃烧回收的塑料热能，堆肥以改善废物和土壤等。它不仅不会严重污染环境，而且会充分利用自然资源。第三是确保塑料包装中的废物可以有效降解和抗腐败。为了不严重形成永久性的塑料包装废料，不可回收的塑料包装废料的塑料制品应能有效分解，从而达到抗氧化的目的，提高了土壤的利用率。世界上所有行业和国家都非常重视并开发可生物降解或光降解的绿色包装材料。第四，绿色包装材料应对人体和周围生物无毒无害。包装材料中不应含有有毒物质或其他有毒物质的任何成分的含量应严格控制在相关的国家标准以下。

（二）绿色包装材料

绿色包装材料是指在产品全生命周期内不会对于人体健康及自然环境造成危害，而且在其使用后可以直接进行自行降解或直接实现资源回收再利用，同时还可以最大程度降低对于不可再生资源的利用和消耗。在当前我国的政策和资金支持以及绿色包装产业和技术大发展的背景下，我国在可降解绿色环保包装材料的研究和生产方面已经取得了较大的突破和发展，绿色环保包装材料在绿色包装行业应用领域也已经得到了更广泛的研究和应用，具体包括可降解绿色包装塑料、纸质绿色包装材料、可食性绿色包装材料。

可降解塑料生产包装材料主要是基于我国传统的可降解塑料生产工艺，在其中分别添加了多种生物化学降解剂、光敏剂、改性塑料和淀粉等主要原料，降低了我国传统包装塑料的化学稳定性，提升了绿色包装塑料在自然环境利用过程中的安全性和降解利用速度。其中较为成熟的可降解生产包装材料技术主要有可降解水溶性绿色包装塑料薄膜、聚乳酸可降解绿色包装塑料、淀粉基可降解绿色包装材料等。当前，可降解塑料纸板是我国绿色可食性包装材料中较为典型的一种代表。可食性纸质包装材料的产品具有易降解、可持续回收、原料广泛的特点和应用范围广等优势，在生活中最为常见，是世界乃至我国目前应用最广、最早的一种可食性绿色包装材料，其中比较典型的代表产品有可食性蜂窝模塑纸板、纸浆模塑等。目前可食性纸质包装材料大都以可食性的脂类、纤维、淀粉、蛋白等可再生、食品级的自然资源包装材料作为其生产的原料，这种可食性材料在最近几年逐渐的兴起，实现了真正的完全无任何废弃物、无任何污染，但是虽然生产这种可食性材料仍然需要充分依赖先进的生产工艺及各种专用的生产设备,具有相对较高的利用率和生产成本。

（三）我国实现绿色包装的主要手段

1. 完善法规制度

建立一个健全健康绿色的绿化包装纪律法规、其他运行机制健全的绿色包装纪律法规和其他的运行机制本身其实就是有效率的节约和合理利用其他包装产品环境的水资源,防治其他包装产品环境污染的重要技术手段和基本保证,包装物的生产加工原料取材、用量以及其他包装物的制造生产过程中的其他包装废气、污水的合理排放和综合处理以及其他包装环境废弃物的合理利用回收、再生产利用和其他包装物的合理再生产和利用等都非常多的需要充分依靠这些相关的包装法律、制度和其他一些关于行政的、经济的相关政策措施和其他技术手段相互地结合执行起来这样才能使其得以有效实现。

2. 开展广泛的宣传教育,营造良好的绿色包装社会氛围

包装物的广泛使用已经涉及范围达到了千家万户,发展一个绿色的包装事业离不开广大的人民和群众的大力支持和积极配合。广泛地宣传人民群众,提高人民群众对于绿色包装的主观认识和能力是一项非常重要的基础性工作。我们要通过充分利用广播、电视、报纸等各类新闻媒体和寓教于乐的其他活动等方式,向人民群众广泛讲明绿色包装农产品和废弃物的回收再处理和利用的重要性和好处,不断地增强其自觉性。特别是从绿色包装娃娃抓起,在中、小学,幼儿园就要对孩子们开展绿色包装利废为宝的基本知识教育和群众分投绿色包装垃圾的教育等生活小常识的教育,让他们从小就可以养成好的包装生活习惯。只有努力营造一个良好的绿色包装社会环境和氛围,绿色包装的持续健康发展才使社会更加具有牢固的社会经济基础和重要的保证。

四、绿色仓储

绿色仓储管理的重点是能源效率和土地利用。根据2009年世界经济论坛的估计,在物流活动的2800兆吨温室气体排放量中,约有10%是由物流建筑物造成的。绿色仓储管理主要包括绿色存储、绿色转运和减少存储空间。

绿色存储旨在提高仓库的能源效率,包括仓库中的电力和照明的能源效率和加热和冷却系统的能源效率。在提高电力和照明能源效率方面,可以采用如下措施：定期清洁灯具,采用节能照明技术,有效利用日光,采用移动识别照明,使用能源监控系统。在提高加热和冷却系统能源效率方面,可以

采用如下措施：应用现代加热和冷却系统，保持良好的绝缘性，做到精确的温度控制等。除这些措施外，仓库内的运输工具也可以更环保，例如使用电动叉车，减少不可再生能源的消耗。

这些措施不仅对仓库的可持续性产生积极影响，而且对仓库使用成本（降低照明，加热和冷却成本）都有积极影响。但是，它们增加了仓库建设的成本，如建筑物和设备的成本更高。因此，在仓库建设中，这些成本计算应纳入全生命周期成本。此外，建筑材料可以多使用可再生资源。例如，奥地利的 Schachinger 公司建立了一个由木材制成的高架仓库，它结合了建筑生态、生命周期成本、能源效率和工作场所质量等标准。

第五节 绿色营销

一、绿色营销概述

20世纪90年代，"绿色"的概念深入人心，而在绿色消费的驱动下，一种能与自然和谐相处，维护自然生态的营销方法——绿色营销应运而生，并在之后迅速得到应用发展。

绿色营销是企业在力求实现经济利益、消费者利益与环境利益共赢的同时，以保护生态环境为原则，通过科学规范的方法预测符合绿色发展的市场需求，并据此构思、设计、制造和销售产品，自觉保护自然生态环境，实现循环经济的一种管理过程。

绿色营销和传统营销都是一种满足消费者需求的营销方法，他们都追求利益最大化，他们所销售的产品都具有安全性、实用性和竞争性。但绿色营销不同于传统营销，第一，绿色营销强调人类社会的可持续发展，重视环境污染，资源短缺问题，注重可再生资源的利用开发。第二，绿色营销追求整体利益和长远利益，承担了更多的社会责任。而传统营销追求的是企业利益最大化。绿色营销认为企业通过绿色制造、绿色生产、绿色销售可以树立良好的社会形象，增加企业信誉，提高企业收益，实现企业利益和环境利益共赢。第三，由于绿色营销强调产品全过程的绿色化，因此绿色产品各个方面都需要考虑到环境因素。例如产品的原材料和生产方式要考虑对环境的污染程度，产品的促销要尽可能选择低能耗低污染的方式，产品的包装要考虑绿色化的问题。第四，绿色营销开始注重产品的个性化，不再一味通过大规模销售谋求利润。

二、绿色产品的定价策略

企业是以营利为目的的组织团体，它在生产产品时，需要考虑产品的需求，竞争与盈利情况。绿色产品的生产要受到各种资源保护政策的约束，要考虑对环境的污染、资源耗费等问题，同时在前期要进行大量的投入。这些举动增加了绿色产品的成本，同时在无形中增加了企业对绿色产品的期望。企业为了从绿色产品中获得满意的收益，势必会希望绿色产品的价格会高于普通产品的价格。而消费者在选择产品时，会对产品的价格进行一个预估，如果产品的价格超过了消费者预期的产品价格，消费者会对产品的印象下降，可能会放弃购买这个产品，转而购买其他具有相似功能的产品。消费者对绿色产品的满意度下降，绿色产品的需求大大降低，这有违企业的盈利目标，削弱了企业竞争力，不利企业发展。因此如何制定合理的价格对企业来说尤为重要。

（一）绿色产品定价影响因素

企业要对绿色产品进行定价，首先应该了解价格的影响因素。传统产品的价格由产品的成本、竞争、供求关系等因素决定，而绿色产品要考虑前期的投入，环境成本与资源成本，其价格的影响因素与传统产品略有不同，包括了绿色成本、绿色需求、营销目标、竞争、其他营销组合变量等因素。

1. 绿色需求

绿色需求对绿色产品的价格影响机制与传统产品的需求对价格的影响机制并无二致，但绿色需求的价格敏感性和产品的需求弹性与传统产品略有不同。由于消费者的环保意识逐渐增强，消费者对低能耗、低污染、低毒、可再生、可回收的绿色产品的价格敏感性一般较小。企业的绿色形象越深入人心，消费者的素质与环保意识越高，消费者对绿色产品的价格敏感性越小。例如消费者对无磷、低磷的洗衣粉的价格敏感度要小于普通洗衣粉，消费者更注重洗衣粉的品质。在欧美国家过半数的消费者在购物时会考虑商品的绿色程度，并且愿意为绿色产品多支付一部分价格。据权威机构调查分析，国内每年绿色食品需求占总食品需求的比例也在逐步上升。

2. 绿色成本

绿色产品成本组成要素中除了传统的成本因素外，还包括了由于"绿色"而产生的额外成本。这些额外成本包括：（1）研发绿色产品增加的费用。（2）绿色产品生产过程中增加的费用。例如绿色产品使用环保材料代替原材料产生的费用，使用清洁技术带来的制造成本的增加。（3）绿色产品的包装和运输过程中费用的提高。例如快递公司为了实现快递包装的绿色化，推出的"绿色"包装和纸箱回收计划，企业为了回收纸箱而建立的纸箱回收系统，需要投入大量的资金。此外由于可降解材料的采购成本比常规物料贵一倍以上，且国家尚无明确政策扶持，也增加了很多包装费用。（4）申请绿色产品标准证明带来的费用的增加。企业为了得到消费者信任，证明产品的绿色，需要一个具有公信力的组织对企业的产品进行核查，那么企业核查带来的费用也会带来成本的增加。（5）由于绿色营销增加的管理费用。企业为了产生合格的绿色产品，要对员工进行培训监督，在生产车间粘贴警示标语等，这都会使得产品的管理费用增加。（6）资源成本。在传统营销中，自然资源有价值，没有使用价值。但是在人们意识到地球上的资源并不是取之不尽用之不竭的时候，获得资源不再是无偿的，企业需要将自然资源的成本一起计入。

当然绿色成本不是一味地增加，有些成本会因为绿色管理而降低。例如，研发绿色产品，使用环保材料有可能带来成本的降低。生产中使用清洁技术可能带来水电资源的节省，排污费也因为污染物的减少而降低。此外，摒弃不必要的产品包装会带来单位成本的降低。

（二）绿色产品的定价方法

由于现在绿色产品的成本一般略高于传统产品，那么企业如何制定绿色价格成为一项重要决策。各个学者对绿色产品有着不同的定价方法，但大多都从绿色产品的影响因素出发，制定绿色产品的定价方法。

1. 需求导向定价法

企业从目标市场出发，预估消费者的需求量，消费者对价格的敏感性，预测该价格下消费者愿意并有能力购买的产品量，最终选择一个达到或者超过企业目标的价格。当产品的需求量很大，或者产品对价格的敏感程度低，企业可以制定较高的价格，谋求更大的收益。由于绿色产品的价格敏感性一般较低，所以绿色产品的价格可以略高于传统产品。

2. 成本导向定价法

从企业成本出发，根据企业目标对企业的成本进行一定的加成，或者根据预计的销售量，用企业的目标利润来计算产品的价格。企业在使用成本导向定价时，要注意到绿色产品的成本不同于普通产品，它需要考虑资源成本和环境成本。

3. 竞争导向定价法

从市场的竞争情况出发制定产品价格。如果产品面对的是寡头市场，市场竞争力较小，企业可制定的价格范围较大，可以按照市场平均价格来制定产品价格。如果企业面对的市场竞争较大，或者企业迫切想要打开市场，企业可以以一个较低的价格进入市场，通过低价吸引顾客，挖掘潜在顾客，同时产品可能由于销量的增加产生规模经济致使成本降低，但是企业价格过低可能引起价格战加剧竞争情况，而且当企业占据了市场后，为了提高利润增加产品价格，可能会引起消费者的不满，败坏企业形象，易失去顾客。

4. 价值感知定价法

消费者对于直接影响其利益的绿色产品的价格敏感性较低，如绿色食品、粉末涂料等。对于这些产品，消费者从中得到了直接的好处，所以消费者对其价格敏感性较低。企业可以制定较高的价格。但对于低氟家用制冷器等不直接影响消费者利益的产品，消费者对它的价格敏感性较高，因此该类绿色产品的销售价格不可太高。这类产品可用于帮助企业树立绿色形象，同时得到稳定收入。

三、绿色产品的分销渠道

产品或者服务从生产者到消费者中间经历的所有的组织和个人（包括代理商、经销商、零售商等）所组成的通道称为分销渠道，它保证适量的产品在适当的时间被运输到正确的地点。分销渠道可以对产品进行分类，并通过中间商将产品送到各个地方，保证了资金的回流和产品的市场占有率。若分销渠道一旦被确定，企业想要对其进行修改就需要耗费大量时间资金。并且由于现在还有消费者对绿色产品并不熟悉，企业为了保证绿色产品的市场可以被顺畅的打开，就需要重视产品的分销渠道，以确保达到企业预计的市场占有率。

（一）绿色分销渠道的类型

绿色分销渠道是指产品从生产者到消费者的通道，根据中间商的数目和产品的流动方向可将绿色渠道分为直接渠道、间接渠道。

直接渠道：又称零级渠道，是指绿色产品直接从生产者运输到消费者，其间没有经过中间商的渠道。品牌商在网上建立官网，直接销售产品给消费者就是一种最常见的直销方式。直接渠道减少了产品在中间商所耗费的时间，避免产品在运输途中的损耗，保证了绿色产品的品质，减少建立仓库的数目，降低了产品的运输成本。例如绿色蔬菜从生产者直接运输给消费者，减少蔬菜在运输过程中可能发生的磕碰，降低了绿色蔬菜的二次污染的概率，避免蔬菜由于在仓库中堆积而腐烂，提高企业的利润。但直接营销往往不能覆盖每个地方，不利于产品市场的打开。直接营销适用于公信力强、知名度大的企业。而且现在的电脑、电视、网络营销成本较低，且受众广，有利于企业提高自己的知名度，为企业直销提供了条件，有利于直接渠道的发展。

间接渠道：又称多级渠道，是指绿色产品从生产者运输到消费者，中间有一级或者多级中间商的参与的渠道。中间商包括代理商、批发商和零售商等。间接渠道将企业的产品销售给各个中间商，不但可以使资金快速回流，还可以减轻企业销售产品的负担。此外企业可以通过中间商来扩大市场的覆盖面，借助中间商的宣传和销售增加企业的知名度，提高产品的需求量，满足更多顾客。当企业面对开发难度较大的市场时，可以采用间接渠道。例如有时候跨国贸易会受到法律条款，社会文化等因素的约束，这时企业可以选择在销售国家有信誉的中间商来做代理商，借助中间商的促销来增加知名度，提高产品销量，打开市场。

（二）绿色分销渠道的构建

绿色分销渠道是企业资源的一部分，它在企业与其他企业竞争时起重要作用。绿色产品及时准确地到达指定位置无疑会增加顾客的满意度，所以企业应该重视绿色分销渠道的构建。

企业在构建绿色产品的分销渠道时，首先要根据绿色产品的性质，目标市场的性质以及企业的目标确定分销渠道的模式。比如对于市场覆盖面较大的产品来说，直接渠道并不是最佳选择，因为企业没有办法在每个地方建立仓库，且产品的储存和运输成本过高，那么该产品就需要选择间接渠道。

其次要选择合适的中间商，因为在间接渠道中，有许多事情都要通过中间商完成。选择一个适合的中间商，这是分销渠道构建的一个重要环节，它决定了产品的分销是事半功倍还是事倍功半。在选择中间商时，企业要考虑到中间商的数目，中间商的绿色意识，中间商的社会责任等因素。中间商的数目并不是越多越好，中间商的数目越多，中间商之间的竞争会加剧，中间商的利润会减少，不利于企业与中间商的关系的建立。中间商的社会责任感越强，绿色意识与企业越符合，那么企业与中间商的沟通也会越顺畅。

再次是建立合格的分销网络。企业选择好了中间商并不意味万事俱备，企业还要对市场中供应商的分布，销售网点的选址进行确认，以期能尽可能地覆盖市场。在建立了分销网络后，企业要对中间商和销售网点进行培训，加强他们的绿色营销意识，加强与中间商的监督与沟通，与他们建立互利共赢的关系。

最后企业要建立绿色通道。为了保证产品的绿色化，企业应使用低能耗低污染的运输工具连接起企业与供应商，尽可能建立短渠道、宽渠道，减少渠道资源消耗，降低渠道费用。

企业在构建了绿色分销渠道之后，需要加强对绿色渠道的管理。绿色分销渠道有许多类型的中间商，不同类型的中间商适合不同类型的分销渠道，适用于不同的管理方法。企业应该根据绿色产品的质量，分销渠道的类型对中间商进行分类，实现分类管理。对于不同类型的中间商，企业应根据评价指标如中间商的销售量、中间商服务的质量、送货时间、货物损失率等对中间商进行评价，淘汰不合格的中间商，对优秀中间商进行鼓励，例如给予价格优惠，建立长期合作伙伴关系等。如果外部环境或者企业内部环境发生了较大改变，企业也要对分销渠道进行调整，增减中间商或者分销渠道数目，更改分销渠道以适应环境的变化。

总而言之，绿色渠道的构建是个重要且持续的工作，企业要时刻关注内外部环境，了解中间商的情况，根据评价指标对分销渠道进行评价，适时调整绿色渠道，尽可能使其最优化，以确保绿色分销渠道能体现企业的绿色理念，并在与同业竞争时取得优势，成为企业有利资源。

四、绿色产品的促销策略

促销是企业为了提升产品在消费者心目中的地位，提高产品的销售量而做出的活动。企业根据产品的特征计划合适的促销方案，与顾客进行有效的沟通，往往会迅速树立产品形象，打开产品市场。春兰就是有效运用促销策略的典范。在20世纪90年代，大部分空调还在使用氟利昂进行制冷时，春兰公司已经认识到人们对环保意识的重视，开始了对氟利昂代替品的研究，还融合了负离子、离子积层、双向换风等技术。春兰公司为了推广他们的环保空调，不仅采用广告的方式进行促销，还通过文艺晚会、爱心助学等公共活动提高企业知名度，提高产品的地位。这一系列活动使得春兰公司的产品销量激增，春兰空调红极一时。而现在由于有些消费者对绿色产品并不熟悉，那么在设计和制造绿色产品，制定绿色产品价格，选择绿色产品分销渠道的同时，企业也要根据绿色产品的特征，定价和分销渠道，确定适合的促销策略，重视绿色产品促销策略的确定，以期达到企业目标。这种促销策略称为绿色促销。绿色促销主要包括绿色广告、绿色公关、人员推广等市场活动。

绿色广告不同于普通广告，它强调产品的绿色化，注重树立企业的绿色形象，开发绿色消费市场。企业在使用广告推销产品之前，要明确广告的目标，根据目标消费者的绿色偏好、消费理念，以及市场特点、产品性质确定目标。企业在明确广告目标之后，也要注重广告所传达出来的产品绿色特征、企业绿色形象。另外当企业面临的市场对绿色产品还不够熟悉或者对绿色产品的需求量不大的时候，广告还应该帮助消费者认识到绿色意识的重要性，培养顾客绿色消费的习惯。在广告的目标确定后，企业应该在经费的限制下，对广告内容进行设计，使其能说服消费者相信企业产品的质量，能说服消费者信任企业品牌，增加产品的购买率，和消费者的回头率。最后，企业要对广告的效果进行预测，判断其效果是否能达到企业目标。企业的利润增长、消费者对产品的印象和认知度、企业知名度等回报是否值得企业在绿色广告上所投入的资金与时间。

绿色公关包括企业内部公关和外部公关。内部公关包括企业对员工进行绿色意识培训，制定绿色制度，形成绿色企业文化，企业节约用水用电，减少污染，减少浪费等。外部公关包括企业参加的绿色活动，如有关于环保的赞助活动，低碳活动，"地球一小时"，"美的一天"等活动。企业举行的各种绿色活动，如绿色产品展销会、绿色产品新闻发布会、绿色产品洽谈会等。阿里巴巴公司的蚂蚁森林就是一项绿色公关，支付宝的用户通过步行、地铁出行等绿色活动减少碳的排放量，而相应的碳排放量可以用来在支付宝里养一棵虚拟的树。这棵树长大后，支付宝将在现实某个地域种下一棵实体的树。此外，企业发表的有关于绿色的文章，印发宣传有关于环保意识的手册等也属于外部公关。

人员推广是指通过有环保意识的人员，面对面地向消费者宣传环保意识、推广绿色消费、推销绿色产品的促销方法。销售人员应该了解绿色消费和顾客消费习惯，具有绿色营销知识，可以对不同的顾客采用不同的销售方法，能引导消费心理，刺激消费。销售人员可以通过与顾客的沟通了解顾客的困惑和需求，并将这些信息传达给企业，促使企业进行产品研发改进。销售门店可以通过抽奖、试用新产品、积分换新品、售后服务等方式鼓励顾客消费，提升顾客的满意度，提高产品销售量。

绿色产品有许多促销方法，企业为了选择最优促销方法或者最优促销组合，不仅仅要根据事前对产品的性质，市场的特征和分销渠道的判断，还要在事后对促销方法进行评价。对于不同的促销方法，企业应该有不同的评价指标，例如对于绿色广告，消费者对广告的认知度和记忆度、广告所带来的企业形象的提升、企业目标的实现等因素都是相应的评价指标。而对人员推广的方法来说，企业可以根据营销人员销售产品的数目、与顾客关系的构建、提供服务的质量等指标对方法进行评价。最后企业可以根据评价结果，对不同的市场、不同的产品、不同的分销使用不同的促销方法，并及时调整促销方法的具体实施步骤，为绿色消费提供成长的土壤，扩大绿色消费市场，提高企业声誉，增加绿色产品销量，实现企业的目标。

思考与练习

1. 绿色供应链主要存在于哪些行业？
2. 绿色供应链中哪一个环节最重要？
3. 如何评价绿色采购绩效？
4. 试分析绿色制造与精益制造之间是否有联系，是否可以实现绿色精

第七章 绿色供应链管理

益制造?

5. 结合实践分析如何合理地选择运输工具实现绿色运输?
6. 试围绕一款具体产品制定绿色营销方案。

案例分析 苹果公司的绿色供应链管理

1976年4月1日,史蒂夫·乔布斯、斯蒂夫·沃兹尼亚克、罗·韦恩等人在加利福尼亚创立苹果公司,并命名为美国苹果电脑公司(Apple Computer Inc.)。1977年苹果公司在西岸电脑展览会(West Coast Fair)上推出了世界第一台个人电脑AppleⅡ,同时AppleⅡ也是世界上第一台拥有输出单声道声音的机器。随后,苹果公司迅速发展,创造了进入世界500强的最快纪录。但在1985~1997年期间,尽管期间苹果公司推出了许多受欢迎的产品,但苹果的营销额仍然不断下滑。但在随后的几年,苹果凭借Mac OS X操作系统和iPod数码音乐播放器等技术的不断创新,使得苹果公司迅速东山再起。

苹果公司的成功不仅在于其技术的创新,还在于该公司在供应链的管理。苹果公司构建供应商联盟,将战略联盟覆盖整个供应链。苹果公司与供应链中的供应商、制造商保持的密切的关系,使得苹果公司对供应商有绝对的控制权。

苹果公司是一家典型的品牌输出企业,其原材料的采购、产品制造都是由供应商完成。苹果公司主要负责产品开发设计,将非核心的产业全部外包,并对各个环节进行选择和监控。苹果公司设计开发产品时会指定原材料供应商,当产品要投入量产时,才会将供应商转交给制造商协同进行量产。在整个产品开发生产过程中,苹果公司全权负责供应商的选择和原材料的定价,而制造商只负责生产。苹果公司的供应链模型如图7-5所示。

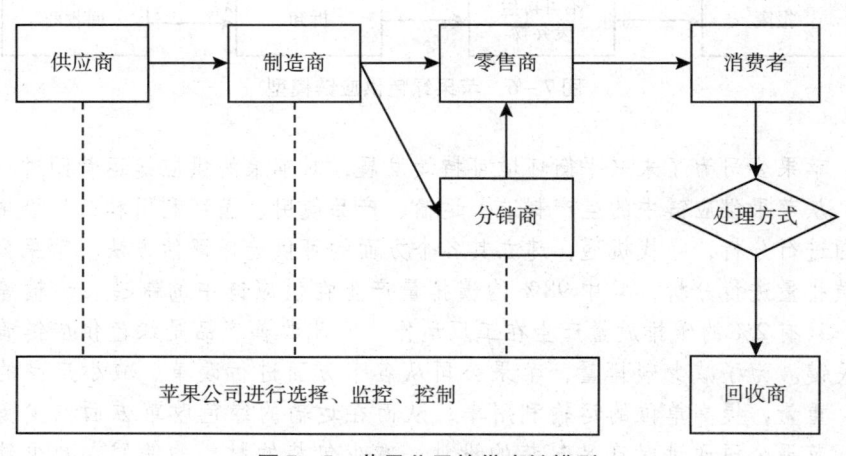

图7-5 苹果公司的供应链模型

|供应链管理基础与前沿|

苹果公司在不断进行产品开发、技术创新的同时也意识到环保的重要性。在现有的供应链的基础上考虑绿色环保。苹果公司供应链的发展从 1990 年开始。20 世纪 90 年代，苹果公司开始从事产品对环境的影响最小化的研究。早在 1990 年，苹果公司制定了首版环境政策。1996 年，将系统的绿色管理体系引入工厂的管理中，进行一场绿色制造的革命。2000 年，苹果公司完成了绿色转变，并开始全面运用系统的管理方法对环境、安全、健康进行监控。2005 年，在供应商员工中进行环保培训。2006 年，苹果公司在绿色设计方面取得巨大突破，并进一步完善绿色供应链。到 2008 年，苹果 Macbook 等多种产品都进行了绿色创新，苹果的回收循环率也创新高。2009 年，苹果制定了全面的环境信息披露的新标准，并公布了完整的生命周期温室气体排放量的分析方法。2011 年，苹果公司公布了供应商名录，接受社会公众的监督。苹果公司的绿色供应链模型如图 7-6 所示。

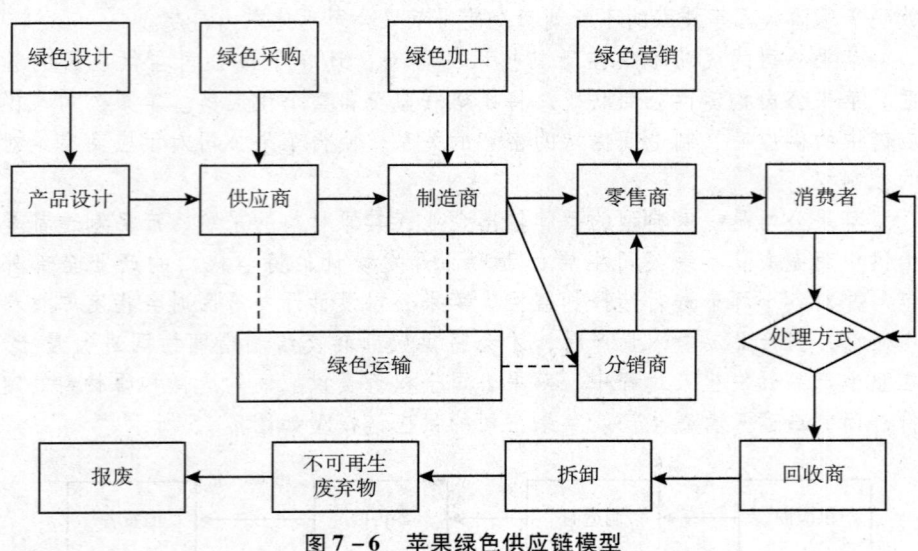

图 7-6　苹果绿色供应链模型

苹果公司为了未来平衡环境可持续发展，对苹果的供应链运营图进行分析。从苹果供应链中的生产制造、运输、产品使用、循环利用和工厂设施等方面进行分析，寻找机遇，建立其各个方面的可供选择评估方法。苹果公司对碳排量进行分析，其中 98% 的碳排量产生在供应链中的制造、运输等环节，只有 2% 的碳排放量产生在工厂运作。因此改善产品是绿色供应链管理的关键。为了减少碳排量，苹果公司从各个方面进行改革。减小产品的尺寸、重量，提高单位的运输利用率，从而在运输的绿色改革方面减少碳排放。苹果公司通过对产品包装的设计，减少包装的材料的使用，减少碳排量。苹果公司从产品的效能出发,不断创新产品使用方面的节能效应,从而达到减少碳排放量的目的。回收循环方面,苹果公司的产品从部件到包装几乎可以全部回收循环利用。回收循环比重也在逐年地提高。

为了产品可以极大程度上回收再利用,产品不允许含有有毒物质才能可循环利用,所以苹果公司产品均不含铅、brr、pvc 等多种有害物质。苹果的设计理念是以人为本,这种以人为本的理念便是可持续发展。所以苹果公司一直致力于设计生产安全可靠的产品。例如原材料的选择方面,苹果公司充分考虑了废弃的产品对环境的影响,减少有害材料的使用,极大程度上保护了环境。

苹果公司经过 20 多年的努力,在绿色供应链方面取得了一定的成绩,但是苹果的绿色供应链的构建过分专注于减少碳排量这一指标进行。节能减排只是绿色供应链的一个指标,并不能代表包括健康、安全、环保等内容的可持续发展。苹果公司在绿色供应链取得一定成就的同时也存在着一些问题。例如:苹果公司的供应链只专注于苹果自身绿色改进,而对其上游供应商实施绿色供应链管理缺失监控;未建立相应的数据库信息系统来存放所有的审核记录;苹果的绿色供应链关键绩效对环境责任关注较少,更多的关注的是社会责任;绿色供应链没有得到进一步延伸,苹果公司并没有与供应商的供应商进行合作。所以绿色供应链对于苹果公司来说仍然是个挑战。

(资料来源:项羽丹:《苹果公司绿色供应链体系研究》,上海交通大学,2012 年)

案例分析题:
1. 苹果公司从哪几个方面减少碳排量,建设供应链?
2. 如何解决苹果公司绿色供应链存在的问题,参阅相关资料,提出你的建议。

参 考 文 献

[1] 朱庆华:《绿色供应链管理》,化学工业出版社 2004 年版。
[2] 杨红娟:《绿色供应链管理:企业可持续发展模式》,科学出版社 2008 年版。
[3] 陈园:《绿色供应链管理研究》,载于《经济研究导刊》2015 年第 3 期。
[4] 李佳佳:《绿色供应链绩效评价模型的建立研究》,沈阳理工大学,2013 年。
[5] 吴承德、胡军:《绿色采购管理》,中国物资出版社 2011 年版。
[6] 侯方淼:《气候变化背景下的绿色采购管理研究》,中国林业出版

社 2012 年版。

[7] 侯方淼：《绿色采购研究》，对外经济贸易大学，2008 年。

[8] 章竟、汝宜红：《绿色物流》，清华大学出版社 2014 年版。

[9] 国家制造强国建设战略咨询委员会：《绿色制造》，电子工业出版社 2016 年版。

[10] 李聪波、刘飞、曹华军：《绿色制造运行模式及其实施方法》，科学出版社 2019 年版。

[11] 万后芬：《绿色营销》，高等教育出版社 2006 年版。

[12] 武永春：绿色价格影响因素及策略研究，载于《价格理论与实践》2003 年第 7 期。

[13] 吴程：《浅谈宜家家居的绿色供应链运作模式》，载于《现代商业》2011 年第 5 期。

[14] 项羽丹：《苹果公司绿色供应链体系研究》，上海交通大学，2012 年。

第八章

闭环供应链管理

引导案例　施乐复印机的再制造

　　复印机集机械、光学、电子和计算机等方面的先进技术于一身，是现代社会普遍使用的一种办公机械。施乐公司成功地实施了复印机再制造策略。施乐公司从1960年开始尝试恢复使用过的设备，建立再制造程序，至20世纪90年代初期，发展成为一个正式的再制造系统。今天，施乐的复印机再制造工厂遍布美国、英国、荷兰、澳大利亚、墨西哥、巴西和日本等地。

　　施乐通过对复印机电子元件、激光排版装置、机械部件、喂料筒的翻新与再加工，重新利用了复印机中60%以上的部件，对无法实施再制造的零部件，也尽可能回收利用其中的原材料。施乐在日本全国建立了50个废弃旧复印机回收点。一个典型的施乐复印机零件有以下四个服役阶段：（1）作为新品中某部件的一部分；（2）作为再制造产品中同一部件的一部分；（3）作为再制造产品中某再制造部件的一部分；（4）进入材料再循环程序。

　　施乐从复印机再制造之初就将产品的租赁作为一种销售策略，这意味着施乐公司不再销售产品本身，而是销售产品所能提供的功能和服务，施乐保留了产品的所有权，产品在租期终了时能够得到回收。这使得施乐可以将经营策略集中在通过使用尽可能少的原材料消耗，而获得最大化的经济利润。

　　为使复印机再制造能有更持久的生命力，施乐公司还开展了产品再制造升级研究，开发了面向再制造设计的模块化复印机——DC265型复印机。该机共有7个模块，包含了复印机中可移动部件的大多数，每个模块都能在几分钟内被拆卸和更换。

　　施乐特别重视再制造复印机的质量保证，开发了进行质量检测的信号分析技术，这是一种检测零部件关键性能参数的诊断工具，其原理是通过比较旧部件和新部件的信号来判定产品的质量及潜在寿命。例如，通过对电动机的噪声和振动等信号进行测量和分析，有可能判定部件的剩余寿命以及潜在的功能表现。

  复印机再制造的经济效益显著。如生产某型号 1 支新的激光复印管需 50100 美元，但"再制造"这样 1 支同型号的激光管成本约为 2550 美元。施乐在澳大利亚实施复印机再制造策略，1995 年在购买原材料及备件方面节省资金近 7 亿美元，仅通过再制造静电复印机中的磁性元件，公司就节省了 4000 万美元以上的费用。复印机再制造属劳动力密集型行业，可以创造大量的就业机会，同时还可以为社会提供物美价廉的产品，社会效益也十分显著。施乐复印机再制造的生态效益也很显著。再制造模块化的 DC265 型复印机材料消耗节省 48%，能源消耗节省 68%，相当于少排放 65% 的二氧化碳，这也表明产品设计是决定再制造经济和环保效益最关键的因素。施乐在荷兰现在每年减少了 7000 吨进入废弃填埋的物流量，相当于节省了 20 万美元的废物处理费用。

  （资料来源：戴庆辉：《先进制造系统》，机械工业出版社 2008 年版）

第一节 闭环供应链管理概述

一、闭环供应链

（一）闭环供应链提出背景

  进入 21 世纪，大量报废的产品，尤其是电子电器产品，给环境带来了沉重的负担，威胁着人类的健康发展。例如，在电子电器行业，据统计，2005 年美国废弃的电视机、手机、个人电脑、打印件等电子产品重达 200 万吨，仅有 15%～20% 的被回收再利用，其余的则是经过填埋和焚烧等方式进行处理。如国家统计局数据表明，2012 年我国有 2700 多万台电视机、800 多万台冰箱、1200 多万台洗衣机和 2000 多万台电脑已进入淘汰期。在这些报废的电子电器产品中，存在着大量的化学物质，如汞、铅、镉、锂、聚溴二苯醚等。这些化学物质经过填埋和焚烧后，会污染水质、土壤和大气，破坏了生态环境，进而还会影响到人体的健康和社会的可持续发展。为实现资源循环利用，减少废弃物对空气、水源和土壤产生的负面影响，人们开始研究闭环供应链。

（二）闭环供应链概念

  闭环供应链是整合正向供应链和逆向供应链的一个循环管理系统，如

图 8-1 所示。正向供应链就是传统供应链，涵盖了产品的设计、原材料的采购、生产制造、客户订购、货物运输、仓储存放、客户的售后服务等一系列的活动。逆向供应链则是从消费者的手中回收废旧产品，然后对已回收的产品进行测试分析，依据回收产品的特点和质量进行再处理或者直接报废处理。再处理的方式包括原材料再生、零部件的再制造和产品的再利用。

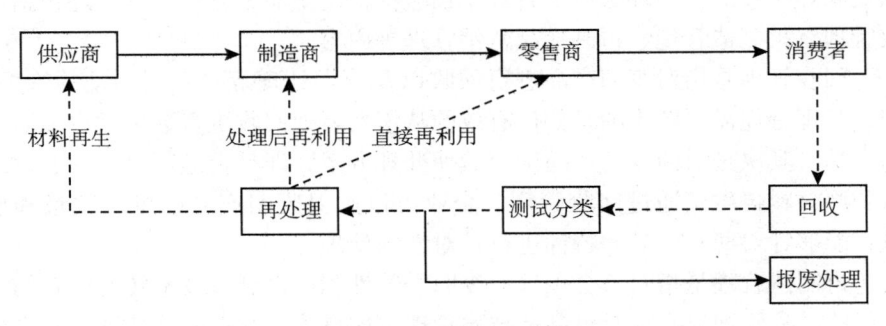

图 8-1 闭环供应链流程

闭环供应链中的可回收产品通常是指那些原本已经失去部分甚至全部的利用价值、不能正常使用或已经过时的，但通过一定的技术改造和加工处理之后，又能重新获得一定的再利用价值的产品。例如，废旧机械、废弃电子产品、废造纸原料以及废弃玻璃等各类退役产品。表 8-1 列出了电子电器产品中的可回收产品。

表 8-1　　　　　　　　电子电器产品中的可回收产品

设备分类	代表设备
制冷设备	家用冰箱、冷饮机等
空调设备	房间空调器、电扇、换气扇、冷热风器、空气去湿器等
清洁设备	洗衣机、干衣机、电熨斗、吸尘器、地板打蜡机等
厨具设备	电灶，微波炉、电磁灶、电烤箱、电饭锅、洗碟机、电热水器等
电暖设备	电热毯、电热被、电热服、空间加热器等
仪容设备	电动剃须刀、电吹风、整发器、超声波洗面器、电动按摩器等
声像设备	电视机、收音机、录音机、摄像机、组合音响等
文娱设备	电子打字机、复印机、电子乐器、电子游戏机、电子玩具等
保健设备	电动牙刷、按摩仪、助听器、助眠器、加湿器、理疗仪器等
照明设备	路灯、台灯、吊灯、壁灯、新型灯具等
其他电器	烟火报警器、电铃等

二、闭环供应链管理

闭环供应链管理是通过对正向供应链和逆向供应链进行有效整合，对废旧产品进行有效回收和再制造，实现资源的循环利用，进而提高供应链管理绩效和环境绩效。闭环供应链管理不仅包括传统供应链管理内容，还包括回收管理、再制造管理、再制造品营销管理等内容。

回收管理是指对废旧产品进行回收以及分类处理等一系列活动的管理。回收管理首先需要解决的是如何有效的从消费者处回收更多数量、更高质量的产品，其次是对回收的产品确定后期处理方案，即是否进行再利用、再制造和原材料再生。通过回收管理，企业可以确保废旧产品的供应数量和质量，能够针对回收产品的特性进行针对性的处理。

再制造管理是指对符合条件的废旧零部件利用再制造技术转化成新的零部件的过程管理，它涉及再制造技术管理、质量管理和再制造认证等一系列管理活动。通过再制造获得的再制造产品，在技术性能上和质量上都能达到甚至超过原机新品的水平。随着报废产品的数量不断增加，以及资源约束对人类发展形成的制约压力，制造商进行再制造已是势在必行。

再制造品营销管理是指将生产出的再制造产品通过合理的营销手段最终销售给消费者，它涉及再制造品引入策略、销售渠道策略和售后保证策略。由于再制造品与新产品存在同质竞争，因此准确进行再制造品营销定位、选择合适的销售时机、承诺售后质量保证是取得再制造品营销成功的关键。

三、闭环供应链管理的驱动力

（一）政府法规

世界各国从资源循环利用以及人类社会可持续发展的角度出发，纷纷颁布和实施了相关的回收政策和法规，以强制要求生产企业对废旧产品进行合理的回收和再利用。如2005年欧盟颁布实施的《废弃电子与电器产品处理条令》（WEEE），要求欧盟市场上流通的电子电气设备的生产商必须在法律上承担起支付报废产品回收费用的责任，同时欧盟各成员国有义务制定自己的电子电气产品回收计划，建立相关配套回收设施，使电子电气产品的最终用户能够方便的处理报废设备。在欧盟的成员国德国，就通过了《关于防止电子产品废物产生和再利用法（草案）》。该草案规定，电子产品应设计容易维修、拆卸的产品；应建立回收系统，寻找再利用的途径；此外，电子产品生产者和分销商有回收电子产品和再利用的义务。在日本，2001年就开始施行《特定家用电器再商品化》，明确规定电子电器产品生产商和进口商、销售商、消费者需履行的责任，电子废物回收处理由生产商或进口商承担，回收和运输则由销售商承担。在我国，2008年通过并于2011年施行的《废弃电器电子产品回收处理管理条例》，对我国废弃电器电子产品的回收处理活动也进行了规范，包括在家电生产行业推行生产者延伸责任制度。

（二）企业成本

企业从经济角度考虑，对废旧产品进行回收再制造也是有利可图的。一般废旧产品中都含有有用的资源，如废旧家电中含有铁、铝、铜、铂和银等金属，通过合理的回收处理是可以创造经济价值的。另外，得益于再制造技术的发展，通过对废旧产品进行回收再制造，可以使企业的生产成本降低40%~65%。例如施乐公司从产品开发和设计开始，就考虑了回收再制造因素，使得施乐公司的产品中有90%的零部件是可以回收再利用的。在1998年施乐公司就对1.45亿磅的报废产品进行了回收再利用，在1999年则是有65%的废旧产品进行了回收处理。通过对这种再制造闭环供应链的管理，施乐公司每年可以节约两亿多美元。

（三）顾客偏好

对废旧产品进行回收再制造还可以帮助企业塑造良好的环保形象。近些年来，随着环境问题的突出，具有环保意识的消费者也越来越多。据1999年联合国统计署的调查显示，有80%的荷兰人、89%的美国人和90%的德国人在购买商品时，产品的环境标准是他们首先考虑的因素，而77%的日本人只购买有环保标志的产品；对于环保产品，85%的瑞典人愿意为其支付较高的价格，80%的加拿大人则愿意多支付10%；此外，全球的绿色消费总量更是达到了3000亿美元。鉴于众多的绿色消费者和庞大的绿色消费市场，作为实现循环经济的一个重要途径，对废旧产品进行回收再制造有利于企业赢得绿色消费者的青睐，从而获得更多的市场份额。

四、闭环供应链与传统供应链和绿色供应链比较

（一）与传统供应链比较

闭环供应链是在传统供应链基础上发展起来的一种供应链模式，因此它们都涉及正向供应链管理的各个环节，如制造、物流和营销等。但闭环供应链还表现出如下不同：（1）产品流向。传统供应链的产品最终流向已确定，从制造商流向消费者。而对于闭环供应链的产品，则存在两种流向，新产品

由制造商流向消费者,而废旧产品由消费者流向制造商。(2)管理的复杂性。由于闭环供应链相较于正向供应链增加了许多处理环节,导致整个供应链更加复杂。此外,对废旧产品回收存在极大不确定性,包括质量的不确定性和数量的不确定性,也增加了闭环供应链管理的复杂性。

除了上述差异外,闭环供应链还存在如下优点:(1)减少资源利用,促进循环经济。通过对废旧产品进行回收再利用,一方面可以促进废物循环利用;另一方面可以帮助企业获取原材料,给企业带来经济利益。(2)有利于塑造良好的企业形象。闭环供应链由于能缓解产品对全球资源和环境的负面影响,可以为企业树立高的社会责任感和环保形象,更好地迎合消费者和政府需求。

(二)与绿色供应链比较

闭环供应链与绿色供应链一样,首先都涉及正向供应链管理的各个环节;其次,都是在追求经济绩效的同时考虑环境因素,注重环境保护。但是,闭环供应链还展现出一些新的特点。在采购环节,绿色供应链提倡绿色采购,从源头减少污染,而在闭环供应链中,并未考虑绿色采购问题,而是通过回收利用废旧产品中的零部件,减少对资源的消耗。在制造环节,绿色供应链提倡绿色制造,通过采用各种绿色制造技术降低生产过程中的污染排放,而闭环供应链则是同时进行新产品和再制造品的生产,需要对这两种生产方式进行协调。在物流方面,闭环供应链并未涉及绿色物流,而是管理逆向物流,需要对废旧产品进行回收管理。在营销方面,两种供应链中营销的产品性质不同,绿色供应链中的产品都是新产品,即由新的原材料生产出的产品,只是该产品在整个产品生命周期里对环境影响较小,而闭环供应链中则存在新产品和再制造品,两种产品具有相同的功能,但是原材料在来源方面却是不同,一种来源于新的原材料,另一种则来源于废旧产品。依据再制造技术的先进程度,两种产品的质量差异也不同。

第二节 回 收 管 理

一、回收管理概述

为了有效解决废弃产品造成的各种问题,同时能最大限度利用资源的经济效益,许多企业已开始从事回收管理,如施乐、苹果和华为等。作为一项全新的管理领域,回收管理是指在法律法规、合同明文强调以及责任义务等要求下，制造企业对废弃产品进行回收、鉴别和再处理的过程。

回收后的产品经过技术检测后，会进行不同处理。依据废旧产品的可利用程度的不同，将再处理的过程分为三个层次：产品、零部件和原材料，如图8-1所示。对于质量较高的废旧产品，可以通过简单的修理和翻新，从而在二手市场中进行再次销售。对于整体质量不高但是部分零部件质量较好的回收产品，可通过再制造技术对这些零部件进行再制造成为新的零部件，参与新产品的生产。对于整体质量和零部件质量都不高的回收产品，如果利用有价值的物质，则可以通过物理和化学方法得到其中一些有用的原材料，例如金属等，进而参与原材料的制造，而如果回收的产品没有任何再利用价值，则会选择直接报废处理。

二、前期回收策略

为能够有效从消费终端回收废旧产品，企业会采用"定价收购""以旧换新""优惠券补偿"等回收策略。

"定价收购"是指企业对废旧产品依据产品类型、产品质量等因素进行定价，采用现金方式从废旧产品持有者处回收。这种回收方式通常被专业的回收企业采用。专业的回收企业通过一线的回收员购买消费者手中的废旧产品，然后将收集的废旧产品集中售卖给生产企业。这种回收方式只针对废旧产品本身，简单容易操作，但是消费者手中的产品质量不一，如何科学差别定价实现废旧产品的需求和供给平衡是一大难点。

"以旧换新"是指消费者可以通过旧产品换购相同类型的新产品，并同时向企业补交一定的差价，而差价则是由新产品的价格减去旧产品的估值。这种回收方式在电子电器行业和汽车行业普遍存在。随着电子产品更新换代的速度越来越快，消费者的消费观也在日益提升，很多电子产品还没有到报废的年限便被闲置，其中大量仍保留可利用价值。因此，企业采用"以旧换新"的方式能够有效促进消费者返回旧产品，有利于提高旧产品返回数量和质量，同时有利于新产品的销售。

"优惠券补偿"是指消费者通过返还废旧产品，可以获得企业的现金优惠券，在下一次购买时可以使用优惠券抵扣部分售价。这种回收方式多存在于电商领域。"以旧换新"和"优惠券补偿"都可以帮助消费者进行新的购买行为时抵扣部分产品售价，但是"以旧换新"只允许消费者购买同种类型的产品，而"优惠券补偿"可以允许消费者购买不同类型的产品。因此，"优惠券补偿"的适用性更广。此外，"优惠券补偿"的时效性也更长，不需要立即使用。

三、后期回收处理

当废旧产品回收后，首先需要对其进行鉴别分类，其次制定具体的处理方案。回收后期处理结果分别为保留原产品、获取零部件、获取原材料和报废处理。不同的处理结果，会配送到相应的供应链环节进行相应处理。具体地，原产品可以直接再利用或修理或翻新，最终交由零售商直接销售。拆卸得到的零部件会运送给由制造商进行再制造。原材料会运送给供应商作为零部件生产的原材料。

通常，废旧产品回收后处理方式主要有拆解、破碎、分选、冶炼、无害化处理。

（一）拆解

拆解作为废弃物资源再利用的重要阶段，决定着废弃物回收再利用价值。拆解主要分为整体拆解和部分拆解。整体拆卸指将废弃物从里到外整个分解，最终以单个零件的形式存在，与产品的组装刚好是一个逆向的过程。部分拆解是指有选择地对废弃物进行拆解，只将有价值的部件拆解，而保留无价值的部分。比较而言，整体拆解比较花费时间，容易浪费劳动资源，而部分拆解比较灵活，也更节约成本。

目前，我国对废旧产品的拆解主要还是以传统的手工拆解为主，以简单的机械设备辅助。传统拆解过程操作简单，成本也低，但是效率并没有自动化高。自动化拆解需要根据产品本身的可拆解性进行调整，而不同产品的可拆解性程度不一，且当前自动机械化技术还不够成熟，因此目前还无法完全实施自动机械化拆解。

（二）破碎

破碎处理工艺是指在对废旧产品拆解后，针对硬度较高、韧性较强的元部件进行破碎解离的一种工艺，进而有助于下一步分选环节的进行。破碎类型根据破碎原理可以分为机械能破碎和非机械能破碎。机械能破碎指通过对物件施加外力进而破碎，如锤式破碎机、辊式破碎机和圆锥式破碎机；非机械能破碎指利用能量，如热能、水利能等将电子产品破碎，用于柔性材质，主要有热力破碎和水利破碎等。由于机械处理效率更高，污染、耗能等都较非机械能处理更小，目前国内以机械能破碎较为多见。

（三）分选

根据破碎后颗粒之间的一些物理特性，如导电性、密度、大小、磁性等，进行分选。分选技术分为三大类：以密度差异为基础的重力分选、以导电性为基础的静电分选和以磁性为基础的磁力分选。

重力分选是指在空气、水、重液和重悬浮液等介质当中，参照破碎后的固态物料中不同颗粒之间密度和粒度差异，在受到外力的作用下，不同颗粒物呈现不同的运动状态从而彼此分离。静电分选是利用物质在高压电场中导电性所存在的差异来分选固态废料的方式，主要用以分离非金属和金属。导电性的不同使得材料在电场中受力不同，掉落的轨迹也各有差异。磁力分选是根据物料中不同客流量里之间的磁性差异，在非均匀的磁场中借助颗粒随手磁力、机械力等的不同而进行分离的一种技术。根据加工时机械力的不同，分为干式磁选分离和湿式磁选分离。干式机械力主要为重力和离心惯性力；湿式磁选分离机械力主要为重力和流体对颗粒的阻力。各种金属所对应的磁率不同，比如铝复合青铜具有高磁率，含铁黄铜具有低磁率。

（四）冶炼

在物料经过分离后，需要对其实施进一步的冶炼，从物料当中提取出纯度更高的原材料。常用的冶炼技术有火法冶炼技术、湿法提炼技术、生物冶炼等。

火法冶炼指在没有水溶液的参与下，去除掉固体废物中的有机成分，从而集中金属原料。按炉内化学反应原理的区别，可分为还原反应冶炼、氧化反应吹炼和硫化反应熔炼。湿法冶炼的主要机理在于置换，指在酸性或碱性的水溶液中进行化学处理或有机溶剂萃取、分离杂质、提取金属及其化合物的过程，包括浸出、净化、沉积这三大主步骤。生物冶炼主要原理在于微生物或其代谢物（如硫杆菌、氧化铁硫杆菌等）与有色金属之间进行相互作用，从而产生氧化还原、浸出、吸附等反应，从而有效绿色回收废弃物中的有价值的金属。

四、回收渠道模式

回收渠道是指将废旧产品从消费者处回收并最终流向终端企业的物流形式。相对于以正向物流形式存在的产品分销渠道，回收渠道是一种围绕废旧产品的逆向物流。

（一）回收渠道类型

依据承担回收活动的主体，即哪一个供应链企业从事具体的回收活动，回收渠道主要有三种，分别为：制造商自营回收、经销商负责回收以及第三方回收。

1. 制造商自营回收

制造商自营回收是指制造商自建渠道回收废旧产品，直接从事回收与再处理相关运作。制造商自营回收最清晰的一种形式，在整个供应链中系统层次是最简单直接的，减少了很多中间的环节以及参与者，有效地降低了浪费成本。

2. 经销商负责回收

该种形式是由经销商企业来回收市面上的废弃产品，再转手出售给制造商。这种形式更适合无直销或直销店面少的制造商、有长期合作经销商的制造商、加工需求量较大的拆解制造企业。

3. 第三方回收企业负责回收

在第三方企业再回收处理的闭环供应链流程中，供应商只负责产品的产出以及销售，而将废弃电子产品的回收和再处理阶段外包给专业的第三方企业。在第三方企业结束废弃物产品的回收和再处理流程后，制造商将会支付第三方企业对应的回收处理费用，之后制造商将回收处理后的产品进行再次的制造和出售。

（二）三种回收渠道优缺点

1. 制造商自营回收

作为产品的制造商，相较于第三方拆解企业，能够更直接、高效的拆解废弃电子电器，并且更精准的把握原材料和零部件的再利用，提高产品回收率和资源利用率；除此之外，制造商直营回收能够有效的促进厂家获得产品的客户反馈，包括去市场流量以及使用效率，能够更好地对新产品的生产做出决策，调整产品性能。

但是，制造商直营回收形式需要供应商一力承担整个废弃电子电器回收处理过程中所面对的成本、资源投入。主要有以下两个方面：一是制造商需要设立专业的回收部门进行回收管理，包括产品的回收、运输、加工处理、构件物流网络，配备先进的设备以及高科技相关人员。那么，企业就需要在这项业务中投入大量的人工费、物料费；二是作为制造商，本身收购废弃电子电器的能力较弱，最终收购到的数量很有可能不足以支撑整个项目的运营，最终削弱了企业资金流动的能力，阻碍企业原本的发展进度；除此之外，还需要考虑制造商企业的生命周期，很多企业，例如生产重型吊车等的大型加工企业，产品的生命周期较长，而企业无法保障自身的经营能力，最终无法自己回收市面中流通的产品，造成了社会回收的压力。

2. 经销商回收形式

经销商分布较广，有更多的回收来源，能够获得数额较大的稳定作业加工量；且回收的产品有针对性，易归集和分类，节省后期人工分选的成本，尤其是对于制造商，能够有效地节约其回收环节成本。最重要的是对于企业破产，却留有在市面上继续使用的产品，亦称为"孤儿产品"的废弃电子电器有一个很好的回收。

然而，经销商回收易产生隐藏收益。隐藏收益指经销商扣留部分废弃物私下转卖给第三方制造商所获得的收益，例如非正规途径收购的小商贩，会以更高的价格收购废弃电器，这不仅使得制造商的废弃物加工量有所损失，也会导致企业产品机密面临泄露的可能。这也反映了在经销商回收形式下，各合作方需要对回购定价进行商议，如何定价、由谁定价以及定价参照标准。

3. 第三方回收企业回收形式

相较于其他两种回收方式，第三方回收企业进行回收会更加方便高效，主要优点有：（1）降低资金风险。通过外包给第三方企业的模式，制造商可以减少分配给回收处理系统的如资金等各类资源，从而降低制造商企业在废弃物产品的回收和再处理方面的成本。（2）加强业务集中。将回收和再处理过程外包给更专业的第三方企业，可以减少制造商的业务范围，更加专注于本企业产品的研发制造以及产品生产活动的各环节优化。（3）提高回收效率。效率提高表现在两方面：一是产品回收效率提高。第三方企业在回收和再处理方面会更专业，无论从回收系统、健全的物流网络还是提炼流程，都能更高效完成回收流程。二是社会资源利用率提高。从制造商直营回收模式发展到第三方回收企业模式，能够将分散的各类回收设备集中运行，一家第三方企业能够同时受理多家制造商订单，将纷杂的回收渠道系统整合成一个规范的系统，从而减少了回收渠道的建设。使整个回收更专职化、集中化、节约化、高效化。（4）促进回收管理的发展。一般中小型企业在回收管理的实施上具有一定难度，而第三方企业的出现，有利于中小型企业也能参与到回收管理模式，促进了废弃物可利用资源的回收和再利用，降低了废弃电子设备等对环境的污染，保护了环境。

当然，第三方回收公司回收形式也存在还未解决的问题：对于制造商来说，没有建立与消费者之间的有效沟通的桥梁，就无法快捷的获取来自消费者的信息反馈，无法树立自己绿色企业的形象，同时，合作形式必定会存在定价分歧，如何在获得最大利益的情况下寻求稳定的第三方拆解企业，需要制造商对外包费用进行合理的定价，保障双方的收益最佳，这是制造商在选择这种模式时需要考虑的。

五、回收管理局限

虽然我国正在回收管理的这条道路上探索着，但是在国内实施回收管理以及渠道设计方面仍存在着有待打破的局限，主要有以下几个方面。

(一) 制度体系未完善

虽然回收管理的概念已存在一段时间，但是这种管理模式在国内并没有得到充分的发展。在国外，类似回收付费制度已实施相当长的时间了，而在国内，仍然处于自由、非强制回收阶段，没有系统的回收与再处理的配套措施和办法。

目前我国虽然针对废物污染进行了相关政策上的法律规定，例如《固体废物污染环境防治法》等在内的10余部与废弃电子电器回收管理有关法律。《固废法》在一定程度虽反映了国家对于环境清洁的要求，但是更多地侧重于对已弃置的废弃电子电器的处理处置，而对于在生产过程中减少废弃物的产生量等源头控制要求还不强烈。除此之外，在我国回收管理政策并没有强制性要求，经济激励政策不够，导致企业反响度不高。同时，审核问题依然存在，长期以来，环保部门各级对于废弃物以及化学品的管理体系建设落后，多数县市的地方部门缺少专职的机构和从事人员以及缺少废弃电子电器的监管人员。除此之外，划拨至回收管理的经费也较少，无法支撑回收管理的发展内需。

(二) 回收技术约束

虽然我国对于回收管理制度持有积极的态度，但是在对废弃电子电器产品回收利用工艺上仍有很多不足之处。

目前，国内的拆卸主要还是依靠于手工拆卸，采取简单的物理方法（如砸、剪、风吹法、水洗法、填埋等）以及简单的化学方法（如焚烧、热裂解法、酸处理和溶蚀等），效率低的同时，也大大浪费人工资源。同时手工拆卸也存在很多污染隐患。为了提高效率，应该大力发展研究自动化拆解过程，研发一些机械化程度较高的废气电子电器自动拆解设备。

破碎、分选过程主要还是依靠在废弃电子电器经过破碎、粗碎处理后，通过磁选机将残渣中的磁性物体如铁、镍等分选出来。但这一步骤效率不高，同时还存在破碎产生的粉尘，以及破碎后剩余的破碎垃圾料。为了更高效地破碎废旧物，活动资源的最大化，整合新的操作单元，如增加涡电流分选机等设备。

急需开发新的操作技术流程。目前，回收流程主要集中于物理和化学等技术方面，但是，这两种方法都不是完全清洁绿色的。用硝酸盐浸泡电器，虽能提取铜、锡、金等金属，但未经处理的酸解液、漂洗液直接被排入江中，会导致江边及地下水不能饮用。而研究采用生物技术对环境的污染更小，同时降低回收成本。

六、政府政策

政府出台相关法令对废弃电子电器回收处理进行规范和监管对于回收管理的发展中起着举足轻重的作用，有助于降低电子电器废物的产生；促进回收再利用和循环利用等其他回收形式的深入发展；调整改善供应商和经销商在产品整个生命周期和回收处理模式环节中所出演的决定和承担的任务；降低焚烧和掩埋对环境造成的最低污染标准量。分析对比全球各地区如德国、日本等发达国家和我国现存的废弃电子电器的回收管理政策制度。

（一）外国政策

欧盟以"谁污染，谁负责"原则和"减少有害物质的替代原则"为基本管理制度。1998年，《废旧电子电器回收法》对厂家就产品生产环节所造成的环境影响做出要求、2000年《欧洲议会和理事会关于电子电器设备废弃物立法提案》、2002年《废旧电子电气设备（WEEE）指令》和《关于在电子电气设备中限制使用某些有害物质（ROHS）指令》确立回收处理由制造者或第三方负责，并规范了电器设备中有害物质分类、2005年《电子废弃物处理法》、2006年《关于在电气电子设备中限制使用某些有害物质指令》。

作为工业发达国家，德国以严谨的态度著称，在废弃物回收处理的道路上也远远早于其他国家。20世纪90年代，德国便相继出台了《电子废物条例》和《物质封闭循环与废物管理法》两大法案确立了"生产商责任制"，并将废弃电器电子产品返还的责任纳入电子产品的生产厂家、进口商的承担责任范围内。2005年颁布《关于电器电子产品销售、回收和环境无害化处置管理管理法令》。此外，德国还建立了废旧电器登记基金会（EAR）和德国联邦环境署（UBA），EAR负责全的废弃电器电子产品处理费用的统一收集和支付，而UBA则承担其监管职责。目前，德国的回收率已高达80%~90%，回收责任履行率也达到100%。

瑞士是建立生产商代理机构（PROS）协助管理整个废弃电子电器回收业务，通过委托多家第三方拆解公司进行专职化的拆解，能够形成合作内部竞争环境，促进回收处理的技术的发展。此外，多家公司也能形成不同领域中的佼佼者比如SENS，主要回收洗衣机和冰箱等家电，这也有助于企业降低其生产系统的随机性，降低投资成本，形成高效拆解作业；同时对于各家企业拆解加工完成量进行定量规定，每家企业所每年末剩余的未加工完全的废弃电子电器量不能多于其加工能力的20%左右，促进的各家企业高效快速地完成业务量。而政府也会对合作企业给予补贴。当合作的第三方拆解企业合作项目中出现损失时，政府通过PROS补贴企业的回收处理过程的相关费用。

日本同样注重电子垃圾回收，并在 2001 年就出台了八项回收经济法律，即《促进循环社会形成基本法》《特定家用电器再商化法》《促进循环资源有效利用法》《食品循环再生利用促进法》《建筑工程资材再利用法》《容器包装再利用法》《绿色食品采购法》《废弃物处理法》等。在法令中，明文规定了电子电器产品的回收管理流程中，制造商和进口商负责回收处理；而经销商则承担回收和运输责任；而整个过程涉及的相关费用则由消费者自己承担。

美国加利福尼亚州 2003 年通过《2003 电子废弃产品再生法案》将电器分为黑色电器和白色电器，并对其回收处理流程进行严格的规定。虽然美国有资源回收意愿，但是力度却比较弱，比如每年 75% 的电脑闲置，50%～80% 被运送至其他国家或地区。每年都有大量的电子垃圾运送至我国台湾、广州等地进行电子垃圾回收。

（二）国内政策

近些年来，我国经济水平有了飞速的发展。伴随着经济的发展，接踵而来是日益增多的电子垃圾。虽然，我国在对电子垃圾问题的处理上较很多发达国家时间略晚，但是，在国家政府的努力下，也有了不小的成绩。2001 年出台了《废弃电器电子产品回收处理管理条例》促进循环经济和资源综合利用，规范废弃电子电器产品的回收。2003 年出台《清洁生产促进法》推动清洁能源的研发，鼓励从源头消减污染提高济源利用率。2007 年出台《再生资源回收管理法》和《电子信息产品污染控制管路办法》两大法令鼓励对已经失去原有部分或全部价值的各种废弃物在经过加工后重新获得使用价值，降低电子垃圾污染、2009 年颁布《废电器电子产品回收利用通用技术要求》进一步规范了废电器电子产品回收处理过程的相关技术要求和相关规定。2010 年出台《废弃电器电子产品处理污染控制技术规范》，并于次年颁布《废弃电器电子产品回收处理管理条例》等多项法令，共同规范国内废弃电子电器的回收管理行业的发展。

第三节　再制造管理

一、再制造概述

（一）再制造提出与发展

我国再制造的概念，是在 1999 年 6 月西安召开的"先进制造技术"国际会议上由徐滨士院士首次提出。它主要是以废旧的机器零部件、设备为对象，以优质、高效、节能、节材、环保为准则，运用先进的工艺技术对报废产品进行修复后再利用，赋予废旧设备产品新的生命周期的过程。废旧产品通过再制造，其质量及性能一般不亚于甚至优于原先的新品质量及性能。由于目前再制造技术的发展程度还不高，因此再制造主要针对的是零部件而不是整个产品。

进入 21 世纪，为有效缓解有限资源、减少环境污染与高速发展的制造业之间的矛盾，中国政府做出"发展循环经济、建设节约型社会"的重大战略决策。再制造作为循环经济的重要组成部分，得到了我国政府的大力支持和扶持。2009 年 1 月 1 日《中华人民共和国循环经济促进法》开始实施，企业开展机动车零部件、工程机械、机床等产品的再制造和轮胎翻新将得到政府支持；2010 年 5 月国家发改委等 11 部门联合发布《关于推进再制造产业发展的意见》，将工程机械列为推进再制造产业发展的重点扶持领域之一。以徐工、千里马、柳工、中联重科、三一集团等代表性的工程机械企业作为再制造试点企业，得到了政府的重点支持。目前，再制造在我国正高速发展，再制造在产业化实践和基础研究等方面也取得了较大的阶段性成果。现如今，中国已成为世界再制造中心之一，在世界再制造领域发挥重要作用，未来中国再制造产业规模将达到每年 100 亿美元。

在我国意识到再制造的价值并且大力提倡之时，以美国、日本和欧洲为代表的起步较早的工程机械国家再制造产业已经发展相对成熟，并且已经形成了规模化生产。作为全球再制造产业规模最大的美国，产业规模达 1000 亿美元，其中汽车和工程机械再制造占 2/3 以上。再制造企业有近 7.5 万家，从业人数约 50 万人。日本 20 世纪末也加强了对工程机械的再制造，再制造工程机械中，58% 由日本国内用户使用，34% 出口到国外，其余的 8% 拆解后作为配件出售。

作为全球最大、技术实力最强的再制造巨头，卡特彼勒再制造公司在北美、欧洲及亚太的 8 个国家有 19 家工厂、160 条生产线、近 4000 名员工。在成熟的市场中，卡特彼勒在全球范围内售出的零部件有 20% 是再制造的零部件。除此之外，小松、凯斯等企业的再制造产业也已有 40 多年的发展历史，成为各自企业产值的主要板块之一。

(二) 发展再制造必要性

1. 再制造能缓解能源资源缺乏压力

近年来，中国制造业高速发展的背后是大量能源、资源的快速消耗。然而，我国自身的能源、资源储备却不充足，仍需要向国外进口大量资源。未来，随着中国制造业的持续发展，能源资源紧缺的压力会越来越大。面对巨大的能源、资源紧缺的压力，大力发展再制造业可以有效回收再生资源，极大缓解资源压力。例如，我国每年可多回收 500 万吨左右废钢铁，20 多万吨有色金属。而每利用 1 吨废钢铁，可炼钢 850 千克，相当于节约成品铁矿石 2 吨，节能 0.4 吨标准煤。

2. 再制造丰厚的经济效益及潜力

再制造产业是我国循环经济重要部分，既绿色环保又具有较高的经济价值。一般报废设备经过再制造，其成本仅为新品的 50%，可减少大气污染 80%，实现节能 60% 以上，节材 70% 以上。以色列将废旧的波音 747 客机再制造成货运飞机，一台旧客机成本 200 万美元，经过再制造后售价可达到 8000 万美元，远低于新买一架货运飞机 1.15 亿元的价格。通过再制造，以色列实现废旧飞机再利用，节约了大量的资金。

3. 再制造产品涵盖领域广泛

目前，再制造已在全球形成了成熟的市场环境，再制造产品种类涉及领域已相当广泛。其中美国的再制造产品以航空航天、重型装备和车辆、汽车零部件为主，再制造产品几乎包含了所有机电产品。德国再制造产品则涉及车零部件、工程机械、机床、铁路机车、电子电器、医疗器械等多个领域，以汽车再制造和汽车零部件再制造最为成熟。虽然我国再制造业起步较晚，但经过这些年的发展，我国再制造行业不仅在汽车领域，在非道路用车、船用、航天、机械工程等领域也均有发展。

4. 再制造市场发展潜力巨大

目前，全球再制造产值超过 1000 亿美元，其中汽车和工程机械再制造占 2/3 以上。我国再制造业主要以汽车产业为主，发展也最为成熟。2009～2018 年的近 10 年来，我国的汽车销售量持续增长，从最初的 1367 万辆的年销售量至 2019 年 2816.3 万辆的年销售量，我国汽车销售量增长一倍多，如图 8-2 所示。同时，我国每年报废的汽车数量随着汽车生产量在逐年增长，2015 年汽车年报废数量 500 万辆左右，到 2017 年汽车报废数量已达到 800 万辆，并以每年 16%～20% 的数量增长。同时，我国汽车再制造市场规模从 2005 年不足 0.2 亿元发展到 2010 年的 25 亿元，中国的汽车市场正逐渐走向成熟，整个汽车产业重心正在由制造业向后市场转移，而再制造正是后市场转型的重要方向，再制造产品将成为汽车后市场的重要选择。按照规划，2020 年我国汽车拆解与再制造业产值可能超千亿元，汽车再制造市场的发展潜力十分庞大。

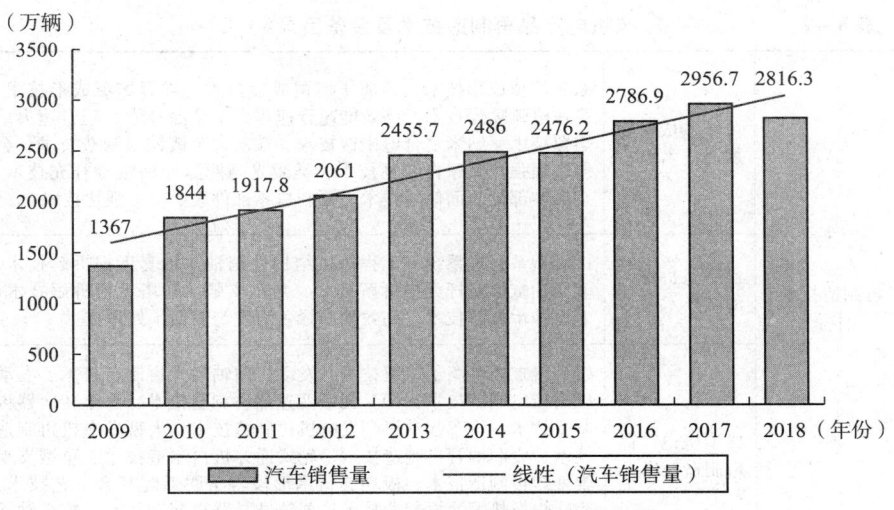

图 8-2　2009~2018 年我国汽车销售量

二、再制造技术

再制造技术一直以来都是再制造的重点，这些年来对于再制造的研究主要集中于再制造的关键技术及其工艺研究。产品再制造在"修复"再利用过程中需要大量现代高新技术（如先进表面技术、再制造拆装技术、零件表面升级技术等）的运用，才能获得质量合格的再制造产品。与传统产品制造相比，再制造加工工艺更加复杂，加工技术要求也更高，一般主要体现在：产品设计、再制造毛坯质量控制、零部件加工、装配调试这四个方面。

再制造毛坯的"修复再利用"需要通过许多现代高新技术来实现。其关键技术种类繁多，涉及多门学科交叉应用。我国再制造技术既包括传统的作为主体的维修技术、表面工程技术，也包括新兴的无损检测、寿命评估预测、质量控制等先进技术等。根据国家工业和信息化部与科学技术部共同下发的《机电产品再制造技术及装备目录》，如表 8-2 所示，再制造技术体系可分为再制造拆解与清洗技术，再制造成形与加工以及典型机电产品再制造技术三大部分，其中提到的 34 种再制造技术内容，对再制造技术的发展和推广起到了很好的促进作用。

三、再制造质量管理

再制造质量管理是对再制造产品质量水平的把控，是产品质量合格的保障。再制造产品的质量管理，是在产品再制造过程中实行的一种计划、监督、控制、组织等的活动，它以产品的整个再制造过程为对象，运用相适应的先进再制造技术与工艺，对整个再制造过程实行科学管理。

表 8-2　　　　　　　　　《机电产品再制造技术及装备目录》

再制造技术体系	再制造成形与加工技术	激光熔覆成形技术、等离子熔覆成形技术、堆焊熔覆成形技术、高速电弧喷焊技术、高效能超音速等离子喷涂技术、超音速火焰熔覆技术、纳米复合电刷镀技术、铁基合金镀铁再制造技术、金属表面强化减摩自修复技术、类激光高能脉冲精密冷补充技术、金属零部件表面修复技术、再制造零部件表面喷丸强化技术
	再制造拆解与清洗技术	拆解型系管理系统、工程机械结构件销轴与轴套无损拆解技术、液压油缸活塞杆无损拆解技术、泵车支腿、转塔无损拆解技术、电机轴承拆解技术、高效喷砂绿色清洗与表面预处理技术
	典型机电产品再制造技术	发动机缸体等离子熔覆技术、发动机曲轴激光再制造技术、发动机内控电刷镀技术、CTV 无级变速器再制造技术、汽车转向器再制造技术、汽车起动机和发电机再制造技术、大型发电机再制造技术、废旧油管再制造技术、轮式通井机再制造技术、重型支承辊堆焊再制造技术、板坯连铸扇形段辊子明弧焊复合工艺技术、冷轧辊类热喷涂再制造技术、连铸结晶器再制造技术、冶金轴承再制造技术、冶金装备备件热喷涂再制造技术

（一）再制造质量管理的要求

再制造的质量管理是个严肃的过程，再制造质量管理需要严格把控再制造的每一个环节，协调再制造的人力物力等资源，才能更好实现再制造目标，获得质量一流的再制造产品。《机械产品再制造质量管理要求》中对再制造质量管理做出过如下要求：

（1）再制造企业所确定的质量方针应体现加快循环经济，建设资源节约型社会和环境友好型社会的宗旨。

（2）再制造企业应具有相关的产品再制造知识技术、专业再制造技术人员，先进的再制造设备，现场管理整个再制造过程的能力。

（3）再制造企业应按照 GB/T19001 的要求建立质量管理体系。企业需具备对再制造产品质量检测的能力，能够实际把控再制造产品的质量水平。

（4）再制造企业需要明晰再制造的法律法规，再制造企业需要遵守安全、节能、绿色环保等法规。再制造产品性能质量需要符合相关国家标准，其性能质量不能低于原型新品的要求。

（二）再制造质量管理的特殊性

1. 再制造较难实现规模化生产

在回收管理中，废旧产品会集中回收后进行拆解，拆解后的零部件会依据损坏程度进行分类，最后选出可以再制造的零部件。但这些毛坯件的质量问题依旧具有差异性，存在内部裂痕、零件表面磨损、腐蚀、长期碰撞导致的零件变形等各种问题。而且这些问题的破损程度也不尽相同。再制造中的毛坯件质量不一致,导致了再制造的质量管理变得复杂化,难以像传统制造那些进行大规模生产。

2. 再制造赋予产品多个生命周期

传统产品一般只有一个寿命周期,其质量及性能在使用过程中不断下降,直至报废失去相应的功能,最终状态是废旧物。而再制造则赋予产品多个生命周期,如图8-3所示,可以使产品在失效后经过再制造技术处理后成为新的零部件或产品,且其质量不低于同类新品的质量。这就要求对产品再制造过程进行质量管理时,要严格遵循再制造工作标准、再制造产品质量标准、再制造技术要求等,保证再制造产品质量水平不亚于甚至超越同类新产品。

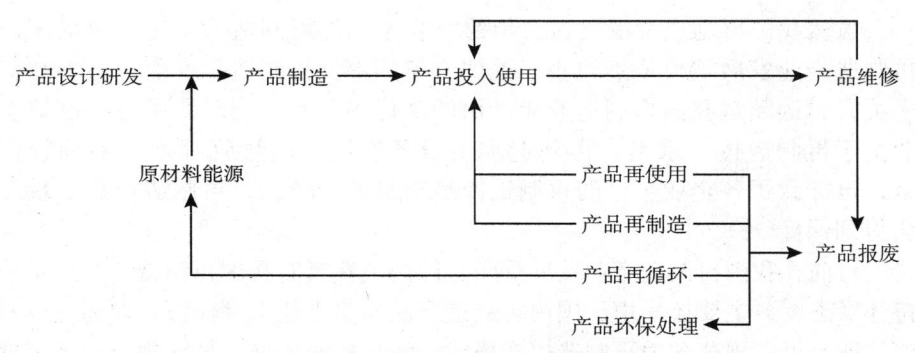

图 8-3 再制造下产品全寿命周期

(三) 再制造产品质量影响因素

操作人员因素:质量意识差,未规范操作机器设备;操作时粗心大意;操作技能低、技术不熟练,未通过有效的技术培训;因个人心情或是加班劳累导致的低效率工作;未对再制造产品规定相关质量标准。

再制造环境因素:环境光线较弱,或是过强;加工环境温度不稳定;持续的噪音。

机器设备因素:相关机器设备、工具的精度低于要求的精度标准。机器维护保养及损耗情况不佳,机器不能有效实现其生产加工功能。未能选择相适应的机器设备。

工艺与技术因素:当前工艺水平及制造技术落后;技术选择不当或是工艺流程不规范。

原料因素:再制造毛坯磨损程度过高,难以恢复其原有质量水平;原材料拆解,清洗不规范导致产品质量水平下降;再制造毛坯质量缺陷不同,破损程度多种多样。

四、再制造认证管理

按照国际标准化组织（ISO）和国际电工委员会（IEC）的定义，认证是指由国家认可的认证机构证明一个组织的产品、服务、管理体系符合相关标准、技术规范（TS）或其强制性要求的合格评定活动。开展再制造认证工作有利于提高再制造产品质量水平，规范再制造管理，提高再制造产品在国际市场上的竞争能力，建立消费者对再制造产品的质量信心，对再制造产品起到把关和规范作用，促进我国再制造业良性发展。

（一）再制造认证必要性

虽然我国再制造发展迅速，但终究晚于国外再制造几十年，目前国内再制造产业发展规模依然较小，美国汽车零部件再制造年产值超过 500 亿多美元，远超过我国再制造业年产值的 3 亿多美元。同时我国各再制造企业由于再制造技术水平、再制造加工设备有限、质量管理水平不同等因素，也导致了各企业生产的再制造产品质量差异较大，再制造产品质量无法得到保障。

目前，我国再制造产业发展受阻，国内消费者对我国再制造产品质量仍持怀疑态度，主要还是由于国内再制造产品质量不能得到保证。而通过再制造认证，可以规范国内再制造生产模式，统一检测标准、技术规范和评定准则等。再制造认证极大地保障了再制造产品质量，减少不合格再制造产品流入市场，从而建立消费者对再制造产品的信任，提高我国再制造市场规模。同时再制造认证可以规范企业再制造管理，提高企业再制造竞争能力，促使我国再制造产业向好发展。

（二）再制造的认证内容

再制造的认证认可能够有效帮助处理我国现阶段再制造产业发展问题，完善目前我国再制造认证认可主要为以下三个方面。

1. 再制造产品的认证认可

再制造产品质量要求很高，其性能及质量不能低于同类新品的性能质量。认证认可在国内外都能保护相关方的利益，对再制造产品的认证认可主要有以下几种方法：再制造企业需要拥有相应的再制造能力，即企业应具有先进的再制造设备、优秀的再制造工艺手段、专业的技术人员、先进的再制造技术和再制造标准指标体系及其实验方法。社会相关部门要求对再制造企业生产的再制造产品进行质量检测及型号实验，保证其产品质量合格。

2. 再制造企业资质认证认可

要使得我国再制造发展迈上新台阶，在对再制造产品质量认证的同时，也需要对再制造企业的资格进行认证。再制造不同于维修，产品的再制造需要较高的技术含量，企业需要配备相关的设施等各方面资源才能对再制造产品进行批量生产。没有相应再制造能力的企业打着再制造的幌子却在做着产品翻新、维修的工作，这无疑会打击消费者对再制造产品的信心，影响再制造行业的发展。

3. 再制造企业管理体系的认证

除却配备优秀再制造人员，先进再制造加工设备外，拥有一套规范的再制造管理体系对再制造企业也十分重要，它能够帮助企业合理协调资源的最大化利用，保障产品质量，提高企业再制造管理水平。再制造管理体系主要包括：再制造技术管理、再制造质量管理、再制造人力资源管理、再制造战略管理、再制造生产管理等。其内容主要围绕企业运营的各个方面展开。

（三）再制造认证认可工作流程

我国再制造认证认可工作还处于起步阶段，尚未成熟。有许多基础工作尚待开展。

1. 建立再制造标准体系

标准是认证认可工作的依据，建立统一权威的标准对认证认可工作十分重要。再制造标准内容多样化，包括再制造技术标准、再制造管理标准、再制造工作标准等。再制造对象繁杂，再制造产品不同（如对电子机电设备的再制造，航天设备的再制造等），相应的标准也不同。再制造企业需要根据生产的再制造产品种类选择相适应的国家、行业标准。

2. 设立再制造认证认可机构

再制造认证机构是独立于制造商、销售商和消费者的、由国务院认证认可监督管理部门批准，并依法取得法人资格的第三方机构，其主要工作有：关注国家政策的调整并评估对再制造业的影响；对企业生产的再制造产品，再制造企业资质及其再制造管理体系有效性进行认证；对相关企业的认证认可工作给予意见，提供帮助。

3. 建设再制造认证认可专业团队

中国认证认可工作开展较晚，各方面都不够完善。现仍亟须的再制造技术人员及认证认可技术人员组成的再制造认证认可专业队伍。同时，再制造认证认可人员也需要拥有再制造专业知识，掌握再制造专业技术（如再制造拆解技术、剩余寿命评估技术等）并能规范地、熟练地进行再制造认证认可工作。

五、再制造生产管理

（一）再制造生产计划

再制造生产计划是再制造生产管理的重要组成部分之一，是企业再制造生产管理的重要依据。再制造生产计划对再制造企业的生产任务做出统筹规划，指导企业生产相应种类、数量及质量的再制造产品。再制造生产计划可以协调企业自身生产能力与外部市场需求之间的平衡，也是企业实现利润目标和市场目标的手段之一。

（二）再制造生产计划分类

再制造生产计划可划分五部分：再制造综合生产计划、再制造主生产计划、再制造物料需求计划、再制造能力需求计划、再制造作业计划。

再制造综合市场计划是指企业根据市场需求情况、产品回收数量、产品库存信息、企业再制造生产能力等，确定企业自身年度生产的再制造产品品种及其产量的计划。

再制造主生产计划则是在确定了再制造综合市场计划的基础上，结合市场需求及企业资源能力而制定的生产计划。再制造主生产计划详细的确定了生产的再制造产品品种、数量、时间等，是对再制造综合生产计划的详细说明。

再制造物料需求计划：物料需求计划是主生产计划顺利实施的关键，依据企业的零部件库存数量及物料清单，将主生产计划细化展开，详细规定投入的物料数量及时间。

再制造能力需求计划：再制造能力需求计划需要解决生产能力有限的问题，协调企业生产能力负荷的平衡，确保人力、物力等资源能够满足物料需求计划的需求。

再制造作业计划：生产作业计划是生产计划工作的延续，是短期计划，它根据再制造物料需求生产的结果而具体制定。

（三）再制造生产的特殊性

再制造业不同于普通制造业，其再制造生产与传统的生产具有较大的差异，再制造生产具有其特殊性。与传统生产不同，再制造主要是以回收的废旧产品为生产对象，通过专门的再制造技术对产品进行改造及修复等，获得质量性能不低于新品的再制造产品。而传统生产的对象是新原材料，经过加工，获得全新的产品。同时，再制造生产过程亦有其特殊性：再制造生产流程包含废旧产品的拆解、废旧零部件的清洗、损坏程度评估并分类、对废旧零部件进行修复或是替换、再次组装产品并对产品进行质量性能检测。在生产技术方面，再制造生产需要先进的加工技术及其工艺来保证再制造产品的性能质量合格。我国废旧产品再制造加工主要采用以先进表面工程技术为主的再制造关键技术，通过对废旧零部件失效表面修复和更换达到恢复技术指标的目的。再制造生产的不确定性导致再制造生产计划较难正常实行，生产控制具有复杂性。生产与需求的较难平衡，企业生产的节奏性和准时性都难以得到保证。

（四）再制造生产的不确定性

在企业生产过程中往往伴随着一些不确定因素，这些不确定因素的存在会导致生产计划的失效，使企业无法正常完成既定的生产任务，给企业造成不必要的损失。

1. 产品回收不确定性

再制造生产对象主要是回收的废旧产品，废旧产品的回收大多表现为下游客户的产品退回行为的被动反应，而不是企业生产计划或决策的结果。因此，企业难以准确预测废旧产品的回收数量及时间。同时，产品回收的数量难以准确预测，使得再制造产品与其市场需求之间容易产生不平衡，再制造产品与其市场需求的失衡会带来供不应求以及供过于求这两大难题。

2. 可再制造率不确定性

回收后的废旧零部件具有多种失效原因，如磨损、腐蚀、裂纹等，需要使用各种相应的加工设备，再制造技术工艺进行再制造修复，不同原因导致再制造修复的难度不同。同时，废旧零部件的损坏程度（如裂纹的长度、形变程度、磨损程度等）的差异也会导致即使一样的零部件再制造修复后的工艺参数不一致。因此，回收产品可再制造率存在很大的不确定性且难以准确预测，而在制定再制造生产计划时过高或过低的估计可再制造率都会使得企业增加不必要的成本。

3. 再制造生产的控制

再制造生产的控制主要是要协调好回收的废旧产品及加工资源与生产计划之间的平衡。如果再制造产品原材料及加工所需资源无法满足计划的需求，则需要调整企业的回收产品与资源，或是在允许范围内更改生产计划，使两者达到平衡。再制造控制主要涵盖以下四个方面。（1）原材料控制：企业需要对回收的废旧产品数量、时间进行控制，在保持尽量小的库存成本下满足生产计划的需求。（2）车间控制：对再制造生产过程和生产状态进行控制，达到生产计划的要求。（3）库存控制：企业需要保证库存回收产品、原材料、加工所需资源等充足，保证企业的生产活动能正常进行。（4）制造资源计划：制造资源计划是指综合车间控制、库存控制、物料需求计划等，充分利用企业资源，优化企业生产管理能力。

4. 再制造生产车间布局

再制造生产的车间布局主要以提高空间利用率、减少物料运输距离及搬运次数、使物料能够灵活流动等为布局目标，要求车间布局在生产过程中物流方向与工艺流程一致、车间结构紧凑简单并充分利用车间的空间，按照工艺流程的顺序合理配置生产设备、平衡各工位之间的生产供需、保障车间的卫生及人员安全。车间布局的优劣会对物料的流动平衡、生产成本造成直接影响。

车间布局可分为产品布局、工艺布局、单元布局、固定位置布局四个类型，不同类型的车间布置的特点及适用范围各异，企业可以根据自身生产特点采用合适的车间布局类型。少品种、大批量生产的企业就适合产品布局的车间布局；生产大型设备，产量也小的生产企业则适合采用固定位置布局类型；而单元布局可以较好地解决工艺布局存在的物料问题，适用于中、小批量生产的车间布局。

第四节　再制造品营销管理

一、再制造品引入策略

再制造品引入策略是指零售商是否应该在销售新产品的同时销售再制造产品。零售企业的再制造品引入策略主要取决于再制造产品的有利因素和不利因素影响。

再制造产品引入的有利因素：（1）再制造品实现了变废为宝、废物循环利用，是一种环境友好型产品，因此会得到环保消费者的偏好，零售商引入再制造产品，可以根据顾客细分做到精准营销；（2）越来越多的制造商从事再制造，此时销售再制造品对于零售商们来说是一个博弈问题，如果对手销售再制造品，自己不销售，那么环保消费者市场将全部被对手占用，因此，销售再制造品实际是零售商们博弈均衡的结果。

引入再制造产品的不利因素：蚕食效应。零售商引入再制造品后，由于再制造品和新产品之间在功能和性能方面没有差别或是差别很小，因此，再制造产品与新产品会形成竞争，原本会购买新产品的消费者此时会选择购买再制造产品。尽管再制造品会给企业带来一部分销售收入和利润，但是会蚕食新产品的市场份额，会导致新产品的销售收入降低和利润减少。因此，再制造品的引入虽然能够吸引更多绿色消费者的购买，但是最终会使企业的总体利润下降，这就是再制造品引入的蚕食效应。

企业通过合理措施可以减少再制造品的蚕食效应：（1）明确再制造品和新产品之间的差异，进行合理定位，确定市场细分。再制造品与新产品最大的优势在于绿色环保和低成本，因此在宣传和促销过程中强化再制造品的特点，帮助绿色消费者和价格敏感性消费者更好的选择产品类型。（2）选择合适时间投放再制造产品。尽管再制造品将销售对象定位于绿色消费者和价格敏感性消费者，但是再制造品还是会与新产品形成竞争，会影响新产品前期盈利，因此确定合理时间推出再制造品尤为重要。推出过早，会减少新产品给企业带来销售收入和利润。推出过晚，会丧失部分绿色消费者和价格敏感性消费者。（3）提高消费者对企业认同。通过宣传再制造品，可以提高企业的环保形象和社会美誉度，从而赢得更多消费者购买。

二、再制造品销售渠道策略

再制造品销售渠道是指制造商通过何种方式将再制造品销售给消费者。再制造品销售渠道通常有三种，即制造商直营销售、经销商销售和第三方零售商销售。

制造商直营销售是指制造商自己建立销售渠道，从事产品宣传，雇佣促销人员进行再制造品的销售。对于制造商而言，直营销售有多方面的优势：（1）避免了中间商的加价行为，提高了再制造品的价格优势；（2）减少了产品的流通环节，降低了产品的物流成本和销售成本，提高了产品的利润率；（3）制造商掌握再制造品的生产流程和质量信息，能更好进行推销工作；（4）制造商直接与消费者接触，更好地了解消费者需求和产品反馈，有助于制造商的回收再制造运作管理。与此同时，制造商直营销售也存在一些劣势：（1）制造商同时从事制造和销售业务，会增加管理的复杂性；（2）制造商从事不擅长的销售业务，增加了企业的经营风险；（3）制造商进行直营销售可能会引起经销商的抵触，引发渠道冲突。

经销商销售是指制造商的再制造品通过其经销商进行销售，此时，经销商同时销售制造商的新产品和再制造品。这种销售方式存在以下优势：（1）可以充分发挥供应链成员各自的优势，制造商可以专注于生产；（2）制造商可以利用经销商的销售网络和业务能力，提高再制造品的销售范围和销售量。同时还存在以下劣势：（1）再制造品的需求信息需要通过零售商传递，会导致信息失真，产生牛鞭效应等，不利于制造商的回收再制造业务管理；（2）经销商同时销售新产品和再制造品，可能只注重其中一种产品的销售而忽视了另一种产品，难以做到统筹协调两种产品的销售；（3）由于再制造品的蚕食效应，经销商在销售再制造品时会动力不足，限制再制造品的销售。

第三方零售商销售是指制造商将再制造品通过第三方零售商进行销售。此时，制造商原有经销商与第三方零售商在市场中进行竞争。这种销售方式与经销商销售方式类似，都能充分发挥零售商的销售优势。不同的是第三方零售商销售可以更好地促进再制造品的销售，第三方零售商不用顾忌新产品的销售量。在劣势方面，经销商的增加会增加产品的销售成本，还会增加物流运输配送的难度。此外，经销商的利益受损会导致联合抵制，影响新产品的销售。

三、促销策略

促销策略是指具体的销售企业如何进行合理的广告宣传、产品定价等措施，促进再制造品的销售。

（一）广告策略

一是围绕再制造品的绿色环保特性，加大对再制造品的宣传。宣传方式有电视广告、网络推荐、实体体验等。通过多种方式宣传，激发消费者的环保意识，促使消费者购买再制造品。广告宣传可以由制造商发起或是销售商发起，也可以是制造商和销售商合作宣传。通常，制造商和销售商合作广告的效果更好，制造商负责大范围、一般性的宣传，销售商则在门店内与消费者进行面对面的宣传。

二是围绕再制造品的功能特点进行宣传。对于大多数消费者而言，再制造品还是新生事物，对该产品还抱有怀疑态度。因此，可以通过制作宣传片、雇佣专业销售人员进行推荐和产品体验等方式，增强消费者对再制造品的产品认知和质量认可，扩大再制造品的潜在市场规模。

（二）定价策略

再制造品的定价是影响消费者购买的重要因素，而再制造品的定价却受多种因素影响。首先是受再制造品的需求和供给影响。再制造品的需求在一段时间内是稳定的，这主要是因为环保消费群体的规模在一段时间内的不会发生很大变化。但是随着时间的推移，这一群体的规模会越来越大，意味着对再制造品的需求会不断增加。再制造品的供给却充满着不稳定性，这取决于回收管理的效率和效果、再制造成功率等因素，而这种不确定性会一直存在着。再制造品的需求和供给特性决定了再制造品的定价难度，因此，准确判断再制造品的需求和供给将有助于再制造品的合理定价。

其次是新产品的价格。由于再制造品的生产成本低于新产品，因此，再制造品具有价格优势。为了激发消费者的购买欲望，再制造品的定价一般都低于新产品的定价，具体的优惠幅度依据产品和品牌的知名度而不同。例如，苹果公司对购买翻新产品会给予最多15%的优惠。因此，新产品的定价在一段程度上直接影响着再制造品的定价。

最后，再制造品的质量还会影响产品定价。虽然先进的再制造技术可以使再制造品的质量达到与新产品同等质量水平，但是在实践中，受各种因素的影响，如再制造技术、再制造零部件质量不一，再制造品的质量可能会低于新产品的质量。因此，依据再制造品的质量进行有针对性定价将有助于再制造品的销售。

（三）售后质量保证

对再制造品的质量保证也是促进其销售的主要措施。目前，再制造品的销售还属于新鲜事物，没有被消费者普遍接受，消费者对再制造品还存在很多顾虑。因此，销售企业制定合理的售后质量保证措施显得格外重要。常见的售后质量保证措施包括：保修、包换、包退和延长质保。

保修是指在产品售后一段时间内，如果存在质量问题，销售企业负责维修。包换是指在产品规定的售后时间内，如果产品质量出现问题，消费者可以无偿拥有相同类型的产品。包退是指在产品规定的售后时间内，如果消费者不满意，可以向消费企业退还产品，销售企业依据事前承诺或者退还产品的折旧程度，进行全额退款或者部分退款。延长质保是指消费者通过购买企业的延保服务，可以延长企业对产品的质量保证，包括延长保修期限等。

思考与练习

1. 如何看待我国再制造行业发展起步晚，但发展迅速？
2. 你是如何处理废旧电子电器产品，遇到哪些问题，有什么建议？
3. 三种回收渠道有哪些现实案例？
4. 企业在进行再制造时会遇到哪些问题和瓶颈？
5. 针对再制造对象的质量不一致、数量不确定问题，你有什么好的解决办法？
6. 试围绕一款再制造产品制定具体的营销方案。

案例分析　山能机械的再制造之路

山东能源机械集团有限公司（以下简称"山能机械"），它始建于1957年，是新汶矿业集团的全资子公司，注册资本10亿元，现有员工6000余人，下设31个控、参股公司，是国内最大的煤矿机械综合配套制造企业。其下属大族再制造公司是国家发改委批复的唯一矿山设备再制造基地，其再制造技术国内领先。

一、战略提出

2005年冬天的一天，新汶矿业集团良村煤矿的机电副总李总急匆匆将电话打到了山能机械调度室。原来是矿上的一台主要生产设备的大齿轮因为异物进入打齿损坏，设备停止运转，生产受到极大影响。要知道，作为一个年产数百万吨煤炭的大型煤矿，停产一天所造成的损失以数百万计。向原设备生产商订货需两个月的加工工期，根本不能为矿方接受。急矿方所急是山能机械的服务理念，马上派出精干的维修力量赴矿对设备进行拆解，将损坏的大型齿轮运到厂内进行维修。总工程师组织专家会诊，提出了补焊修补加工修复的方案，连夜组织精干力量进行加工，第二天一早就将修复完成的齿轮送到矿上。在晚上的答谢宴会上，李总对山能机械表示了由衷的感谢，并询问修理后的齿轮性能如何。山能机械副总工程师杨东自信满满的回答："包你用1年没问题。"李总不由得露出一丝苦笑："我们这设备才用了半年多，设计寿命可是10年。这次维修才几万块钱的费用，要是能维修达到新齿轮的性能，我们宁愿付新品的价格，30万。"李总深知作为矿方来说，时间就是效益，稳定运行的设备是效益的保障。1年后还需要更换齿轮，只是更换齿轮影响生产的时间，损失的效益就远远不是30万的问题了。但他同时也知道，作为维修方来说，能使齿轮在一定条件、一定周期内恢复使用性能，就已经完成了任务，在现有条件下，很难做到使维修后的产品达到新品的性能。李总不经意的表情和话语，却被杨东深深地记在了心里，如果维修后的产品能达到新品的性能，除了免除使用方的后顾之忧，还可以给公司获得很大的经济效益。这是个具有巨大潜力的市场，值得下大力气开发。但是目前现有的技术水平下，如何实现维修后产品性能的完全恢复，好像存在不可逾越的障碍。现代科技日新月异，工业技术不断进步，会不会存在这样的技术呢？

随着产品更新换代的速度加快，我国废旧机电产品，特别是废旧矿山采煤机械设备的数量逐年递增，数量惊人。尤其是20世纪70年代末、80年代初引进的重大成套设备，将陆续到达寿命期，面临报废。据统计，目前全国每年约有15万台左右的矿山机械报废、闲置，技术性和功能性淘汰等，其中报废采煤机200余台，约10000余吨；掘进机600余台，约25万吨；刮板运输机达到近20万吨，价值上百亿。国家提倡循环经济，如何将废旧机械进行循环利用？并利用现有废旧机器设备为公司带来经济效益？这是杨东自上次维修后一直思考的问题。

2006年7月，全国循环经济展览会上，杨东作为新矿集团代表参会。在会上通过与专家交流学习，对再制造有了新的了解和认识。正是这一次参会，拉开了山能机械再制造产业发展的序幕。杨东回公司后，马上起草了一份关于在新矿集团实施矿山装备再制造的报告，并向集团主要领导作了详细汇报。在听取了后，集团主要领导给各部门负责人打了电话，要求开紧急工作会议——"矿山设备再制造准备调研、论证、立项、申报"。

二、战略规划

会议最终决定，杨东为再制造任务的直接执行者。杨东接到委任状那一刻，喜忧参半，喜的是自己最初的梦想终于有机会得以实现，忧的是现在是老虎吃天—无从下口，从哪开始着手呢？万事开头难，杨东想到了当初展会上遇到的专家，是否可以从这做突破口，先听听专家的意见。

（一）初识徐院士，试点申报成功

历尽周折，结识了装甲兵工程学院的徐滨士院士。徐院士是我军装备维修专家，我国表面工程和再制造工程学科的主要倡导者和开拓者之一。徐院士对企业对再制造方面的工业应用非常关心和支持。特别在看到山能机械的实力、对再制造的认同，表示一定会给予全力的支持！与徐院士的交流非常愉快，很快山能机械与装工院签订了合作协议。

2007年，国家发改委以"资源节约和环境保护项目"批复山能机械实施矿山机械设备再制造。山能机械成为国内首家矿山设备再制造试点企业，山能机械再制造项目部成立，杨东任项目部经理。

（二）与徐教授相识，开始激光技术

自杨东接过这个课题，就开始查找资料、拜访专家、考察再制造技术工艺，研究开展矿山设备再制造的方法、途径。通过对各种技术手段的对比，分析优劣，最终确定了以激光技术为主要加工手段的技术方案。因为激光技术具有变形小、融覆组织细腻、粉末选择几乎没有任何限制、熔覆层的厚度范围大、工艺过程易于实现自动化、机械性能突出，代表未来发展方向等优势。但是风险并存：激光融覆技术工艺在世界范围内尚无大规模工业应用；基础条件薄弱；应用在再制造属新产业、新技术。这又给杨东增加了难题，好事多磨，杨东凭着坚定的信心，又开始迎接下一场战斗。

在激光设备考察过程中，某国外生产厂家介绍说有台激光器正在清华大学试运行，听到这个，杨东马不停蹄地赶往北京进入清华大学钟敏霖教授的实验室考察。钟教授是中国光学学会高级会员、中国光学学会激光加工专业委员会第六届委员、常委、秘书长、美国激光学会会员。

初期，针对生产过程中出现的问题，专门聘请钟教授到公司进行指导。会上，钟教授听到与会者提出的各种问题后，微笑未予回答。过了一会，钟教授才笑着说,"看来我们要进行激光技术的科普教育了。"就是这样从"零"开始,从什么是激光开始,打开了山能机械再制造技术的大门。从此,山能机械踏踏实实的一步一步走到了现在的行业领军地位。在这个过程中,钟教授对指导山能机械开展激光技术应用起到了至关重要的作用。

三、战略实施

作为世界知名的激光加工设备生产厂商,大族激光也敏锐地认识到激光技术在再制造产业的应用前景,成立了再制造事业部。山能机械在考察调研激光设备的过程中,接触到大族激光公司,了解到大族激光正在寻求工业化应用合作,双方一拍即合。2008年奥运期间开始接触,年末双方合作成立公司,12月31日拿到营业执照。山东能源机械集团大族再制造有限公司正式成立。初期,鉴于大族激光在激光业内的权威地位,大族公司占55%股份,山能机械占45%股份。

2009年下半年,成功实现激光应用关键技术宽带融覆,初步解决了大功率激光器融覆效率低、成本高的问题。同年生产出第一批激光融覆不锈钢立柱,替代国外包覆不锈钢立柱,在降低成本的前提下,性能得到大幅度提升。最早一批在煤矿井下应用的产品,至今已经近4年,无一出现质量问题。

2010年在世界上首次实现大规模工业化应用,万瓦级大功率二氧化碳激光器应用达到10台规模,用粉量达到70吨。而原来专业生产粉末厂家的用户使用量是以公斤来计量的。后来,钟教授在参加美国激光学会年会做报告时,专门介绍了山能机械大功率激光器融覆应用情况,引起强烈反响。业界普遍认为山能机械实现了大功率激光器融覆技术的飞跃。

四、战略拓展

在成功应用二氧化碳激光器后,杨东率领的团队认为,二氧化碳激光器仍存在能耗高、效率较低、设备体积大等问题,不能很好适应大规模批量应用,于是提出寻求更高效光源的课题。经考察筛选出大功率半导体激光器作为高效光源。但由于半导体激光器系统在技术研发、光源、控制系统、应用、材料等方面专业专家分散,不能整体提供成熟系统,不利于半导体激光器的应用发展。于是做出了一个大胆决策,进行大功率半导体激光器技术应用推广,与德国领先技术厂商合作,生产先进的大功率半导体激光器。

2010年8月,集团制定了大功率半导体激光器"装备、材料、研发、应用""四位一体"发展战略,提出了"技术领先、国际先进、效率突出、结构完善"的发展目标。同时从零部件再制造的基础上开展煤矿采煤工作面成套装备再制造。经过两年的时间,到2012年底,目标基本实现。研制开发的

DD4000 大功率半导体激光加工系统，出光波长 940~980nm，该激光系统光电转化率 75% 以上、工件对光的吸收率高达 80% 以上。大功率半导体激光加工系统的生产，标志着山能机械集团已经成为激光领域的领军人，打破大功率半导体激光技术只掌握在少数发达国家格局，该半导体激光加工系统试制成功将填补此项技术的国内空白，是激光加工系统制造业的发展方向。

目前，山能机械已掌握并成熟应用煤矿刮板运输机、采煤机、矿用减速机、矿用综采支架等矿山机电产品再制造的技术工艺。完成激光熔覆不锈钢立柱、无火花截齿、刮板机整体强化等研发；可对齿、轴、孔、面等不同零部件进行再制造及质量性能检测；研制开发粉体四十余种，逐步形成耐磨、耐蚀及复合型三个粉体材料系列。

公司自主研发的矿用液压支架立柱表面激光熔覆技术，经省科技厅鉴定，技术达到国际先进水平；抗磨损激光强化无火花截齿经鉴定整体技术达到国内领先水平；公司自主研发的大功率半导体激光加工系统的研制将开创大功率半导体激光器在工业领域中的应用，提高装备制造业的技术水平，填补国内空白。

建设无损拆解、大型旋转喷砂、绿色清洗、无损检测、寿命评估、激光强化与组装试验专业化，形成大型再制造生产流水线，有效缩短产品再制造周期，实现绿色再制造。山能机械自此不再只是矿山机械制造、维修的不知名公司，已然是享誉业内的再制造激光技术领先的知名公司。

五、战略效益

（1）公司在取得经济效益的同时，兼顾社会效益、环境效益协调发展，不仅创造大量的就业机会，同时取得低排放和能耗的效果。再制造产品质量和性能在保持不低于原型新品的前提下，成本降低 50%，节能 60%，节材 70%，再制造的节能、节材效果显著。

（2）获得再制造相关专利十四项，其中发明专利八项，实用新型专利六项；制定再制造产品企业标准七项，2011 年承担的山东省地方标准《矿用液压支架立柱再制造技术要求》已通过审核并颁布，同时承担了国家科技支撑计划项目——《国家采煤机械设备绿色清洗及再制造技术开发及示范》的编制任务；五种产品列入国家工信部的《再制造产品目录》。

（3）山能机械成为国家发改委批复的唯一矿山设备再制造基地，国家工信部机电产品再制造试点企业，再制造项目被认定为山东省循环经济示范项目，项目承担单位——山能机械大族公司被省科技厅认定为"高新技术企业"。

（资料来源：高群：《山能机械的再制造之路》，中国管理案例共享中心，2013 年 10 月，www.cmcc-dut.cn/Cases/Detail/1332）

案例分析题：
1. 山能机械为何要进行"再制造"？
2. 如果你是杨东，面对企业存在问题，你会如何决策？
3. 山能机械在再制造进行过程中，将会遇到哪些瓶颈？应该如何应对？

参 考 文 献

[1] 戴庆辉：《先进制造系统》，机械工业出版社 2008 年版。

[2] 梁秀兵、刘渤海、史佩京、郑汉东、李恩重：《再制造工程管理》，科学出版社 2019 年版。

[3] 周伶云：《厦门市电子废弃物回收处理体系研究》，厦门大学，2008 年。

[4] 高群：《山能机械的再制造之路》，中国管理案例共享中心，2013 年 10 月，www.cmcc-dut.cn/Cases/Detail/1332。

第九章

O2O 供应链管理

引导案例　Bonobos："只能试不能买"的男装电商

　　Bonobos 是一家美国专做男装的电商公司，创立于 2007 年，总部位于美国纽约。该公司是由两个斯坦福大学商学院毕业生，并且是室友的安迪·邓恩（Andy Dunn）和布莱恩·斯帕里（Brian Spaly）创立。Bonobos 与国内的凡客诚品较为类似，都是从事男性类衣服在线销售，并已从单一物品网络销售，扩展到整个男性服装销售的电子商务网站，提供全系列男装，包括西裤、牛仔裤、衬衣、短裤、泳衣、外套及配件。

　　2012 年，Bonobos 与美国百货巨头 Nordstorm 合作，开设了第一家线下体验店。消费者在购买服装前，可以到体验店试穿体验，再决策是否到在线商城下单购买。在之后的几年内，Bonobos 陆续开设了超过 40 家体验店。2017 年 6 月，沃尔玛发布公告，以 3.1 亿美元全现金收购男装电商网站 Bonobos。

　　Bonobos 的体验店事实上是其在线商城的延伸，是消费者可以亲身感受商品的实体店。顾客们再也不用对着电脑屏幕想象某条裤子穿在身上的样子了。换句话说，体验店更像是顾客们的"试衣间"。体验店展示了 Bonobos 各款服饰，所有款式都配备齐全的尺码，供到店的顾客们三维立体地感受线上销售的产品。顾客们去体验店试穿服饰，每一位到体验店的顾客都有一对一的"指导员"为其服务，提供造型和尺寸的建议。Bonobos 在线商城中，男士裤装的平均售价在 120 美元左右（约 800 人民币），上衣的平均售价约为 160 美元（约 1000 人民币）。创始人安迪·邓恩在接受美国杂志《Inc.》采访时说："我们有 80% 的顾客来到店里试完衣服后，回家上网订购。"

　　Bonobos 致力于为男士打造最"合身"的男装；作为一个数字化品牌，为顾客创造了一种"有趣"的购物模式；并且，在整个过程中着眼于人性化的"服务"。根据 Bonobos 的销售数据，消费者们来到体验店体验之后，购买数量会增加 75%，最大原因是顾客们得到了虚拟网络无法提供的人性化的服务和体验。Bonobos 从线上拓展到线下,一对一的个性化服务,以及与顾客建立起的亲切人性化的关系,在如今商品交易中是种特别的存在。

(资料来源:Bell D. R., Gallino S., Moreno A.. Showrooms and Information Provision in Omni-channel Retail. *Production and Operations Management*, Vol. 24, No. 3, March 2015, pp. 360 – 362)

第一节 O2O 供应链概述

一、O2O 商业模式

O2O 的概念是亚历克斯·兰佩尔(Alex Rampell)于 2010 年在其发表的一篇名为 Why Online 2 Offline Commerce is a Trillion Dollar Opportunity? 的文章中提出的。事实上,在兰佩尔提出 O2O 一词之前,就已经有许多有关 O2O 模式的商业实践。例如,1996 年和 1999 年成立的在线旅游网站 Expedia、携程网,为用户提供机票预定、租车等服务;2003 年和 2004 年成立的在线点评网站大众点评网、Yelp,提供包括为用户提供商户信息、消费点评及消费优惠等服务,O2O(Online to Offline)交易服务包括团购、餐厅预订、外卖及电子会员卡等;2008 年成立的旅行房屋租赁网站 Airbnb,它主要为用户提供多样的住宿信息,用户可通过网络或手机应用程序发布、搜索度假房屋租赁信息并完成在线预定;2008 年和 2010 年成立的团购网站 Groupon、美团网,为顾客提供生活类服务团购。

随着企业的 O2O 实践及其商业模式创新路径的演进,O2O 商业模式经历了从以企业为价值创造主体的传统商业模式,以顾客为主体的初级 O2O 商业模式,以企业为代表的供应端为主体的初级 O2O 商业模式,再到以顾客为代表的需求端作为价值创造主体的成熟 O2O 商业模式。O2O 商业模式不仅颠覆了我们衣食住行的传统模式,就连传统零售、医疗、教育等也在逐渐被其渗透。

二、O2O 的内涵

目前,O2O 尚未有一个明确的定义。在早期,O2O 是 Online To Offline,也就是将线下商务的机会与互联网结合在一起,让互联网成为线下交易的前台。这样线下服务就可以通过线上来揽客,消费者可以用线上来筛选服务,还有成交可以在线结算,很快达到规模。

O2O概念自提出到现在，其内涵在不断发展，可以总结为三种情形：Online to Offline、Offline to Online、Online and Offline。Online to Offline 是指线上到线下O2O模式，即在保留线下实体门店情况下，同时拓展线上渠道，开设网上商城店铺（金亮等，2017a）；Offline to Online 是指线下到线上O2O模式，即消费者在线下消费体验后，基于对线下商户的信任，决定转移到线上购买支付或社交分享的消费过程，是一种线下营销推广与线上购买交流相结合的商业模式；Online and Offline 是指线上线下融合O2O模式，即运用多种渠道，线上线下进行互补、合作和融合。

O2O的概念非常广泛，既可涉及线上，又可涉及线下，都可以通称为O2O。但O2O的内涵都包含以下几个方面的理念：

（一）注重体验

网络购物逐渐成为最主要的购物方式之一，但网络购物时的文字、图片、视频等不能为消费者提供产品实物体验，使得商家不得不从整体上去考虑给用户的体验和品牌影响力（金亮等，2017b），这就意味着线下服务体验是O2O商业活动整个环节中最核心的一部分。

（二）强调沟通

移动设备的普及使得用户可以针对产品或服务的质量问题等随时随地与商家沟通，商家也能随时随地接受用户的信息反馈并加以调整，提高用户对产品或服务的满意程度。

（三）用户中心

以用户为中心来打造服务体系，在开发新市场的同时留住旧市场，通常企业的大部分利润来自旧市场上的老用户。

（四）消费预测

消费预测即用户消费行为从可追踪到可衡量再到可预测，所有用户在线上线下的行为都能够被记录，最终形成基于海量的用户消费行为数据库，再通过对这些数据的进一步挖掘与分析来预测相应营销行为对用户的影响。

（五）延伸服务

延伸服务类似于售后服务，当用户被吸引时，此时的用户即是你的潜在用户，甚至能够为你带来更多的潜在用户，因此延伸服务对于维护旧市场和开发新市场都具有较大的作用。

三、O2O 供应链管理

供应链（Supply Chain）是指产品生产和流通过程中所涉及的原材料供应商、生产商、分销商、零售商以及最终消费者等成员通过与上游、下游成员的连接组成的网络结构。也是由物料获取、物料加工，并将成品送到用户手中这一过程所涉及的企业和企业部门组成的一个网络。

供应链管理理论源于物流管理研究，从供应链主体的视角，供应链管理包含了满足顾客需求的所有间接或者直接的阶段。供应链不仅仅包括制造商和供应商，还包括运输商、仓储商、零售商及其消费者。从供应链协调的视角，供应链管理是为了达到供应链每个企业绩效的长期改善而进行的对供应链企业以及企业内部各个部门系统战略性的协调。从供应链结构的视角，供应链管理是执行原材料采购，把原材料转化成为最终产品以及分销这些产品到达顾客的设施和分销网络的选择。我国《中华人民共和国国家标准·物流术语》中对供应链管理提出了定义，供应链管理是利用计算机网络技术全面规划供应链中的商流、物流、信息流、资金流并进行计划、组织、协调与控制。

O2O 供应链与传统供应链有着类似的概念，区别主要是在零售商与消费者之间的连接关系。O2O 供应链中的零售商，在信息流、物流、商流、资金流四个方面强调线上线下的融合。O2O 供应链管理侧重于对零售端的管理，即对零售商和消费者的管理。零售商通过线上线下取货收集消费者数据并掌握庞大的消费者数据资源，进而达成精准营销的目的，更好地维护并拓展用户。对消费者而言，O2O 也提供了丰富、全面、及时的商家折扣信息，能够快捷筛选并订购适宜的商品或服务，且价格实惠。

第二节　O2O 供应链运作与技术

一、O2O 与 LBS

基于位置的服务（Location Based Services，LBS）是通过电信移动运营商的无线电通信网络（如 GSM、CDMA）或外部定位方式（如 GPS）获取移动终端用户的位置信息（地理坐标或大地坐标），在 GIS（Geographic Information System）平台的支持下，为用户提供相应服务的一种增值业务（金亮，2019a）。它主要包括两层含义：一是确定移动设备或用户所在的地理位置；二是提供与位置相关的各类信息服务，意指与定位相关的各类服务系统，简称"定位服务"，又称为 MPS（Mobile Position Services），即"移动定位服务"系统。

首先，LBS 可以为消费者定位商圈，因此零售商能够通过数据库获取自己的有效用户；其次，零售商可以通过数据挖掘发现潜在用户，更加精准地定位自己的客户群，促使营销更加有效。LBS 的市场可以细分为四种类型：传统应用、社交分享、生活服务和娱乐休闲。传统应用的主要功能是地图查询与导航，实现消费者对 LBS 最基本的服务需求，社交分享主要以签到、SNS（Social Networking Sercives）为主，而生活服务类包括团购优惠、美食、电影、旅行和健康等用于满足人们日常生活需要，娱乐休闲主要包括打着游戏旗号的社交模式和基于真实位置的游戏模式。

二、O2O 与二维码

二维码又称二维条码，常见的二维码为 QR Code，QR 全称 Quick Response，是一个近几年来移动设备上超流行的一种编码方式，它比传统的 Bar Code 条形码能存更多的信息，也能表示更多的数据类型。目前比较流行的二维码电子标签技术包括 RFID（Radio Frequency Identification，射频识别）技术、ZigBee（紫蜂）技术、NFC（Near Field Communication，近距离无线通信）技术和条码技术等。

随着移动互联网的发展，智能手机普及以及 APP 应用的流行，借助移动互联网进行企业信息传播成为企业新的关注点和推广工具。如今，在电子商务行业中，二维码成为被广泛应用的新工具。作为 O2O 营销虚拟线上与实体线下的互动桥梁，二维码连接着网络与现实，扮演着支撑者的角色，形成了电商平台连接线上及线下的新路径。表 9-1 为二维码在 O2O 模式的具体运用。

表 9-1　　　　　　　　　二维码在 O2O 模式的具体运用

应用方式	细节说明
电子优惠券	二维码电子优惠券是在电子优惠券的基础上，衍生出的一种更为便捷有效的优惠券发放形式。电子优惠券系统是集生成、发送、管理、财务、验证为一体的综合性优惠券管理系统，它的业务基于庞大的手机用户群，通过二维码电子优惠券推广业务，节省了大量的人力物力投入，而且二维码电子优惠券在产品订购期内可以多次使用
电子签到	二维码签到是预先通过移动网络技术将二维码信息发送到嘉宾手机上，签到时利用二维码的识别技术，是通过特定终端和电脑软件系统连接，对嘉宾信息进行扫描识别的一种新型的签到技术

续表

应用方式	细节说明
电子名片	在日本、韩国，个人名片是二维码电子凭证最多应用之一。在名片上加印二维码，方便名片的存储，用手机扫码即可将名片上的姓名、联系方式、电子邮件、公司地址等按列存入手机系统中，并且还可以直接调用手机功能进行拨打电话、发送电子邮件等。输入电脑归档时，还可以直接扫码解码储存信息，免去手工输入的麻烦。二维码在电子名片方面的应用，不仅限于个人名片，企业商家也可以通过二维码名片进行宣传
电子门票	二维码电子门票是指景区、游乐场等场所的门票上印刷二维码图形，或结合手机彩信，实现手机二维码彩信门票。由矽感科技发明的中国自主知识产权 GM 二维码，在景区应用最为广泛

资料来源：孙飞：《二维码在 O2O 电子商务模式中的应用》，载于《科技信息》2013 年第 19 期。

三、O2O 与 AR、VR

由于线上渠道购物只能通过文字、图片、视频等方式来了解产品，使得消费者可能买到不满意或不符合其需求的产品而发生退货行为，体验就变得尤为重要。当今许多企业为了给消费者带来更加逼真的体验效果，除了开辟体验店以外，还引入了 AR（Augmented Reality）、VR（Virtual Reality）等技术，这种数字化的沉浸式体验店让消费者不仅能真切地感受到产品，还能感知产品企业的技术与灵感。

2019 年 11 月 11 日，京东全球首家超级体验店，作为全球首创的沉浸体验式综合电器互动体验场所，首个 5G 信号全覆盖的科技体验店，它开辟出了 VR 等各种体验的空间，从智能家电体验到电脑、相机、耳机体验，消费者在超级体验店中带上 3D 眼镜，就能真实模拟家庭空间，同时该眼镜会根据顾客的年龄、偏好等打造科技、电影等多样化的主题场景，通过人与商品的互动，让商品在消费者的感知中"活"起来，更好地提升购物体验。[①]

四、O2O 与移动支付

移动支付是指移动客户端利用手机等电子产品来进行电子货币支付，移动支付将互联网、终端设备、金融机构有效地联合起来，形成了一个新型的支付体系，并且移动支付不仅能够进行货币支付，还可以缴纳话费、燃气、

---

① 资料来源：《全球首家京东电器超级体验店落户重庆》，华龙网－重庆日报，http://cq.cqnews.net/html/2019－11/08/content_50715566.html。

水电等生活费用。移动支付开创了新的支付方式,使电子货币开始普及。移动支付对传统支付行为的变革性创新,且高效便捷的移动支付是O2O商业模式成熟的基础,将有效形成O2O闭环。

移动支付是指用户使用具有移动通信能力的终端设备对所消费的商品或服务进行账务支付的一种服务方式,是网络经济与电子商务、金融创新与技术发展融合的产物,具有便捷、快速、安全的特点。目前,移动支付可以按以下几种方式分类:

(1) 按支付账户的性质,可以分为银行卡支付、第三方支付账户支付、通信代收费账户支付。

(2) 按用户支付的额度,可以分为微支付和宏支付。

(3) 按支付的结算模式,可以分为即时支付和担保支付。

(4) 按用户账户的存放模式,可以分为在线支付和离线支付。

(5) 按完成支付所依托的技术条件,可以分为远程支付和近场支付。

第三节 O2O供应链定价管理

在市场战略层面,企业市场战略主要考虑市场的总体价格水平。价格通常是影响交易成败的重要因素,是企业至关重要的决策,与企业的盈利密切相关,合理的定价是企业实现盈利增长最为快捷、最为有效的方法。而定价策略,是市场营销组合中一个十分关键的组成部分,是为了确保价格竞争力和获利能力所采取的一种价格管理方法,因此,O2O供应链的定价管理是O2O供应链管理中不可或缺的组成部分。

一、定价管理的三个层面

如图9-1所示,首先,市场战略层面作为定价管理的第一个层面,主要考虑的是市场的总体价格水平。这一方面主要是围绕市场因素如何使价格出现变化这个问题展开。市场因素包括需求、供给、成本、规制、技术变化和竞争对手的行为。为了做好市场定位,并把握价格优势,许多企业会投入大量资源,致力于随时掌握所在行业的实际供求情况,以及影响供求的因素,以便深入了解市场价格机制的运行,预测市场价格波动,把握市场周期变化的拐点。一个企业要预测市场价格趋势,不仅要深入了解企业自身及其行为对市场价格的影响,而且要了解竞争对手及其行为对市场的影响。

| 供应链管理基础与前沿 |

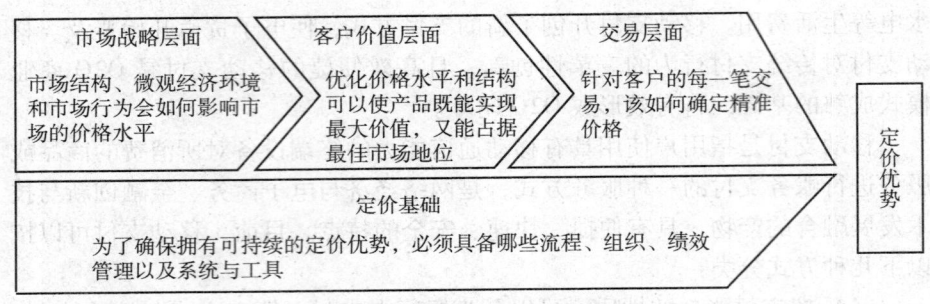

```
市场战略层面              客户价值层面              交易层面
市场结构、微观经济环境    优化价格水平和结构        针对客户的每一笔交
和市场行为会如何影响市    可以使产品既能实现        易，该如何确定精准       定
场的价格水平              最大价值，又能占据        价格                     价
                          最佳市场地位                                       优
                                                                             势
                          定价基础
      为了确保拥有可持续的定价优势，必须具备哪些流程、组织、绩效
      管理以及系统与工具
```

图9-1 定价优势的构成

其次，客户价值作为定价管理的第二个层面，主要考虑的是企业相对于竞争对手的价格定位问题。这个层面的关键在于客户感知，企业要确定产品的价目表和基础价格，就需要明确竞争对手的产品，以及潜在客户对产品利益的感知。要把客户价值层面做得优越，就应该随时了解消费者对企业自身及竞争对手的认可度，以及所有客户细分市场间的认可度差异，以此确定合理的溢价，并针对每个细分市场制定最优价格定位。

交易层面作为定价管理的第三个层面，主要关注的是针对每个客户每笔交易的精准定价问题，即在价目表价格、基础价格和目标价格的基础上确定如何运用激励手段如折让、转移支付等。这一层面的价格不仅客户可见，还决定着企业最终可实现的利润，要想做好交易层面，需要企业能够透过复杂局面来把握每次交易和每个客户的全部经济情况。换言之，就是该企业应该积极争取客户和交易等优质资源，充分挖掘和利用现有客户和交易等。

最后，定价基础是如前所述构成定价管理三大层面的重要支撑，前述三大层面主要确定定价机遇之所在，而定价基础这个层面要解决的问题是如何抓住机遇并持续获利，它包括以下四个要明确的问题：建立定价决策流程、构建定价组织、发现定价优势及其利润、定价优势需要的支持工具。

定价管理的三个层面看似相互独立，实则层层递进，紧密联系，相互影响。市场战略层面是开展客户价值层面决策的坚实背景；客户价值层面是交易层面开展定价决策的出发点，也就是通过减去发票外价格项目来确定价目表价格。

二、传统定价策略

零售企业常用的定价方法主要包括成本导向定价法、竞争导向定价法和需求导向定价法。

（1）成本导向定价法是以单位成本为基本依据，再加上预期利润来确定价格的方法，是中外企业最常用、最基本的定价方法。在《资本论》一书中，马克思将成本价格与利润求和表示产品的价值，该理论强调价值的基础就是成本价格。该方法的主要优点可以概括为：比需求导向定价法更加简单明了；在考虑生产者合理利润的前提下，当顾客需求量大时，企业可在适当的盈利水平下降低顾客的购买费用。但是该方法忽略了市场价格及需求变动的关系，同时没有考虑市场的竞争问题，也不利于降低产品成本。成本导向定价法可以细分为成本加成定价法、目标收益定价法、边际成本定价法、盈亏平衡定价法等几种具体的定价方法。

①成本加成定价法是按产品单位成本加上一定比例的利润制定产品价格的方法。也就是在产品成本上增加一部分盈利的方法。

中国最大的餐饮集团，肯德基所属的百胜餐饮集团中国事业部于2009年7月15日与三大鸡肉龙头企业（即香港大成、福建圣农、山东新昌）在京签署协议，首次以"成本定价"的全新模式合作。合作的具体内容有：采取"3年长期承诺+成本定价"的模式，确保三年内，三家供应商以"成本定价"的价格向肯德基供应28万吨鸡肉。鸡肉供给价格和鸡饲料的主要成本挂钩，其中鸡饲料主要成本为玉米和豆粕。也就是说，"成本定价模式"下的采购价格以鸡肉养殖饲料的市场价格为基础价格，根据饲料的市场价格变动情况调整鸡饲料的成本价。①

②目标收益定价法又称目标利润定价法，它是根据企业预期的总销售量与总成本，确定一个目标利润率的定价方法。该方法的特点是首先确定一个总的目标利润或目标利润率，然后把总利润分摊到每个产品中去，与产品的成本相加（金亮，2018），就可以确定价格，比如美国通用汽车把利润率定为15%~20%。该方法的不足之处在于价格是根据估计的销售量计算的，但在实际操作中，价格的高低会反过来作用于销售量，所以要确保用所定价格来实现预期销售量的目标，就必须在价格与销售量之间寻求平衡。

③边际成本定价法是企业以单位产品的边际成本为基础的定价方法，在完全竞争市场中，边际成本定价法是达到市场均衡的定价方法，此时企业的边际收益等于边际成本，短期利润为零，此方法要求对企业的销售模型和产品成本模型预先加以确定，然后根据两者间的关系推算价格水平，因其分析的起点是使企业的利润最大，所以是一种适合于企业长期采用的中长期价格制定方法。

其适用情况有如下几种：企业达到保本点后的商品定价；企业开拓新地区市场的商品定价；企业经营淡季时的定价。

④盈亏平衡定价法也叫保本定价法或收支平衡定价法，它是指在销量既定的条件下，企业产品的价格必须达到一定的水平才能做到盈亏平衡、收支

---

① 王妤：《从肯德基看成本加成定价法》，载于《经济研究导刊》2011年第17期。

相抵。既定的销量就称为盈亏平衡点,这种制定价格的方法就称为盈亏平衡定价法,而科学地预测销量和已知固定成本、变动成本是盈亏平衡定价的前提。

(2)竞争导向定价法是指在价格制定过程中,企业通过研究竞争对手的生产条件、服务状况、价格水平等因素,依据自身的竞争实力、参考成本和供求状况来确定商品价格,以突显出竞争对手的差异性,从而取得优势的定价方法。竞争导向竞价法主要分为随行就市定价法、产品差别定价法和密封投标定价法三种。

①随行就市定价法又称流行水准定价法,是以本行业的平均价格水平为标准的定价方法。作为竞争导向定价方法中广为流行的一种,其原则是使本企业产品的价格与竞争产品的平均价格保持一致。当企业难以估算成本、想与同行和平共处、很难了解购买者和竞争者对本行业价格的反应时,企业会采用这种方法。这种定价方法的优点为:所定的平均价格水平通常被认为是合理价格,易被消费者接受;容易与竞争对手和平共处,避免激烈竞争产生风险;能为企业带来适度的利润;适用于任何市场结构。这种定价方法适用于竞争激烈的同质商品,比如大米、面粉、食油以及某些日常用品的价格确定。

②产品差别定价法是指企业通过不同的营销努力,使同种同质的产品在消费者心目中树立起不同的产品形象,进而根据自身特点,选取低于或高于竞争者的价格作为本企业产品价格。因此,产品差别定价法是一种进攻性的定价方法。该方法的适用条件为:市场必须是可以细分的,而且各个细分市场表现出不同的需求程度;各个市场之间必须是相互分离的;在高价的细分市场中,竞争者不可能以低于企业的价格竞销;细分市场和控制市场的成本不得超过实行差别价格所得的额外收入;差别价格不会引起顾客的厌恶和不满;差别价格策略的实施必须是合法的。

③密封投标定价法是指在招标竞标的情况下,企业在对其竞争对手了解的基础上定价。其目的在于签订合同,所以它的报价应低于竞争对手的报价。密封投标定价法主要用于投标交易方式。在国内外,大宗商品、原材料、成套设备和建筑工程项目的买卖和承包,以及出售小型企业等,往往采用招标人招标、承包人投标的方式来选择承包者,确定最终承包价格。一般来说,招标方只有一个,处于相对垄断地位,而投标方有多个,处于相互竞争地位。标的物的价格由参与投标的各个企业在相互独立的条件下来确定。在买方招标的所有投标者中,报价最低的投标者通常中标,它的报价就是承包价格。

(3)需求导向定价法是以消费者为导向的定价方法,根据市场的需求状况和消费者的不同反应分别确定产品价格。该种方法需要分析顾客的感知价值，这就要求商家全方位分析消费者的重要需求。在考虑定价过程中最重要的任务是以获取消费者忠诚度、满意度以及企业的盈利能力为基础，创造和传递顾客的感知价值。需求导向定价法又包括理解价值定价法和需求差异定价法。在O2O背景下，零售企业应该要时刻掌握市场需求情况，对市场需求信息的准确性把握全面，根据市场的需求做出企业的定价策略。

三、定价管理的影响因素

O2O供应链定价影响因素包括外部因素和内部因素。内部因素包括产品的生产成本、企业的定价目标、渠道差异化等，外部因素包括现有的竞争对手、潜在的竞争对手、消费者的议价能力、供应商的议价能力、可能出现的替代品等。

（一）内部因素

（1）产品的生产成本：一般产品价格主要由产品的生产成本、税金以及利润构成，因此产品的最低价格取决于产品的生产成本，从长期看，任何产品的销售价格都必须高于成本费用，才能用销售收入抵消成本费用，否则企业无法长期生存，所以企业定价的底线就是产品的生产成本，而成本导向定价法仍被很多企业沿用至今。

（2）企业的定价目标：企业若想通过实施价格策略达到合理竞争的目的，它会按照企业的目标市场战略以及市场定位战略对价格进行调整，同时该定价目标应与企业的整体营销目标相一致。由于不同的企业有不同的定价目标，同一个企业在不同时期的定价目标也可能不一样，因此定价目标多种多样，企业应当权衡目标的利弊，谨慎选择。

（3）渠道差异化：在O2O供应链中，线上线下融合是其最大特征，但也由于线上线下的运营成本、消费者体验不同（金亮，2019b），因而零售企业应当结合消费者大数据考虑渠道的差异化给产品定价。

（二）外部因素

（1）现有的竞争对手：现有企业之间竞争关键在于产品竞争、价格竞争和消费者感知。市场上的产品形式多样，各有侧重，形成各自独特的竞争优势，而价格竞争能为产品竞争带来更大的市场优势。对于消费者感知，其实就是消费者的忠诚度，若消费者对某个品牌的印象很好，评价高，则会更偏好该品牌，同时发掘一个新客户比保住一个老客户要耗费更多的时间精力成本。这就意味着企业必须重视来自竞争对手的威胁，通过分析财务数据和非财务数据，考虑消费者和竞争者定价等因素进行定价。

(2) 潜在的竞争对手：在 O2O 供应链中，竞争对手及其渠道竞争会对原有零售商产生较大的影响，比如对原材料的竞争导致成本价格的上涨，对消费者的竞争导致客户流失等，因此 O2O 供应链中的零售商应当根据所拥有的信息（如业务数据）对新进入者的情况进行预判。

(3) 消费者的议价能力：市场结构、消费需求、渠道特征等使得消费者的可选择性越来越多，消费者的议价能力越来越强。这就要求企业在定价过程中需要对消费者的议价能力进行分析，考虑消费者的认知程度和感知价值。

(4) 供应商的议价能力：供应商议价能力指的是零售企业向供应商购买产品时，供应商争取获得较好价格的能力，这也会影响到产品的批发成本，进而影响产品的销售价格。

四、O2O 供应链定价策略

O2O 供应链定价策略主要包括撇脂定价、产品差别定价、动态定价和歧视定价四种。

（一）撇脂定价

撇脂定价是一种高价策略，就是在新产品上市初期价格定得很高，以便在较短的时间内就获得很多的利润，如同从新鲜牛奶中撇取油脂一样。这种策略的优点是由于价格较高，不仅能尽快地把开发新产品的费用全部收回，并取得相当可观的利润，而且可以在竞争者研制出相似产品以后迅速采取降价策略。这样一方面可以限制竞争者的加入；另一方面也符合消费者对待价格由高到低的心理。缺点是由于价格大大高于价值利润率，必然会迅速招来竞争对手，导致原有市场的丧失。

撇脂定价实施的条件包括：市场有足够的购买者，其需求缺乏弹性；高价所造成的产销量减少；独家经营，无竞争者；高价给人高档产品的印象。

撇脂定价的特点是：第一，可以实现短期利润最大化；第二，可以用高价格提高产品身价，激起消费者的购买欲；第三，可以用高价控制市场的成长速度，使当时的生存能力足以应付需求，减缓供求矛盾；第四，为价格下调留出空间。

（二）产品差别定价

从根本上来说，随行就市定价法是一种防御性的定价方法，它在避免价格竞争的同时，也抛弃了价格这一竞争的"利器"。产品差别定价法则反其道而行之，它是指企业通过不同的营销努力，使同种同质的产品在消费者心目中树立起不同的产品形象，进而根据自身特点，选取低于或高于竞争者的价格作为本企业产品价格。因此，产品差别定价法是一种进攻性的定价方法。

所谓差别定价是指企业以两种或两种以上反映成本费用的比例差异的价格来销售一种产品或服务，即价格的不同并不是基于成本的不同，而是企业为满足不同消费层次的要求而构建的价格结构。

实行这种差别定价，必须具备以下条件：第一，市场必须是可以细分的，而且各个细分市场表现出不同的需求程度；第二，各个市场之间必须是相互分离的；第三，在高价的细分市场中，竞争者不可能以低于企业的价格竞销；第四，细分市场和控制市场的成本不得超过实行差别价格所得的额外收入；第五，差别价格不会引起顾客的厌恶和不满；第六，差别价格策略的实施不应是非法的。

（三）动态定价

动态定价是指企业根据市场需求和自身供应能力，以不同的价格将同一产品适时地销售给不同的消费者或不同的细分市场，以实现收益最大化的策略。

动态推销策略利用互联网赋予的强大优势，在O2O模式下根据线上线下渠道供应情况和库存水平的变化，迅速、频繁地实施价格调整，为顾客提供不同的产品、各种促销优惠、多种交货方式以及差异化的产品定价。在此策略下，网络商家无须不断以牺牲价格和潜在收益为代价，便可及时清理多余库存。例如，在亚马逊网上书店，每当回头客户登录网站，书店都会根据他的消费记录，给予个性化的购书建议。这样做的好处是，既清理了库存积压，又满足了顾客的个人兴趣，同时还增加了销售收入。

（四）歧视定价

歧视定价就是以不同价格向不同顾客出售同一种物品的经营方法，对不同寻找成本或支付意愿的消费者索取不同的价格，从而最大限度地将统一价格下的消费者剩余转化为生产者剩余。通过价格歧视定价策略服务于整个信息商品市场，可以使供应商获得尽量多的消费者剩余，保证收回成本与实现利润最大化。

在O2O模式中，零售企业通过对线上线下渠道消费者大数据，利用歧视定价向每个消费者收取一种他们所愿意而且有能力支付的最高价格。但歧视定价是建立在消费者对商品的需求弹性上的，需求弹性就是指消费者对商品的需要程度，就如商场上的商品对某些人来说是不得不买，而对另一些人来说是可买可不买的。所以，需求弹性越高，消费者对价格就会越敏感。因此，商家会对需求弹性高的消费者收取低价，因为价格定高了就很容易失去这类对价格敏感的顾客。当然，对需求弹性低的消费者就要收取高价了，因为他们对价格不敏感，需求也相对比较稳定。

第四节　O2O 供应链营销管理

一、O2O 模式的五个消费流程

营销存在于产品的整个销售流程，而准确把握消费者的消费流程，才能做到精准营销。与传统的消费者直接线下购买的消费模式不同，O2O 模式中消费者的整个消费流程由线下和线上两部分构成。线上平台主要为消费者提供消费指南、折扣信息、便利服务（预定、在线支付、地图等）和分享平台，线下平台则专注于提供服务。在 O2O 模式中，消费者的消费流程主要可以分解为引流、转化、消费、反馈、存留五个阶段，如图 9-2 所示。

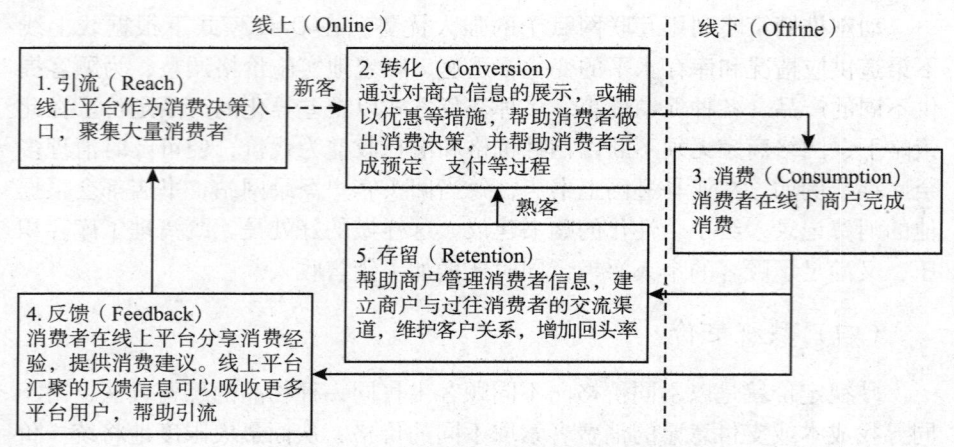

```
                线上（Online）                          线下（Offline）

  ┌──────────────────┐   新客  ┌──────────────────────┐
  │ 1. 引流（Reach） │ ─────▶ │ 2. 转化（Conversion）│
  │ 线上平台作为消费 │        │ 通过对商户信息的展示，│
  │ 决策入口，聚集大 │        │ 或辅以优惠等措施，帮助│
  │ 量消费者         │        │ 消费者做出消费决策，并│         ┌──────────────────┐
  │                  │        │ 帮助消费者完成预定、  │ ──────▶ │ 3. 消费          │
  │                  │        │ 支付等过程            │         │（Consumption）   │
  └──────────────────┘        └──────────────────────┘         │ 消费者在线下商户 │
           ▲                           ▲   熟客                 │ 完成消费         │
           │                           │                        └──────────────────┘
           │                  ┌──────────────────────┐                  │
           │                  │ 5. 存留（Retention） │                  │
           │                  │ 帮助商户管理消费者信 │ ◀────────────────┘
           │                  │ 息，建立商户与过往消 │
           │                  │ 费者的交流渠道，维护 │
           │                  │ 客户关系，增加回头率 │
           │                  └──────────────────────┘
  ┌──────────────────┐                  ▲
  │ 4. 反馈（Feedback）│                │
  │ 消费者在线上平台  │ ─────────────────┘
  │ 分享消费经验，提  │
  │ 供消费建议。线上  │
  │ 平台汇聚的反馈信  │
  │ 息可以吸收更多平  │
  │ 台用户，帮助引流  │
  └──────────────────┘
```

图 9-2　O2O 模式的五个消费流程

（一）第一阶段：引流

线上平台作为线下消费决策的入口，可以汇聚大量有消费需求的消费者，或者引发消费者的线下消费需求。常见的 O2O 平台引流入口包括：消费点评类网站，如大众点评；电子地图，如百度地图、高德地图；社交类网站或应用，如微信、人人网。

（二）第二阶段：转化

线上平台向消费者提供体验店的详细信息、优惠（如团购、优惠券）、便利服务，方便消费者搜索、对比店铺，并最终帮助消费者选择线下商户，完成消费决策。

（三）第三阶段：消费

消费者利用线上获得的信息接受线下商户的服务，完成消费。

（四）第四阶段：反馈

消费者将自己的消费体验反馈到线上平台，有助于其他消费者做出消费决策。线上平台通过梳理和分析消费者的反馈，形成更加完整的本地店铺信息库，可以吸引更多的消费者使用在线平台。

（五）第五阶段：存留

线上平台为消费者和本地商户建立沟通渠道，可以帮助本地商户维护消费者关系，使消费者多次消费，成为商家的回头客。

二、O2O营销方式

O2O营销是一种基于线上线下融合的多渠道深度整合的营销模式，其运用信息系统移动化，并结合大数据分析，帮助品牌企业打造全方位营销渠道，实现以营销效果为导向的立体营销网络。通过多渠道深度整合营销，以提升品牌价值转化为导向，O2O营销运用信息系统移动化，并根据市场大数据分析制定出一整套完善的多维度互动营销模式。

O2O营销通过捕捉、分析和运用海量多样的大数据，帮助品牌企业科学的规划、定位、策划，并以全方位视角，针对受众需求进行多层次分类，选择性地运用报纸、杂志、广播、电视、音像、电影、出版、网络、移动在内的各类传播渠道，以文字、图片、声音、视频、触碰等多元化的形式进行深度互动融合，涵盖视、听、光、形象、触觉等人们接受资讯的全部感官。它具有以下三个特点：

- 快速高效传播品牌与口碑，全方位打造品牌效应与口碑效应；
- 根据受众需求进行多层次分类选择媒体投放，实现品牌与口碑的立体式精准性营销；
- 帮助企业全方位、多维度打造立体式营销网络。

（一）体验营销

体验营销是指通过看、听、用、参与的手段，充分刺激和调动消费者的感官、情感、思考、行动、联想等感性因素和理性因素，重新定义、设计的一种营销方法（Bell et al.，2015；Bell et al.，2018）。这种营销方式到目前为止总共出现了五种营销策略。

（1）感官式体验营销策略：通过视觉、听觉、触觉与嗅觉创造和获得感官上的体验，加深、增加和提升产品的附加值，引发消费者购买动机和购买欲望。

（2）情感式体验营销策略：情感式体验营销策略是在营销过程中，要真正了解哪些刺激可以引起消费者的共鸣，能自然地受到感染，触动消费者的内心情感，创造情感体验。其体验的范围可以是一个温和、柔情的情境，如欢乐、自豪，也可以是强烈的激动的情境。

（3）思考式体验营销策略：这种体验营销方式被企业广泛使用，它通过启发人们的智力，创造性地让消费者获得认识和解决问题的体验，运用惊奇、计谋和诱惑，引发消费者产生统一或各异的想法。在高科技产品创造的宣传氛围中，消费者能够思考现实或未来的一切新奇、怪异或感受未知世界的神奇和魅力。

（4）行动式体验营销策略：通过偶像、角色，如影视歌星或著名运动明星来激发消费者的情感，使其生活形态予以改变；或者通过设计各种艰险环境和氛围，使消费者进入体验环境中的某个角色，从而实现或扩大产品销售的营销策略。

（5）关联式营销策略：关联式体验营销是指因感官、情感、思考和行动在外界因素的变化，引发的各种关联反映或关联变化，利用顾客在这种变化和反映中得到的体验，促进市场开发和产品销售的一种营销策略。该营销策略适用于化妆品、私人交通工具、日常用品和眼镜产品的销售领域。

体验营销打破了"消费者是理性"的假设，将消费者看作理性与感性的结合体，让消费者在消费前、消费中、消费后进行全过程体验。如今体验营销已经可以实现线下体验到网络虚拟体验，使消费者的体验模式更加便利，从而刺激消费者的购买欲望，带动线下的直接购买行为。

（二）直复营销

直复营销，源于英文词汇 Direct Marketing，即"直接回应的营销"。它是个性化需求的产物，是传播个性化产品和服务的最佳渠道。美国直复营销协会（ADMA）的营销专家将它定义为"一种为了在任何地点产生可以度量的反应或达成交易而使用一种或几种广告媒体的互相作用的市场营销体系",直复营销的类型如表9-2所示。

表9-2　　　　　　　　　　　　　直复营销的类型

营销类型	细节说明	优点	缺点
直接邮购营销	营销人员把信函、样品,或者广告直接寄给顾客的营销活动。目标顾客的名单可以购买或者与竞争无关系的其他企业相互交换	随着互联网的迅猛发展,电子邮件的应用也越来越广泛,直接邮购营销更加节省费用,速度也更快	容易发生同一份邮件多次寄给同一位顾客的情况
目录营销	目录直销是指经营者编制商品目录,并通过一定的途径分发到顾客手中,由此接受订货或发货的销售行为	内涵容量大,信息丰富完整,图文并茂,易于吸引顾客;便于顾客作为资料长期保存,反复使用	设计与制作的成本费用高昂,只能具有平面效果,视觉刺激较为平淡
电话营销	电话营销是指经营者通过电话向顾客提供商品与服务信息,顾客再借助电话提出交易要求的营销行为	能与顾客直接沟通,可及时收集反馈意见,并回答提问;可随时掌握顾客态度,使更多的潜在顾客转化为现实顾客	营销范围受到限制,在电话普及率低的地区难以开展;由于干扰顾客的工作和休息时间所导致的负面效应较大;由于顾客既看不到实物,也读不到说明文字易产生不信任感等
电视营销	电视营销是指营销人员通过在电视上介绍产品或赞助某个推销商品的专题节目开展营销活动	通过画面与声音的结合,使商品由静态转为动态,直观效果强烈;通过商品演示,使顾客及注意力集中;接收信息的人数相对较多	制作成本高,播放费用昂贵;顾客很难将它与一般的电视广告相区分;播放时间和次数都比较有限
网络营销	网络营销是指营销人员通过互联网、移动互联网、通信和数字交互式媒体等手段开展营销活动	发展最为迅猛,生命力强,活动空间非常广泛	起步比较晚,网络技术更新比较快,会导致设备成本增加
整合互动营销	整合互动营销是指整合各类网络营销方式,包括电视广告、广告、横幅网络影片、公关新闻稿等	互动营销技术可以适应不同的环境,使互动式营销带动消费者	营销过程比较复杂

资料来源:《百度百科-直复营销》,https://baike.baidu.com/item/%E7%9B%B4%E5%A4%8D%E8%90%A5%E9%94%80/187841?fr=aladdin。

直复营销的关键点是受众的精准性,而在移动互联网时代,以 LBS 为基础,"任意地点"不再任意,而是变为有针对性的地点,商家完全可以实现在特定地点向消费者发出"购买邀约"。直复营销利用消费者大数据关注的是每个消费者和潜在消费者的行为,根据消费者过去的购买行为来预测未来的行为,这些信息是以个人为单位进行处理的,即使消费者数以万计,仍可用它对个人行为进行分析并作出决策。

(三) 情感营销

情感营销就是把消费者个人情感差异和需求作为企业品牌营销战略的情感营销核心,通过情感包装、情感促销、情感广告、情感口碑、情感设计等策略来实现企业的经营目标。情感营销是塑造品牌个性的过程,让品牌具有独特的情感。从消费者的五官出发来思考情感品牌,从而得出情感品牌的五官要素模型。图 9-3 为情感品牌的五官要素模型。

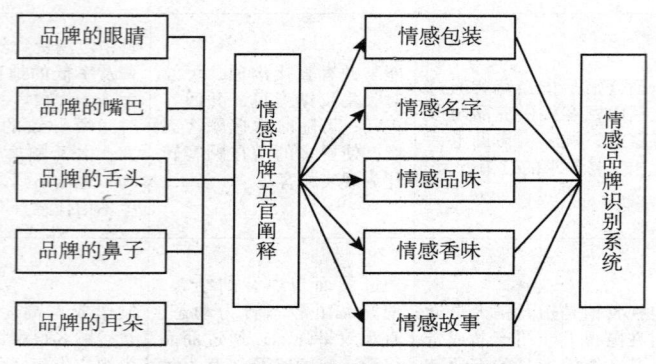

图 9-3 情感品牌的五官要素模型

情感品牌的运作是一个系统的工程,需要企业从战略品牌的高度来看问题。首先要从战略上规划出情感品牌的基本框架,然后从基本的框架出发,细化执行到每一个细节。只有从战略到战术逐层推进,并在具体执行过程中总结实践经验来反馈到战略制定中,才能形成一个闭环动态调节的情感品牌系统。

(四) 数据库营销

数据库营销就是企业通过收集和积累会员(用户或消费者)信息,并经过分析筛选后有针对性地使用电子邮件、短信、电话、信件等方式进行客户深度挖掘与关系维护的营销方式,其核心工作是数据挖掘,图 9-4 为数据库营销管理项目流程。

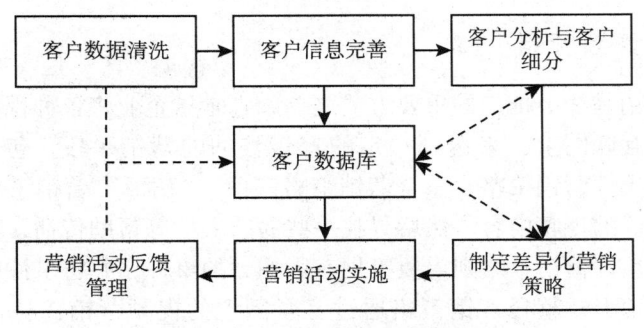

图9-4 数据库营销管理流程

在数据库营销项目管理流程中，客户的数据库居于核心的位置。这是因为线上线下渠道收集的数据要放在数据库中，完善后的客户信息和营销活动反馈的信息也要存放在数据库中。同时，客户分析与客户细分是基于数据库的信息进行的并且营销策略的制定与营销活动的实施也离不开数据库的支持。因此，建立与维护好客户的数据库，对数据库营销能否成功地执行至关重要。

三、O2O 线上营销

O2O 供应链线上营销方式主要有社区网站营销、垂直门户营销、视频营销、搜索引擎营销、论坛营销与软文营销等。

（一）社区网站营销

社区网站的内容主要为用户提供生活上的需求与服务。社区网站能为用户带来大量的信息，它不仅可以带动用户的社区生活，而且还能带动整个商圈、信息圈、娱乐圈的发展。企业利用社区网站进行 O2O 营销时，不仅要注重线上推广，更要保证线下活动的顺利进行，增强用户线上线下的互动，这样才能增强社区网站的营销效果。

（二）垂直门户营销

垂直门户是一种门户网站类型，其发展目标是成为某一领域（或地域）的第一站，比如专注于 IT 领域的"中关村在线"、专注汽车的"汽车之家"、专注体育的"虎扑 NBA"、专注财经的"东方财富"等，O2O 线上营销加上垂直门户网站将能以更权威、更专业的内容吸引和刺激用户消费。在移动互联网营销的 O2O 时代，商家如果能够抓住垂直门户网站的发展优势，在垂直门户网站上进行线上推广，则会吸引更多的潜在消费者。

（三）视频营销

视频营销是线上推广的重要方式之一，它是指企业将各种视频短片以各种形式放到互联网上，来达到一定的宣传目的的营销手段，包括"病毒"营销策略、事件营销策略、整合营销策略三种。"病毒"营销策略的关键在于企业具有好的视频内容，然后寻找一些易感人群等帮助传播，其核心在于精准传播；事件营销策略则需要策划有影响力的事件，并将事件的营销思路放到视频营销上；整合营销策略通过互联网上的视频营销，整合线下的活动、线下的媒体等进行品牌传播，这会使视频的线上推广达到更好的效果。

（四）搜索引擎营销

这是基于搜索引擎平台的网络营销，利用用户对搜索引擎的依赖和使用习惯，在用户检索信息时尽可能将营销信息传递给目标客户。搜索引擎营销就是基于搜索引擎平台的网络营销，利用人们对搜索引擎的依赖和使用习惯，在人们检索信息的时候将信息传递给目标用户。搜索引擎营销的基本思想是让用户发现信息，并通过点击进入网页，进一步了解所需要的信息。企业通过搜索引擎付费推广，让用户可以直接与公司客服进行交流、了解，实现交易。

（五）论坛营销

企业利用论坛这种网络交流的平台，通过文字、图片、视频等方式发布企业的产品和服务的信息，从而让目标客户更加深刻地了解企业的产品和服务，最终达到宣传企业品牌、加深市场认知度的网络营销目的。论坛营销的基本步骤包括选择符合产品和论坛、设计帖子的内容、及时有效地跟踪帖子。此外，企业实行论坛营销应该形成自己的主流文化，这是论坛营销的主旨。

（六）软文营销

通过特定的概念诉求，使消费者走进企业设定的"思维圈"，以针对性心理攻击迅速实现产品销售的文字模式和口头传播。从本质上来说，软文是企业软性渗透的商业策略在广告形式上的实现，通常是借助文字表达与舆论传播使消费者认同某种概念、观点和分析思路，从而达到企业品牌宣传、产品销售的目的。软文营销又分为专栏营销和炒作营销两种方式，利用这些营销方式与O2O结合，能够扩大产品的品牌影响力。

四、O2O线下营销

在生活服务领域，如餐饮、健身、看电影和演出、美容美发、摄影等，

O2O供应链通过线上线下融合，将线下实体店的消息推动给用户，从而将他们转换为自己的线下用户。

（一）线下促销

线下促销活动做得最多的就是节假日营销，利用节假日的气氛来促使消费者购买，将线下促销配合线上节日营销进行，能够大大强化线上的宣传效果，线下促销主要包括以下六个方面：

1. 根据节日确定促销主题

促销活动首先需要有一个明确的主题，主题明确会让消费者知道自己参与活动的目的，以便实现与组织方更有效的互动。

2. 促销方案要有创意

很多线下促销活动无法吸引消费者的原因在于活动创意不够。而要想使促销活动达到好的效果，最重要的任务是设计出一个富有创意的活动。

3. 做好信息发布

在活动策划好的前提下，就要想办法将信息快速传播出去，通过社会化媒体或者线下展示发布活动信息，吸引大量消费者的注意力，并引导他们参与活动。

4. 现场展示

线下促销最关键的是做好"现场"，也就是说要让消费者时刻看到所宣传的产品，或者是与宣传产品相关的东西，能给消费者留下最直观的印象。展板、展具、产品模型、陈列架、电视、录像机、录像带等都是产品展示的必要工具。

5. 营造现场氛围

线下节日促销最重要的是营造氛围，从现场布置、广告宣传，以及方案的策划都要围绕活动主题进行，这些会在很大程度上刺激消费者的购买欲望。

6. 做好从线下到线上的引流工作

这是活动的重点，也是最关键的一点，线下活动的主要目的就是打通与线上的渠道。

（二）营造良好的购物体验

给消费者营造良好的购物体验是O2O线下营销的重要部分。线上购物最大的特点就是向消费者提供了方便快捷的购物流程，看货、选货、下单、支付一站式完成，而这正是现在大多数线下实体购物的短板，烦琐的流程和漫长的排队等候，使线下消费者纷纷转投线上（刘咏梅等，2018）。

因此，对于实体店或者体验店的营销，首先应尽可能地简化体验流程，提高消费者的体验效率。这就需要在软硬件配备上更完善，在体验的环节中引进新技术，让智能代替人工。其次，就是内部设置，内部设置是营造良好购物体验的关键。为给消费者营造良好的购物体验，线下体验店必须注意内部设置。一个富有创意的内部设置，不仅能使店铺充分利用有限的资源，物尽其用，人尽其能，还可以产生强大的集客能力，提高消费者的光顾率，促进销售，同时也影响消费者对店铺的第一印象。

（三）利用好视觉美效果

利用炫美视觉能够刺激消费者的购买欲望，要吸引消费者的注意力，需要从多方面完善，比如店铺的名称、选址、橱窗等，进一步给消费者营造良好的体验感受。

1. 名称

一个好的体验店首先要在名字上下功夫，给体验店选择名字时要遵循以下几个原则：易听、易懂、易记；能向消费者传递特定的信息；名称要有依据；有文化底蕴；不能违背消费者的常规心理。

2. 选址

体验店的选址直接决定店铺的客流量，对于大部分体验店来说，选址无非要注意以下三点：一是商业气氛要好；二是地理位置要好；三是消费者比较集中。当然，对于选址也要结合体验店的实际情况，有的行业对地理位置要求不高，可以选择较为安静的地址。

3. 橱窗

橱窗作为体验店的一个组成部分，不是孤立存在的，任何创意和设想都需要与其存在的大环境相吻合。因此，在对橱窗进行设计时要考虑到整体，从整个体验店的大环境出发。

思考与练习

1. O2O 商业模式的内涵包含哪几个理念？
2. O2O 商业模式如何整合渠道以及运营的新技术？
3. O2O 供应链定价策略与传统定价策略有什么异同？
4. 阐述 O2O 供应链营销模式有哪些？
5. O2O 线上营销与线下营销的差异在哪？

案例分析　优衣库和它的 O2O 模式

线下传统零售正面临巨大挑战，服饰品牌商更是在为过去几年的粗放式增长买单，高库存之痛还在继续。优衣库是个特例，其线下店铺逆势扩张，同时在线上尝试 O2O，通过天猫、自主 APP 等方式为其线下服务，并取得了相当不错的效果。

优衣库将其门店作为 O2O 的核心，强调 O2O 为线下门店服务的工具性价值，O2O 主要用来为线下门店导流、提高线下门店销量。例如，线上发放优惠券线下使用，增加门店销量；线上发布新品预告和相关搭配，吸引用户到店试穿、刺激用户购买欲望；收集门店用户数据，做精准营销；通过地理位置定位功能帮助用户快速找到门店位置，为线下门店导流等。

优衣库一直坚信实体渠道（门店）对于消费者而言有着巨大的价值，O2O 的主要作用是为线下门店提供服务，帮助线下门店提高销量，并做到推广效果可查、每笔交易可追踪。优衣库从 2008 年开始探索线上营销策略，并且在几次营销事件中都取得了不错的效果。

用时钟、日历引爆下载，增强线上推广：2008 年，优衣库在博客上推出 UNIQLOCK，这是一个将美女、音乐、舞蹈与优衣库当季主打服装结合起来的时钟，这个时钟遵从了网络整合营销 4I 原则中的 Interesting 趣味原则：时钟上面有数字显示当前时间，每隔 5 秒就会进入一段随机出现的影片，影片中人物或在跳舞、或在上楼等，当然，这些人物都穿着 UNIQLO 当季主打服装。时钟可以作为插件下载安装到博客网站上，直接建立起受众与品牌之间的连接，这种方式也让受众"爱上"了看广告。截止到 2014 年 3 月，UNIQLOCK 共推出了 8 个版本，在全球 200 多个国家已经有超过 2 亿人次的浏览量，50 万人次左右的下载量。

2009 年，优衣库推出日历 UNIQLO CALENDAR，这个日历将不同季节的映像、音乐和优衣库的服装画像三部分结合，可以放在博客页面进行欣赏，消费者可以根据日历了解优衣库当月售卖的服装及配件。

2012 年，优衣库闹钟 UNIQLO WAKE UP 以 APP 的形式上线，上线约 4 周，下载就突破了 50 万次，这款能为消费者带来方便的应用，下载国家和地区达到 196 个，范围远远超过了优衣库实体店铺所覆盖的区域。以时钟、日历等方式进行推广，优衣库创造了一种概念营销，UNIQLO 品牌向消费者心智又"侵占"了一步，同时，这种营销方式还起到了推广优衣库自身产品的作用。

尝试 SNS，引发网络排队：优衣库推出过一款基于 SNS 的社交小游戏，消费者在这款游戏中可以选择自己喜欢的卡通形象，去参加品牌促销的排队，排队过程中可能还会遇到自己的 SNS 好友，彼此的中奖信息会互相推送，从而增强互动性。排队中奖的基本奖项为该品牌的打折优惠券，消费者可以拿着券到该品牌的门店去消费。

优衣库在 2010 年首先将这款排队游戏放到了 Facebook 和 Twitter 上，用户可以通过这两个网站的账号登录优衣库官网，排队领取优惠券，据统计，这次活动吸引了 6 万人次参加；2011 年，优衣库带着排队游戏进入中国内地，合作方是当时比较红的 SNS 平台人人网，一方面原因是人人网开放了 API，有很多应用可以操作；另一方面是因为人人网和 Facebook 接近，而此前优衣库已经积累了相应经验。这种排队抽奖的活动，如果单纯地开设在线下实体店内，对于已经麻木的用户来说，没有太多的影响力，而将其巧妙地与 SNS 结合起来，增强用户在网络上的互动，新颖的方式更具带动性，而让用户得到优惠券的方式，则可以提升线下实体店销售额。优衣库在人人网平台上推出的排队游戏，是它非常成功的一次促销。在游戏结束时，共有 133 万人次参与排队，这直接导致优衣库线下实体店顺利完成销售目标。而优衣库线上部分也获得了不小收益——活动期间优衣库网站每天 UV 超过 10 万，相比活动前激增了 5 倍。

推出 APP，位置服务方便向线下引流：2013 年，优衣库推出其官方手机应用 UNIQLO APP，用户可以通过这个应用中的位置服务，查找距离自己最近的店铺、联络方式、营业时间以及销售商品范围等信息，用户还可以通过导航工具查找到达店铺的路线；这项应用会及时将促销信息推送给消费者。购物环节则是与天猫进行打通，消费者可直接在手机端完成一站式购物。

优衣库借助线上平台，击中消费者兴趣点，引爆营销，推广品牌知名度的同时，为线下带去流量，提高销售额。此外，优衣库还会通过大数据看哪里潜在用户多，从而决定将实体店开到哪里；线下实体店则通过优惠打折等"诱惑"推广其线上 APP 等工具，实现线下为线上导流。线上线下融合，线上以互动为主线展开营销，线下加强实体店铺设和推广 APP，反常规 O2O 模式深得用户心。

（资料来源：孙艺：《O2O2O 模式下优衣库整合营销策略研究》，载于《中国商论》2018 年第 5 期）

案例分析题：

1. 简述优衣库从哪几个方面来实施 O2O 模式。
2. 查阅熟读资料，分析优衣库在 O2O 模式下营销策略有何特点。

第十章

全渠道零售供应链管理

引导案例　苏宁云商：店商＋电商＋零售服务商

2014年，在深圳相继试水"3C旗舰店""3C+旗舰店""Expo超级旗舰店"等店面模式后，苏宁又努力变身为线上线下相互融合的互联网零售企业。将名字从"苏宁电器"改为"苏宁云商"，确立了"店商＋电商＋零售服务商"的新型商业模式，并推出了"一体两翼"的互联网路线图，即以互联网零售为主体，打造O2O（线上到线下）的全渠道经营模式和线上线下的开放平台。

苏宁董事长张近东谈及新十年苏宁商业模式时称，要走"沃尔玛＋亚马逊"的模式，同时推进"去电器化"，如今这一模式被表述为苏宁云商模式。张近东表示，苏宁"云商"可概括为"店商＋电商＋零售服务商"，以云技术为基础，整合前台后台、融合线上线下。云商苏宁既要做线上，也要做线下；既要做店商，也要做电商，还要做零售服务商。这种模式或成为零售行业转型发展的新趋势。

1. 传统门店改造

电商冲击下，公司主推"互联网＋云店"模式，完善线上线下融合，2014年9月末云店数量为390家，占比达到19%。苏宁大力开展云店发展项目，对苏宁易购常规店进行升级迭代，在实现家电家居、3C产品、生活电器等核心品类销售的同时，还升级配套无人店、AI购物、智能家居、生活课堂，打造集商品展示销售、互动体验、休闲娱乐及服务等于一体的智慧零售业态。深圳群星广场店是深圳地区第一个转型升级的"云店"，具有显著的互联网特征，例如顾客既可以直接用手机或Pad等移动终端扫描二维码完成在线下单，也可以利用门店免费的Wi-Fi登录苏宁易购（需求面积：1000~8000平方米、已进驻202家购物中心），完成线上下单、门店付款、现场提货或免费送货等流程，商品与服务基本实现线上、线下融合，而促销活动的融合也在加速推进中。

2. 积极进行线上线下渠道融合，打造全渠道经营模式

线下门店加大差异化、高端化的家电产品布局，线下产品售价远高于线上，可有效提升产品销售毛利率水平。2018H1苏宁数码IT产品毛利率为3.51%，通信产品毛利率为5.02%，空调/白电/彩电等产品毛利率为17.94%/19.67%/16.63%，提升全渠道毛利率，2018Q3苏宁综合毛利率已回升至15.2%。

3. 丰富线下业态，补充快消和生鲜等高频品类

苏宁打造线上线下融合、"生鲜+餐饮+超市"消费方式的复合业态精品超市苏鲜生，打通账户和会员系统，为生态圈打开新的流量入口。通过苏宁易购APP"身边苏宁"，用户可在线下单，覆盖范围急速达服务。商品类目与苏宁超市线上同步，主打生鲜、进口商品，店内配置开放厨房，满足消费者日常用餐需求。

4. 苏宁小店深入社区"最后一公里"

苏宁小店是公司线下场景中最贴近用户的一环，是全品类、全服务理念落地的重要载体，更是技术与流量资源的出口和入口。完成收购迪亚天天之后，苏宁小店加速跑马圈地，截至2018年9月底已经拥有1744家门店，当前仍然处于战略性亏损状态。2018年10月，苏宁向关联方出让苏宁小店65%的股权，小店业务将独立发展，有利于减少公司资金投入，提高资金使用效率，灵活应对市场竞争。

（资料来源：《张近东详解苏宁云商内涵店商+电商+零售服务》，人民网，http://finance.people.com.cn/stock/big5/n/2013/0222/c222942-20563109.html）

第一节 全渠道零售供应链概述

一、全渠道零售

（一）全渠道零售内涵

在2011年第12期《哈佛商业评论》中，贝恩全球创新和零售业务负责人达雷尔·里格比（Darrell Rigby）在"The Future of Shopping"一文中提出了"Omni-channel Retailing"。随后该文在中国内地出版，将该词组翻译为"全渠道零售"。全渠道零售意味着零售商能够通过多渠道与消费者互动，包括网站、实体店、服务终端、直邮和目录、呼叫中心、社交媒体、移

动设备、上门服务等（Bell 等，2014）。

全渠道零售（Omni-channel Retailing），就是企业为了满足消费者任何时候、任何地点、任何方式购买的需求，采取实体渠道、电子商务渠道和移动电子商务渠道整合的方式销售商品或服务，提供给顾客无差别的购买体验。全渠道是从单渠道（mono-channel）到多渠道（multi-channel），再到交叉渠道（cross-channel），最后到全渠道的演化结果。如图 10 – 1 所示，零售渠道变革的路线图。

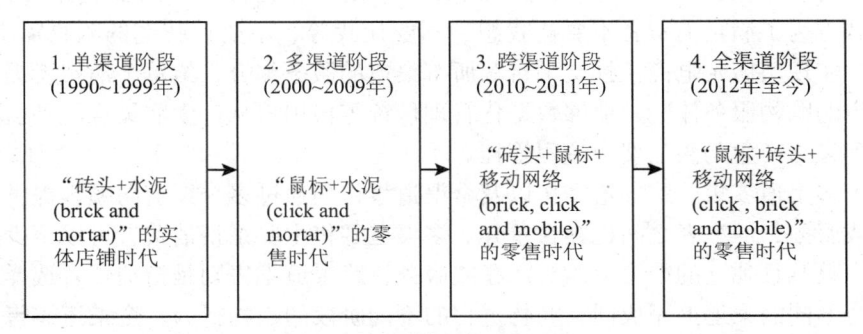

```
┌──────────────┐   ┌──────────────┐   ┌──────────────┐   ┌──────────────┐
│1. 单渠道阶段 │   │2. 多渠道阶段 │   │3. 跨渠道阶段 │   │4. 全渠道阶段 │
│(1990~1999年) │──▶│(2000~2009年) │──▶│(2010~2011年) │──▶│(2012年至今)  │
│              │   │              │   │              │   │              │
│"砖头+水泥    │   │"鼠标+水泥    │   │"砖头+鼠标+   │   │"鼠标+砖头+   │
│(brick and    │   │(click and    │   │移动网络      │   │移动网络      │
│mortar)" 的实 │   │mortar)" 的零 │   │(brick, click │   │(click, brick │
│体店铺时代    │   │售时代        │   │and mobile)"  │   │and mobile)"  │
│              │   │              │   │的零售时代    │   │的零售时代    │
└──────────────┘   └──────────────┘   └──────────────┘   └──────────────┘
```

图 10 – 1　零售渠道变革的路线

资料来源：李飞：《全渠道营销理论——三论迎接中国多渠道零售革命风景》，载于《北京工商大学学报》（社会科学版）2014 年第 3 期。

1. 单渠道零售（Single-channel Retailing）

1990 ~ 1999 年，巨型实体店连锁时代到来，多品牌化实体店铺数量减少。它是指选择一条渠道，将产品和服务从某一销售者手中转移到顾客或者消费者手中的行为。单渠道零售通常被认为是窄渠道策略，而不管这一条渠道是实体店，还是邮购，还是网店。

2. 多渠道零售（Multi-channel Retailing）

2000 ~ 2009 年，网络购物时代到来，零售商采取了线上和线下双渠道。它是指企业采用两条及以上完整的零售渠道进行销售活动的行为，顾客一般要在一条渠道完成全部的购买过程或活动。多渠道零售主要从产品销售出发，通过品牌方同时采用多个渠道资源进行产品推广，以达到在短时间内实现良好的产品销售目的。通过电商平台、社区零售等多渠道覆盖，实现产品、活跃客户的同步管理，不过这种模式有个弊端，它比较弱化多个传统零售渠道之间的关联性和消费者的体验感。

3. 跨渠道零售（Cross-channel Retailing）

2010 ~ 2011 年，实体店铺和虚拟店铺交织，虚拟店铺显得重要，是砖头加鼠标加移动网络的零售时代。它是指企业采用多条非完整的零售渠道的销售活动的行为，每条渠道仅完成零售的部分功能。多渠道零售表现为多渠道零售的组合，每条渠道完成渠道的全部而非部分功能；而跨渠道则表现为多渠道零售整合，整合意味着每条渠道完成渠道的部分而非全部功能。

4. 全渠道零售（Omn-channel Retailing）

2012年开始，企业关注顾客体验，有形店铺地位弱化。它是指企业采取尽可能多的零售渠道类型进行组合和整合（跨渠道）销售的行为，以满足顾客购物、娱乐和社交的综合体验需求，这些渠道类型包括有形店铺和无形店铺，以及信息媒体（网站、呼叫中心、社交媒体、E-mail、微博、微信）等。全渠道零售是多渠道模式的一种提升和完善。从消费者角度讲，品牌方为了满足消费者不要让我想、不要让我等、不要让我选的购物需求，集中实现门店+电商+社交平台等所有渠道的服务整合，给每个消费者提供稳定的购物服务体验，能够数据化管理传统零售用户从产生购买意愿到引流再到最终产生购买消费全流程管控。

多渠道零售、跨渠道零售以及全渠道零售均通过多个渠道向顾客提供产品或服务，但三者之间也存在差异。多渠道零售主要是指消费者可以至少一个完整并且独立的渠道上购买产品或服务；跨渠道零售则是指消费者选择在多个不同的渠道上完成同一购物过程的不同阶段的购物行为；全渠道零售是指消费者同时进行多条渠道和跨渠道消费，在满足购物和体验需求的同时，将社交的价值在用户中实现扩展和传播。

（二）全渠道零售的价值

1. 全渠道是消费领域的革命

具体的表现是全渠道消费者的崛起，全渠道消费者的顾客忠诚度要远远高于多渠道和单渠道消费者，且全渠道消费者会通过社交媒体和在线活动影响更多的顾客（Gao et al., 2017）。相对于单渠道消费者，多渠道消费者平均要多消费15%~30%，而相比于多渠道消费者，全渠道消费者平均要多消费20%。全渠道消费者在任何时间、任何地点、任何方式，都可以购买到他们想要的商品或服务。

2. 全渠道正在掀起企业或商家的革命

从以前的"终端为王"转变为"消费者为王"，企业的定位、渠道建立、终端建设、服务流程、商品规划、物流配送、生产采购、组织结构全部以消费者的需求和习惯为核。并且，零售商能通过多种渠道与顾客互动，包括网站、实体店、服务终端、直邮目录、呼叫中心、社交媒体、移动终端、游戏机、电视、网络家电、上门服务等。这些渠道相互借力，相互呼应，成为全方位的营销力量。

3. 全渠道给商家拓展了除实体商圈之外的线上虚拟商圈

让商家的商品、服务可以跨地域延伸，甚至开拓国际市场，也可以不受时间的限制 24 小时进行交易；实体渠道、电商渠道、移商渠道的整合不仅给企业打开千万条全新的销路，同时能将企业的资源进行深度的优化，让原有的渠道资源不必再投入成本而能承担新的功能，如为实体店增加配送点的功能；如通过线上线下会员管理体系的一体化，让会员只使用一个 ID 号可以在所有的渠道内通行，享受积分累计、增值优惠、打折促销、客服等。

二、全渠道零售供应链

目前，全渠道零售供应链还没有明确的定义。但结合全渠道零售的特征，可以将全渠道零售供应链定义为在零售端，零售企业采取尽可能多的零售渠道类型进行组合和整合销售的行为，以满足顾客购物、娱乐和社交的综合体验需求的背景下，围绕核心企业，通过对商流、信息流、物流、资金流的控制，由生产者或营销网络把产品送到消费者手中的一个由供应商或制造商、零售商直到最终用户所连成的功能网链结构。

多渠道整合模式是全渠道零售供应链的核心，也是传统供应链转型升级的关键工具。全渠道零售背景下，传统单渠道零售模式，逐步向多渠道整合新型零售模式转型，线上线下全渠道融合趋势日渐明显。全渠道零售供应链逐步向全渠道产品服务供应链、全渠道零售供应链生态系统以及生产智能化与产销一体化等方向发展。由此，立足于场、货、人三维度，全渠道零售供应链需要对全渠道物流资源与零售终端、采购策略与数据资源、营销策略与客户需求进行整合，实现供应链内部资源高效协同。并且，供应商、制造商、分销商与零售商需共同发力，采取组建供应商联盟、完善产品追溯系统、打造线上线下联动体系等方法。

（一）全渠道零售供应链的特征

1. 渠道间打通，多渠道融合

全渠道零售供应链在零售端打破了渠道壁垒，实现了多渠道的完全融合，使消费者在供应链不同节点、不同渠道间可以随意转换，实现任意时间、任意地点、任意方式的购物，例如网上购买——门店发货、网上购买——门店提货、网上挑选——门店购买、门店体验——网上购买等，极大地提升了消费者体验和供应链服务水平。

2. 供应链信息与资源完全共享

全渠道零售供应链实现了供应链信息的完全共享。全渠道零售借助数字标签、IT 系统等信息技术，实现了从零售商到配送中心，以至到生产商的信息实时共享。零售端利用互联网进行数据搜集与大数据分析，进行销售业绩监测、销售预测、消费者行为画像分析等，以优化库存配置与订货策略；

零售商的库存信息实时更新,亦可为配送中心的补货策略提供数据支持。信息的完全实时共享,对于供应链销售、生产、仓储配送等各环节,都提供了强大的数据支撑。

全渠道零售供应链实现了供应链资源的整合。渠道的融合也带来了渠道资源的整合,实现了将不同渠道融合为一条渠道,从生产、到仓储、到销售,所有作业及资源合二为一。资源的整合与共享,提升了供应链的资源利用率,降低了供应链的整体运营成本,提高了供应链运作效率。

3. 需求融合,需求结构改变

对于传统零售或者网络零售,需求结构都是单一的,传统线下零售只满足线下消费者需求,传统网络零售只满足线上消费者需求,而全渠道零售供应链融合了线上与线下所有渠道,自然也融合了线上与线下所有需求。因此,全渠道零售需要同时满足线上和线下消费者的不同需求,需求结构发生了改变。而需求结构改变,必将对营销、库存等成本和效率提出新的要求。

4. 订单快速响应

全渠道零售供应链通过"店仓一体化"的策略将"库存前置",保证库存无限接近消费者,接近需求,从而实现订单的快速响应与极速配送。线上订单直接分配至最近的门店,一般为3~5公里的距离,由门店完成对消费者的配送,将订单的履约时间由原电商的次日达直接缩短到两小时达,甚至半小时达,在时间上几乎消除了线上与线下购物的区别,极大提升了消费者体验。

(二) 全渠道零售企业面临的时代变化

1. 消费者主导权市场逐渐成熟

随着经济社会的进步,人们的生活方式与购物方式紧紧融合在一起。顾客的购物过程,更多的是信息的传递过程或者说是顾客搜集、分析、比较、接受和反馈信息的过程。零售商在激烈的市场竞争下,必须以消费者为中心,通过全渠道零售尽可能地为消费者提供更多、更好、更快的服务和产品。

2. 零售商角色发生转变

随着零售商越来越强的渠道掌控力,以及全渠道消费群体的不断发展壮大,零售商逐渐从过去的相对被动角色转变成为领导、组织和控制供应链核心的主动角色。相较于过去受制造商或其他中间商的价格或订货量限制,在全渠道零售供应链中,零售商的主权地位日益强大。

3. 消费者偏好发生变化

消费者购买不再限于某一单一渠道,他/她们可能从各个渠道购买产品;较之以往更加数字化,内容对于他/她们来说更为重要;从之前的公司希望的渠道为核心的购物方式转变为目的为核心的购物方式;希望和每个品牌发生的互动是和购买有关的及一致的消费体验,消费者希望他/她们无论何时何地,例如在网页,在社交媒体,在移动端,面对面时都能获得一致的消费体验。

4. 购物习惯发生改变

日益发达的信息技术给顾客消费群体创造了一个智能化的时代,在新的技术背景下使得他们形成了随时、随地、随意的全天候、多零售渠道的购物习惯。以零售商为核心的单渠道、多渠道、跨渠道的战略经营模式已经满足不了时代的发展和消费者快速个性化的需求,以消费者为核心的全渠道经营模式必须是零售企业应该重视的,打造无缝衔接、便利化和个性化的全渠道购物体验,全面触碰消费者的购物、娱乐和社交需求是零售行业发展的必然趋势。

第二节 全渠道零售供应链运作与技术

一、全渠道零售供应链运作策略

全渠道零售供应链管理除了强调供应链上各节点企业经营活动的整体集成,即包括企业内部的生产经营活动、企业外部的供应商和供应商的供应商、企业的用户和最终用户,以达到有效地控制物流、信息流、资金流的目的,还需要实现各个渠道间的信息与资源完全共享。

(一) 以消费者为中心

全渠道零售供应链与传统供应链的差异主要体现在零售端的渠道融合,需要改变传统供应链中各个渠道保持独立营销、运营与管理,传统单向供应链暴露模式化、成本高、效率低的弊端(Shi et al., 2018)。树立以消费者为中心的文化、从品牌—线索—成单的全链路优化、寻求新的增长点和新方式、用户全生命周期营销、创新和交互用户体验创造五个方面,构建以消费者为中心的营销闭环。

全渠道零售供应链,尤其零售企业利用所有的销售渠道,将消费者在各种不同渠道的购物体验无缝链接。因此,顾客可以同时利用一切的渠道,如实体店、目录、呼叫中心、互联网以及手机等,随时随地地购物。

(二) 库存运作模式

在全渠道零售供应链中,其零售端的库存运作区别于传统供应链最大的特点,就是赋予了实体店新的仓储功能,采用前店后仓的"店仓一体化"

模式，实体店前场进行商品的展示和销售，实体店后场作为仓库，除了传统线下渠道的库存外，还将用来满足线上需求的库存由配送中心前移至门店仓库，将互联网消费者与商品的距离也拉近至 5 公里范围内，实现了订单的快速响应；同时"店仓一体化"很好地弥补了传统商超仓储管理冗杂烦琐的缺陷，提高了运作效率，降低了运作成本和货品消耗；并且人员和场地均做到了充分利用，资源效率得到了大大提升；前店后仓的布局也避免了配送人员与商超用户冲突的现象，节约履约时间，提高订单完成速度。

除了库存前置，库存共享也是全渠道零售供应链的特点，即多个渠道间库存完全共享。相比传统供应链，全渠道零售供应链真正意义上实现了不同渠道的库存在供应链各个环节的完全共享。全渠道供应链的库存共享不单单停留在信息阶段，在分配、仓储等实际运行的各个阶段都实现了库存的共享。在传统供应链中，满足线上线下需求的库存在不同的仓储与配送中心分别储存、分配与管理，分别满足各自渠道的订单，而门店库存只用来满足线下需求，甚至于不同渠道的产品从生产开始都是各自独立进行，因而产品的质量、定价都会存在差异；对比之下，全渠道零售供应链实现了从供应物流、生产物流以至销售物流的完全融合，产品库存的质量、成本与定价在所有渠道保持完全统一，在存储方面，也由同一仓储中心统一存储与分配。通过共享库存模式，以销订货、以销订陈、以销订囤等变革，降低了库存量，提高了库存周转率，降低了供应链的库存成本。

（三）物流配送运作模式

全渠道零售供应链通过线上线下多渠道融合，可以有效利用"集中配送"+"外卖配送"的配送模式，将所有满足线上与线下需求的库存都集中配送至实体店，再由实体店通过小批量多批次的快递方式完成对 3~5 公里范围内的线上消费者的急速配送，将履约时间由"次日达"缩短至"两小时达"，甚至"半小时达"。从配送中心到实体店的长途运输，采用集中补货模式批量配送，从门店到消费者的短距离运输，再采用快递方式进行分单配送，相比于传统供应链中配送中心只对线下需求进行集中补货，并且所有线上订单都由配送中心分单配送的模式而言，全渠道零售供应链的配送模式拥有更大的规模效益，并且降低了高费率快递分散配送的运输距离，降低了供应链的配送成本，同时也增加了订单的响应与完成速度，提升了供应链的整体效率和服务水平。

二、全渠道零售供应链技术

全渠道零售供应链涉及线上平台、线下实体、仓储物流以及工作系统等诸多方面的深度融合，而这就一定需要有包括大数据、云计算、物联网、人工智能等在内的一系列新兴技术为其提供必要的软硬件支撑。新兴科学技术的不断创新、发展和应用推广对于现代零售业能否顺利实现变革将发挥极为重要的影响作用。针对线上线下渠道融合，提升消费体验的技术主要面向自助结算、智能试装、无人物流、AR体验、室内定位导航等场景，且大数据分析技术在零售企业经营中所起的作用将会越来越大，企业利用大数据分析技术，不仅可以根据顾客的历史行为和现实需求，动态地把握消费者行为和需求的发展变化，为其提供个性化甚至定制化的商品或者服务。同时，也有助于制定出更为切实可靠的市场战略，全面提升经营管理的效率。企业拥有新技术的强有力支撑，数字化的服务就能顺利推进，消费者的购物过程就会更加的人性、便捷、高效、简易和流畅，与商家之间的互动也将随之增多，购物体验自然就能得到实质上的提升。

第三节　全渠道零售供应链营销管理

一、全渠道营销

全渠道营销是零售企业为了实现目标，在全部渠道（商品所有权转移、信息、产品设计生产、支付、物流、客流等）范围内实施渠道选择的决策，然后根据不同目标顾客对渠道类型的不同偏好，实行针对性的营销定位，并匹配产品、价格等营销要素组合策略。全渠道营销管理就是对全渠道营销进行分析、规划和实施的过程。全渠道营销旨在建立各个渠道上一致的客户体验。无论组织的客户通过移动、在线、店内何种方式购物及享受服务，该客户都会得到一致的客户体验。全渠道营销意味着零售企业将能通过多种渠道与顾客互动，包括网站、实体店、服务终端、直邮和目录、呼叫中心、社交媒体、移动设备、游戏机、电视、网络家电、上门服务等。这些渠道相互融合，相互回应，成为一支综合性的营销力量。全渠道营销包含着大量的预测性分析，有助于企业更好地了解消费者，并利用收集到的消费者大数据在任何设备上实现与消费者完全个性化的互动。

在互联网/移动互联网普及背景下，消费者需求逐渐趋于数字化、社交化、本地化、移动化，以消费者需求为主导的全渠道零售供应链营销体系需要变革和重构。全渠道营销体系如图10-2所示，零售企业形成线上线下渠道（实体渠道、PC电商渠道、移动商务渠道）一体化的全渠道营销网络；全渠道零售供应链上下游各主体之间（销售商、供应商、生产者）通过"互联网+平台"（移动互联、云计算、大数据、物联网）或直接互相关联、互相影响，构成一体化的协同营销网络。前端零售企业以数字消费者消费生命周期（产生动机、信息交互、购买决策、消费过程、消费评论）为导向，线上线下各渠道以及各渠道售前、售中和售后过程实现业务协同、信息交互；后端产品供应商、生产者通过"互联网+平台"或直接与销售商进行业务协同与信息交互，支持零售企业全渠道营销策略的实施。

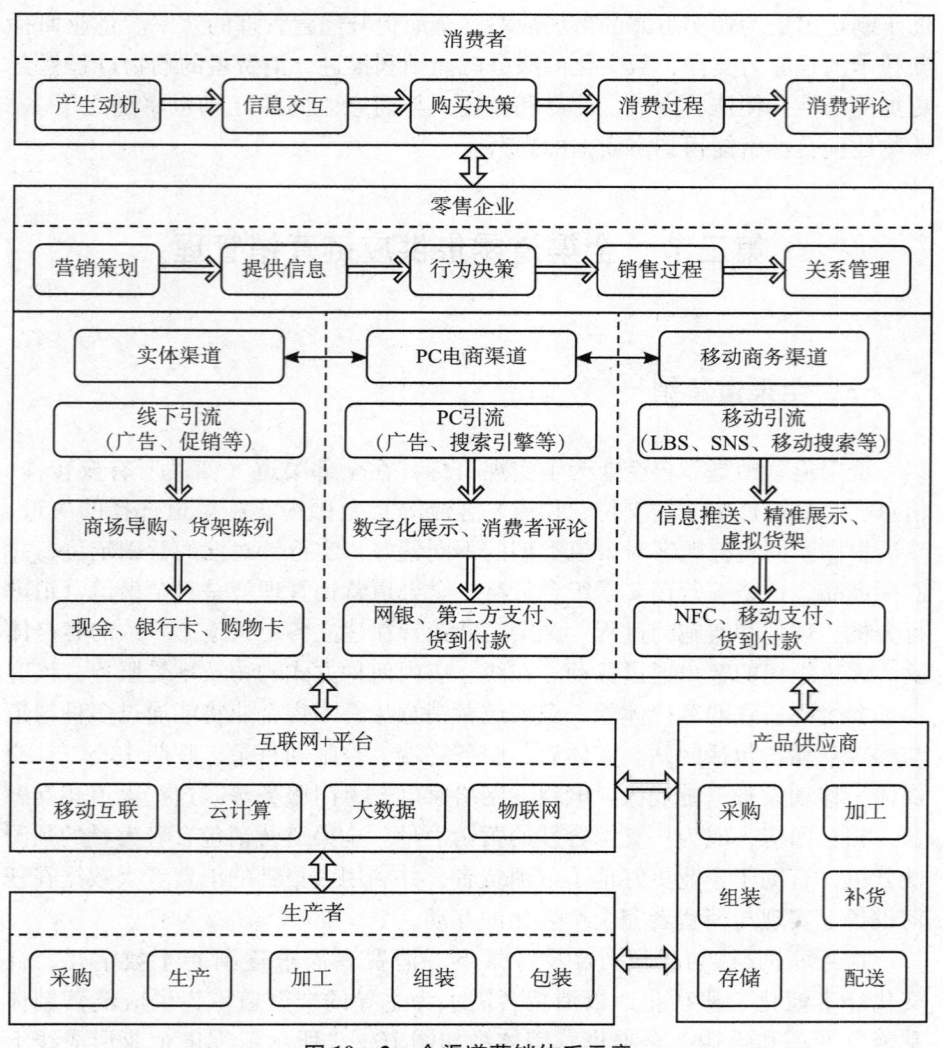

图 10-2 全渠道营销体系示意

二、全渠道营销步骤

（一）精准定位

精准营销的第一步，就是要精准地定位目标消费群到底是谁？只有瞄准了再开枪，才不会浪费任何一颗子弹。在搞清楚消费群定位的基础上，再搞清楚你的产品或品牌开创了或者代表了什么品类，也就是说，搞清楚"我是谁？"这个问题。在这个问题上，小米手机的做法可圈可点，它的定位是"互联网手机"新品类，它的消费群定位是"为发烧而生"。

（二）建立大数据库

数据库是任何一个精准营销规划过程的核心，有了客户的数据库，才可能有精准营销。真正有用的数据，不仅是一组客户名单或记录，而应该是客户曾经购物的详细情况，或者是潜在客户的资历与详细情况。通常，在客户参与研发、浏览、询价、购买、促销、售后和其他全接触点上的全行为信息，都是数据库的来源。

（三）评估与锁定价值型客户

有了数量庞大的消费者数据库，并不是要对每一个消费者都要马上展开营销，而是应该按照28原则或1535原则（15%意见领袖，35%意向客户，50%无意向需培育意向的客户），按照客户的购买情况确定其财务价值，将客户分为意见领袖、优质大客户、中小客户、意向或目标客户和潜在客户五种基本类型，并分别为每种类型的客户，量身定制不同的营销方案，并分步骤逐步推进。

（四）了解客户接触点和偏好

精准营销执行之前，我们还必须弄清楚公司应该在何时、何地、什么环境下、用何种方法才能接触到客户。为此，需要了解并评估客户能够接触到公司的各种方式与接触点，并了解客户偏爱哪种传播方式与传播渠道；只有这样做，才能够根据每个接触点与客户偏好制定出未来最佳的营销与传播的组合方式。

（五）整合多种营销手段

当做好上述四点准备之后，你接着应该做的，是整合可能多的营销手段，诸如：微博、微信、论坛、奖券销售、APP、电视广告和微电影。除了营销手段外,内容也很重要。互联网时代,内容为王,只有那些产品有极致亮点的、内容有情感的并且个性化的、价值观能引起共鸣的内容,才能在圈子中、社群中引起关注与口碑。这里要强调的是,精准营销是针对精准价值型客户而进行的互动式的、双向的营销,它是潜入式的营销、口碑式的传播;而不是传统大众营销的不分人群的、单向的、非互动的、依靠野蛮轰炸完成传播的营销。二者有着本质上的不同。

(六)发展与客户多次的、长期的关系

精准营销的本质,是关系营销。与一个客户发生一次交易关系,并不意味着成功;只有与客户建立起多次交易的、长期的关系,将客户转化为忠诚客户,转介绍和正面口碑传播率高,才意味着精准营销是成功的。

第四节 全渠道零售供应链库存管理

一、供应链库存管理

(一)库存管理的概念

供应链库存管理指将库存管理置于供应链之中,以降低库存成本和提高企业市场反应能力为目的,从点到链、从链到面的库存管理方法。库存协调是供应链协调与合作的重要组成部分,其实质是减少物流对资金流的影响,使两者达到最优化结合。

供应链库存管理的特点是供应链库存管理的目标服从于整条供应链的目标,通过对整条供应链上的库存进行计划、组织、控制和协调,将各阶段库存控制在最小限度,从而削减库存管理成本,减少资源闲置与浪费,使供应链上的整体库存成本降至最低。与传统库存管理相比,供应链库存管理不再是作为维持生产和销售的措施,而是作为一种供应链的平衡机制。通过供应链管理,消除企业管理中的薄弱环节,实现供应链的总体平衡。供应链管理理论是对现代管理思想的发展,其特点主要表现为以下几方面。

1. 管理集成化

供应链管理将供应链上的所有节点看成一个有机的整体,以供应链流程为基础,物流、信息流、价值流、资金流、工作流贯穿于供应链的全过程。因此,供应链管理是一种集成化管理。

2. 资源范围扩大

传统库存管理模式下，管理者只需考虑企业内部资源的有效利用。供应链管理模式导入后，企业资源管理的范围扩大，要求管理者将整条供应链上各节点企业的资源全部纳入考虑范围，使供应链上的资源得到最佳利用。

3. 企业间关系伙伴化

供应链管理以最终客户为中心，将客户服务、客户满意与客户成功作为管理的出发点，并贯穿于供应链管理的全过程。由于企业主动关注整条供应链的管理，供应链上各成员企业间的伙伴关系得到加强，企业间由原先的竞争关系转变为"双赢"关系。供应链的形成使供应链上各企业间建立起战略合作关系，通过对市场的快速反应，共同致力于供应链总体库存的降低。因此，库存管理不再是保证企业正常生产经营的措施，而是使供应链管理平衡的机制。

（二）库存管理的目标

库存管理是企业进行正常的生产经营活动时对需要的资源进行存储、配置的过程。合理的库存管理可以让一家企业的资源配置实现最优化，进而为企业的生产经营活动提供足够的保证；反之，如果在库存管理的过程中，企业的资源未能实现科学的储存与配置，势必将导致资源的浪费，甚至阻碍企业的正常活动。所以基于供应链的库存管理不是简单的需求预测与补给，而是要通过库存管理获得用户服务与利润的优化。

库存管理的重点是作为平衡有限的生产能力和适应用户需求变化的缓冲手段，通过各种协调手段，寻求把产品迅速、可靠地送到用户手中所需库存费用与生产、库存管理费用之间的平衡。确定最佳的库存投资额，使供应链上的节点企业分担不同的职能，使相关企业成为一个不可分割的整体。库存管理的目标是实现供应链企业的无缝连接，以消除供应链企业的高库存现象。

（三）几种典型的供应链库存模型

1. 供应商管理库存（VMI）

零售商有自己的库存，批发商有自己的库存，供应商也有自己的库存，供应链各个环节都有自己的库存控制策略。由于各自的库存控制策略不同且相互封闭，因此不可避免地产生需求的扭曲现象，从而导致需求变异放大，无法使供应商准确了解下游客户的需求。供应商管理库存（Vendor Managed Inventory，VMI）这种库存管理策略打破了传统的各自为政的库存管理模式，体现了供应链的集成化管理思想，适应市场变化的要求，是一种新的有代表性的库存管理思想。

VMI 策略的关键措施主要体现在如下几个原则中：

合作精神。在实施该策略中，相互信任与信息透明是很重要的，供应商和客户（零售商）都要有较好的合作精神，才能够相互保持较好的合作。

双方成本最小。VMI 不是关于成本如何分配或谁来支付的问题，而是通过该策略的实施减少整个供应链上的库存成本，使双方都能获益。

目标一致性原则。双方都明白各自的责任，观念上达成一致的目标。如库存放在哪里，什么时候支付，是否要管理费，要花费多少等问题都通过双方达成一致。

连续改进原则。供需双方共同努力，逐渐消除浪费。

2. 联合库存管理（JMI）

联合库存管理的思想可以从分销中心的联合库存功能谈起。地区分销中心体现了一种简单的联合库存管理的思想。采用分销中心后的销售方式，各个销售商只需要少量的库存，大量的库存由地区分销中心储备，也就是各个销售商把其库存的一部分交给地区分销中心负责，从而减轻了各个销售商的库存压力。分销中心就起到了联合库存管理的功能。

从分销中心的功能得到启发，对现有的供应链库存管理模式进行新的拓展和重构，提出联合库存管理新模式——基于协调中心的联合库存管理系统。

联合库存管理体现了战略供应商联盟的新型企业合作关系。联合库存管理是解决供应链系统中由于各节点企业的相互独立库存运作模式导致的需求放大现象，提高供应链的同步化程度的一种有效方法。联合库存管理和供应商管理客户库存不同，它强调双方同时参与，共同制订库存计划，供应链过程中的每个库存管理者（供应商、制造商、分销商）都从相互之间的协调性考虑，使供应链相邻的两个节点之间的库存管理者对需求的预期保持一致，从而消除了需求变异放大现象。任何相邻节点需求的确定都是供需双方协调的结果，库存管理不再是各自为政的独立运作过程，而是变成供需连接的纽带和协调中心。

VMI 是一种供应链集成化运作的决策代理模式，它把客户的库存决策权代理给供应商，由供应商代理分销商或批发商行使库存决策的权力。JMI 是一种风险分担的库存管理模式。风险分担表明如果把各地的需求集合起来处理，可以降低需求的变动性，因而当把不同地点的需求汇集起来，一个顾客的高需求很可能被另一个顾客的低需求所抵消。需求变动性的降低能够降低安全库存。

3. 共同预测、计划与补给（CPFR）

通过对 VMI 和 JMI 两种模式的分析可得出：VMI 就是以系统的、集成的管理思想进行库存管理，使供应链系统能够获得同步化的优化运行。通过几年的实施，VMI 和 JMI 被证明是比较先进的库存管理办法，但 VMI 和 JMI 也有以下缺点：（1）VMI 是单行的过程，决策过程中缺乏协商，难免造成失误；（2）决策数据不准确，决策失误较多；（3）财务计划在销售和生产预测之前完成，风险较大；（4）供应链没有实现真正的集成，使得库存水平较高，订单落实速度慢；（5）促销和库存补给项目没有协调起来；（6）当发现供应出现问题（如产品短缺）时，留给供应商进行解决的时间非常有限；VMI过度地以客户为中心，使得供应链的建立和维护费用都很高。

随着现代科学技术和管理技术的不断提升，VMI和JMI中出现的种种弊端也得到改进，提出了新的供应链库存管理技术，CPFR（共同预测、计划与补给）。CPFR有效地解决了VMI和JMI的不足，成为现代库存管理新技术。

协同规划、预测和补给（Collaborative Planning Forecasting & Replenishment，CPFR）是一种协同式的供应链库存管理技术，它能同时降低销售商的存货量，增加供应商的销售量。

CPFR最大的优势是能及时准确地预测由各项促销措施或异常变化带来的销售高峰和波动，从而使销售商和供应商都能做好充分的准备，赢得主动。同时CPFR采取了一种"双赢"的原则，始终从全局的观点出发，制定统一的管理目标以及方案实施办法，以库存管理为核心，兼顾供应链上的其他方面的管理。因此，CPFR能实现伙伴间更广泛深入的合作。

CPFR模式弥补了VMI和JMI的不足，成为新的库存管理技术。当然CPFR模式也不是任何场所都可以使用的，它的建立和运行离不开现代信息技术的支持。CPFR信息应用系统的形式有多种，但应遵循以下设计原则：现行的信息标准尽量不变，信息系统尽量做到具有可缩放性、安全、开放性、易管理和维护、容错性、鲁棒性等特点。

二、全渠道零售供应链库存策略

（一）整合多渠道库存

为了成功整合库存，必须首先调整组织架构，使所有的渠道都能无缝化、整合地运作起来。例如，在跨渠道库存整合之前，每个渠道都有自身组织结构规划，以及明确的动因。而一旦决定库存共享，组织必须调整结构使所有渠道整合成为一个具有独立财务目标的单一业务单位。除了财务动因，其他需要考虑的组织要素还包括：变化影响、企业文化、领导力、绩效管理、人才管理。

要达到跨渠道库存整合，决策制定政策和流程保持一致同样重要，尤其是在跨渠道库存方面没有明确主事人的时候。例如通过不同渠道销售的同一类产品，具有不同的管理个体，而哪方最终负责其供应商协议的订立，损益计算，或受限时的策略制定？理想状况下，所有渠道的库存只应有一个主事人,但事实上大多数企业的结构不具备这样的条件。就此类决策制定提前建立明确相关政策可使企业快速适应不断变化的客户需求。同时这样的政策确立相对比较容易,对现有事务的组织状况干扰也能降到最低。

(二) 优化库存配置

通过跨渠道分析可以确立库存的最优渠道,同时也需要企业具备依据分析配置库存的能力。例如,在同一个配送中心将产品从门店补货区转移到电子商务区。更复杂的情况可能是,将超量调拨的产品从门店仓库返回配送中心以确保准确的库存配置。

零售商需要考虑和解决以下问题:什么情况下库存将得到保护?例如产品促销,新店开张,短期和季节性产品的初始调拨,还有满足大客户需求的时候,库存可以/应得到多长时间的保护?根据短缺来源的不同(比如来自供应商或是配送中心)是否做出不同的决策?是根据电子商务渠道的保护库存数量,还是根据配送中心的总库存容量下单?当库存可在渠道间流转的时候应遵循什么样的政策指导?

(三) 实现库存信息化

数据的采集和储存现在被认为仅仅是一条通过行为预测和建模来辅助决策制定的途径。在无缝化环境下,模拟和预测变得愈加复杂的同时需要强大的跨渠道库存分析。

过去的库存管理相对孤立,供应链成员间、渠道间不能及时获取有关库存的决策,而对未来销售业绩的预测也仅是依据过去的表现。这样的系统即便对于单一渠道组织来说也是不甚理想的,而对全渠道零售供应链来说更是远远不够。如今,更先进的跨渠道分析解决方案不仅能充分利用过去的绩效来预测未来的需求,更打破渠道间的壁垒,配合消费者的需求更好地管理产品的渠道和区域调拨。

跨渠道库存管理智能分析能够在任何特定环境下权衡存货减少相对客户服务质量间的利弊,预测最佳的平衡点。许多零售商正转向基于云计算的软件即服务(SaaS)应用,以实现跨渠道的商业智能分析及业务指标评估。软件即服务(SaaS)和基于云计算的解决方案可在各部门得以实施,包括采购、配送,以及销售终端部门,并可实现在任何地点,通过电脑或移动设备对其进行访问。

思考与练习

1. 全渠道零售发展历程?
2. 全渠道零售供应链与传统供应链有哪些不同?

3. 全渠道营销是什么？如何实现全渠道营销？
4. 供应链库存管理价值是什么？全渠道零售供应链库存管理策略有哪些？

案例分析　小米：构建全渠道零售体系

在 2018 年 11 月 1 日下午小米举办的双十一媒体沟通会上，小米集团副总裁兼销售与服务部总经理汪凌鸣表示，通过九年的积累和摸索，小米已建立起了全品类全渠道的新零售体系，最终形成了线上、线下融合的全渠道模式。小米的全渠道零售体系可以分为五个阶段：早期的互联网渠道、电商平台、线下布局、社交电商、物流。

第一阶段：早期的互联网渠道。

小米早期通过米聊触达用户，积累早期用户，早期的 100 个梦想赞助商来自 MIUI，小米通过线上（小米社区、新媒体、小米商城促销）方式，通过互联网电商发展粉丝，发展到上百万的粉丝，小米通过小米家宴达到粉丝建设的高潮，目前小米家宴成为小米为粉丝量身打造的年度盛宴。小米通过不同模式与用户连接，通过社群方式，建设忠诚的小米粉丝群体，销售达到数以千万部的手机。

第二阶段：小米电商平台。

小米电商平台建设，小米线上第三方代理，在国内，主要与京东、苏宁合作，在世界其他地区，主要通过 Flipkart 及亚马逊等第三方电商销售。代理商直接购买小米的产品后向终端用户分销。

小米线上直营通过小米商城，主打小米手机、平板等科技数码产品，也涉及周边生活商品。同时，小米在天猫开设旗舰店，进行小米产品的自营。2017 年，小米推出小米有品，打造精品生活电商平台，这次，小米有品采用了多品牌合作的模式，里面除了小米和米家的产品，也有第三方独立品牌。

第三阶段：线下布局。

小米线下布局基本分为这样几种类型，小米之家，自建自营，线下直营，一二线城市，进驻大型商城，旗舰店 1000~2000 平方米，一般店 250~300 平方米，集形象展示、产品体验咨询和销售功能为一体。小米专卖店，他建自营，三四线城市，150~200 平方米，小米与各地优秀服务商、零售商合作，小米直供产品、直接管理运营。小米体验店，他建他营，小米指导，类似代理商模式，四线城市以下主推，在产品 SKU 选取上因地制宜，对城市中心店和郊区店做出了区隔。小米直供点，当作 C 端客户，店主在线申请即可获得销售资质，直接从小米小规模订货，店主可通过微信、电商、抖音等方式推广。

第四阶段：社交电商。

通过平台赋能模式，2019年小米有品开始推广社交电商，发展小米渠道的外部合作力量，开始大规模的社交电商。

有品是小米的精品购物开放平台，依托小米生态链体系，用小米模式做生活消费品，将来预计超过20000种商品，是众筹和筛选爆品的平台；小米商城有2000种商品，是小米自己和生态链的产品；每个小米之家大约有200种商品。共同组成小米自营全渠道的三层结构。小米建立了S2B2C的运营模式，平台为优质商家提供物流、客服、品控等全方位的支撑，小米与400余家行业头部企业达成合作。小米有品同时打造会员模式"有品推手"，小米有品推手采用邀请制注册，新用户通过邀请码注册开通成为推手会员。小米推手会员享有自购省钱、推广赚钱的权益。

第五阶段：物流。

全渠道建设，物流是全渠道策略成功实施的保障，小米在物流方面不断进行建设。2019年小米宣布与中国邮政建立战略合作，双方在北京小米科技园举行战略合作签约仪式，签署战略合作协议。在快递物流方面，小米集团将充分利用邮政优势资源，与中国邮政开展更广泛的业务交流与合作。中国邮政将为小米集团提供仓储、物流及快递配送和行政办公类文件、物品寄递等服务。小米快递方面可以提供的服务包括：包裹投递、快递服务（信件或商品）、运载工具故障牵引服务、船运货物、旅行陪伴、贵重物品的保护运输、司机服务、运输、商品包装、导航、货物贮存等。

全渠道形成系统协同效应，实现全渠道以及全供应链数据协同。小米全渠道分为三层，分别是米家有品、小米商城和小米之家。米家有品和小米商城是线上电商，拥有20000种商品，是众筹和筛选爆品的平台；小米商城有2000种商品，主要是小米自己和生态链的产品；线下的小米之家大约有200种商品。在这个梯级全渠道中，小米之家有一个重要的工作，就是促进线下线上的相互引流，向用户介绍更丰富的小米产品系列。用户在小米之家购买商品时，店员会引导用户在手机上安装小米商城APP，这样用户如果喜欢小米的产品，下次购买就能通过手机完成，而且在小米商城，用户可以在更全的品类中进行挑选。

2010~2015年，小米聚焦电商，后台围绕电商做IT，搭建小米网电商系统建设和仓储、物流、售后、客服系统建设。在全渠道布局背后，是小米整体供应链的建设。2017年小米开始深化集团ERP、供应链系统推广、部门构建、资源整合，成立了信息部。整体工作重点在于提升信息化能力，为市场前端赋能。其中，重点是小米数据中台的建设，从数据中台作用来讲，分为：数据采集、数据清洗，形成数据集市，然后通过数据分析员进行BI分析，改进流程，提高业务效率。小米成立了X DATA团队专门做数据，更方便地让分析人员在系统上直接分析全部门的任何数据、做出可供经营决策的报表。

小米前端建设全渠道体系，后端建设数据中台，对业务运营产生的价值，主要体现在生产监控、日常运营、经营管理、战略管控等方面。首先底层是生产监控管理，实时运营监控、实时风险监控等；其次是日常运营型分析，包括日常统计分析、操作统计分析等；再次是经营管理分析与考核型分析，包括商业洞察分析、人力资源分析、财务分析、部门绩效考核等；最后顶层是战略管控与预测型分析，包括战略绩效分析、行业对标与企业经营预测分析。

（资料来源：《小米全渠道模式深度解读》，载于《销售与市场杂志》，2019年11月14日，https：//www.sohu.com/a/353678815_482466）

案例分析题：
1. 简述小米全渠道模式的发展历程。
2. 结合全渠道零售供应链特点，简述小米的全渠道零售模式在未来该如何发展。

第十一章

生鲜农产品供应链管理

引导案例　永辉生鲜："鲜"从何来？

在超市经营中，生鲜品是公认的、最难经营的品类。一方面，生鲜是居民会反复购买的生活必需品，属于超市中的"磁石"商品，集客力非常强；另一方面，由于生鲜对鲜度的要求非常高，容易会发生高损耗，导致生鲜的利润率降低、甚至亏损。因此，生鲜品经营如何做到既新鲜、又赚钱，成了许多超市多年未解的难题。

永辉超市，在生鲜品的经营上则非常大胆。自2001年从福州创立伊始，他们没有回避生鲜品的经营，反而采用自营方式将其作为市场切入点和最重要的卖点。经过10多年的探索和努力，不仅实现了生鲜品的"鲜利"的双赢，还形成了一套独特的生鲜商品经营心得和管理模式，被业界誉为"永辉模式"。永辉超市作为生鲜供应链的主导者，通过对供应链采购管理、物流管理和销售管理三大核心环节的建设、整合与优化，实现生鲜流通全过程的高效率和低成本，从而获得低价格、低损耗、高毛利的"两低一高"竞争优势。

采购管理：源头采"鲜"。永辉组建了专门的采购团队，深入了解各种生鲜产品的属性和全国主要生鲜产品集散地。某种商品在某地每年能出产多少、何时出产，价格大概是多少，气候对于产量会有怎样的影响都很清楚。有些产品不同地域的产出时间有差异，这给永辉这样谙熟产品信息的企业提供了机会，可以根据预估的需求提前几个月做好订货工作；甚至会与有些产地合作，将整个果园、整片菜地的产品全部包下来，作为自己的供应基地。而且，永辉农产品的采购量动辄几万斤到几十万斤，在价格上自然可以拿到更多的优惠。永辉的采购分为全国统采、区域直采、供应商采购三种模式。大批量、易保存的基础商品，如香蕉、大米等，采用全

第十一章 生鲜农产品供应链管理

国统采；有当地特色、不易长时间保存的商品，如叶菜类，下放为区域直采，有的地方还聘请了采购代办，负责对零散农户的产品进行收购和集散；供应商采购是将部分小农户集中为合作社，扩大与专业合作社、大供应商合作范围，培育比较稳定的供应商，这里面还包括批发商、第三方采购。

物流管理：中间保"鲜"。生鲜品的损耗从田间地头到门店的运输过程中就开始发生，而永辉的生鲜采购所到之处都会有自己的配送车队，或者提前和当地的第三方运输服务车队做好协议。一旦交易达成，会通知各个农户将商品集中送到集散地，就地简单处理（拣择、剥皮、削根、清洗、打捆、装袋、装箱、降温处理等），有时甚至在田间地头就要求当地种养殖户将商品初步捡择、清洗或修剪和整理，每斤可能只需多付给种养殖户一两分钱，就能保证商品在装车前就是最好状态。还有些商品会对现菜在发货地库房进行除水处理，降低风水损。这样将不易售卖部分就地处理，使运走的都是适合售卖的商品，节省了运输成本，同时也节省了配送中心处理损耗所需要的库房、人力等资源和成本。通过这些措施，永辉以很小的成本，既有效地控制了运输过程中的损耗，又保证了商品的鲜度。永辉生鲜从田间地头到门店的损耗率远远低于平均水平，例如蔬菜的损耗率一般在 10%～15%，而永辉可以保持在 5% 左右。

门店运营与销售："鲜"卖先得。生鲜品大多属易腐烂、易破损商品，卖场需要随时维护、及时清理，才能呈现最佳的陈列，吸引顾客购买。为此，永辉门店中配备了比其他企业多得多的生鲜员工。虽然人力成本投入更高，但却能做到随时理货，使无论水产、果蔬还是半成品，大多数都摆放得整整齐齐、品相极好，而且可以视需要随时补货到货架上，极易刺激人们的购买欲。永辉要求员工拿取果菜时必须戴手套，避免用手直接接触；商品要分批分次铺货，不能将整筐的果菜直接倒在货架上，影响果菜的鲜度和品相。叶菜有了黄叶、老叶绝不吝惜，马上全部剥去，直到商品看上去光鲜亮丽如同新货。如果因为怕损耗而不去及时处理黄叶老叶，价格上不去、卖相不好，售卖时间就会变长，从而进一步加大损耗，还不如干脆把商品处理的非常光鲜。而且由于永辉的进货价格很低，虽然有损耗，但是在成本加摊后还是低于市面上的同类商品成本，仍然具有竞争空间。

（资料来源：王小燕、王燕平、尹攀：《永辉生鲜，"鲜"从何来？》，载于《信息与电脑》2013 年第 13 期）

第一节 生鲜产品供应链概述

一、农产品

根据我国《农产品质量安全法》，农产品（agriculture products）的定义为"来源于农业的初级产品，即在农业活动中获得的植物、动物、微生物及其产品"。美国农业部从产业源角度对农产品进行定义，认为来源于耕作、放牧及任何同类或类似活动的产品均属于农产品。《加拿大农产品法》将农产品定义为动植物及其产品，包括饮料、食品等加工产品。日本《农林产品标准和正确标识法》结合农产品基本特征与产业来源对农产品含义进行阐述，该法中的农产品既包括了食物、饮料等经过加工的农产品，也包括直接来源于农业的产品或以其为原料、成分的产品。

国际上对农产品内涵主要依据产品来源与其物理特性进行阐述，而在农产品外延的讨论上，主流的界定方法是将不可食用农产品也包含在内，这与我国农产品含义的研究情况类似。广义农产品主要指人类有意识地通过利用动植物来获取食物和其他物质资料的经济活动的产物；狭义农产品主要指农业生产直接产物。因此，可以将农产品定义为农业中生产的物品，如高粱、稻子、花生、玉米、小麦以及各个地区土特产等。

农业作为基础产业，为人类生存和发展提供基础物质资料，农产品种类多、属性差异大等特点对农产品分类工作造成一定困难。20世纪初，我国就已经开始尝试制定统一的农产品分类标准以促进农产品贸易发展，这些标准主要依据产品属性、产业来源、加工方法等对农产品进行分类，目前国际上较为通用的农产品分类主要有加工程度、特殊程度、农产品基因形成方式、传统和习惯四种。

（一）按照加工程度

分为初级农产品和加工农产品。初级农产品是指种植业、畜牧业、渔业产品，不包括经过加工的产品。包括谷物、油脂、农业原料、畜禽及产品、林产品、渔产品、海产品、蔬菜、瓜果和花卉等产品。加工农产品是指必须经过某些加工环节才能食用、使用或储存的加工品，如消毒奶、分割肉、冷冻肉、食用油、饲料等。

（二）按照其特殊程度

分为名优农产品和普通农产品。名优农产品是指由生产者自愿申请，经有关地方部门初审，经权威机构根据相关规定程序，认定生产规模大、经济效益显著、质量好、市场占有率高，已成为当地农村经济主导产业，有品牌、有明确标识的农产品。普通农产品是相对名优农产品而言的，是指未经相关机构认证，不具有明确标识的农产品。

（三）按照农产品基因形成方式

分为转基因农产品和非转基因农产品。转基因农产品指那些通过转基因技术进行栽培、育种或改良的农作物产品，如转基因大豆、转基因木瓜、转基因玉米等。非转基因食品是相对于转基因食品而言的，是指不含有任何转基因成分或含有的转基因成分总量低于某个阈值的食品。

（四）按照传统和习惯

一般分为粮油、果蔬及花卉、林产品、畜禽产品、水产品和其他农副产品六大类。

二、生鲜农产品

生鲜农产品（fresh agriculture products）也可以叫作鲜活农产品，是由农业部门生产的没有经过加工或只进行少许加工的，在常温状态下不能长时间保存，需保鲜、冷藏、冷冻的初级食品，一般包括蔬菜类（含未加工的蘑菇、生姜、生鲜茉莉花、生鲜菜用玉米，新鲜的花生、淮山、粉葛、马铃薯、马蹄、莲藕等）、水果类（果蔗、保鲜瓜果、新鲜板栗等）、肉类（鸡肉、鸭肉、猪肉、牛肉等）、水产品（含未加工的冰鲜鱼、虾、蟹等）等农畜产品。在日常生活中，我们习惯称为"生鲜三品"的就是果蔬、肉类和水产。鲜活程度是决定这些生鲜农产品价值的重要指标。

生鲜农产品具有易腐易烂、易变质的特性，因此对流通、储存都有很高的要求。特别是对于我国来说，我国传统的生鲜农产品生产经营是以农户分散生产，通过产地、销地的批发市场在农贸市场进行终端销售。传统的经营方式规模小、交易环节多、交易手段落后，流通成本高；农产品来源渠道复杂，市场仓储、保鲜设施不完善等特点。下面，将分别从供给、需求、销售等三个方面介绍生鲜农产品的特点。

（一）生鲜农产品的供给特点

生鲜农产品的供给特点主要表现在生产特点和流通特点两个方面。

生鲜产品的生产特点集中表现为生产的季节性、周期性以及分散性。其中，季节性和周期性主要是指水果和蔬菜生产，它们的收获季节基本上是固定的；分散性则主要是指绝大多数的生鲜农产品，包括果蔬、畜禽、水产品都是由分散的独立的农户经营的，绝大多数的单个农户均为"小生产"方式，和欧美国家农场式的"大生产"方式无法比较。这一生产特点就加大了生鲜农产品的物流难度。生鲜农产品的流通特点主要表现在时效性、易腐性、鲜活性等方面。生鲜农产品的时效性要求尽量缩短生鲜农产品物流半径，提高物流技术包括运输技术、搬运技术、配送技术等，实现高质量的快速物流。生鲜农产品的易腐性特点，则要求改变传统的生鲜农产品恒温物流，加强冷藏物流或低温物流。对鲜鱼等水产品的物流则要求运输途中和各物流节点的供氧设施，减少鲜活农产品的损耗。

（二）生鲜农产品的需求特点

生鲜农产品的需求特点也是影响生鲜农产品物流的重要因素。主要表现在以下几个方面：

城市日常需求是生鲜农产品的主要目标市场。生鲜农产品是城镇居民的生活必需品，产品单位价格较低，居民单位需求量少，但是市场需求总量大。这就要求城市建立比较完善的配送体系。

生鲜农产品的需求观念发生变化，主要体现在传统对"量"的追求转变为对"质"的追求。生鲜农产品的品质包含很多方面，既包括生鲜农产品自身品质和外观质量，也包括生鲜农产品的外部环境。内部品质主要是指生鲜农产品的鲜活性、安全无毒害、绿色性等；外观质量是指农产品的包装和整理等。外部环境则是指生鲜农产品零售终端的市场环境，例如销售场所是否整洁、产品是否分区易于挑选、称量是否标准、付款是否方便等。生鲜农产品的需求观念的变化决定了其零售终端将以生鲜超市和超级市场生鲜区为主要发展方向。

（三）生鲜农产品销售的特点

生鲜农产品的销售特点主要影响生鲜农产品供应链的构成。体现在：

生鲜农产品的销售一头是分散的农户，另一头是有组织的市场，二者之间存在一个市场中介衔接难度较大的问题。以蔬菜为例，一头是分散的生产大棚蔬菜的农户，另一头是城市超级市场蔬菜区，只有实现两头衔接才能完成蔬菜的销售。目前的做法主要是通过小商贩或者农户自己将蔬菜运至产地批发市场，批发商再将蔬菜从产地批发市场运至销地批发市场，再通过城市配送中心配送至各个超级市场。小商贩的贩运和农户自运存在问题，解决的好办法是通过某一个组织将分散的农户集中起来。目前学术界比较普遍的观点，是建立农产品行业协会。

三、生鲜农产品供应链

我们能够在超市买到来自全国各地甚至是国外的生鲜农产品主要依赖于生鲜农产品的供应链和物流系统，那么生鲜农产品供应链的概念是什么呢？

生鲜农产品供应链（fresh agriculture products supply chain）是指以生鲜农产品为对象，以企业或组织为核心，从生鲜农产品的生产环节开始，直至达到消费者这一环节所构成的功能性链结构。也可以概括为"一个由农产品、生产者、供应商、加工者、销售商及消费者构成的链状结构"。生鲜农产品供应链是一个集成化的结构模式，包括了农资用品供应商、农产品生产者或生产组织、农产品流通者以及农产品消费者。

随着经济快速发展，居民消费水平提高，对生活品质的追求越来越注重。民以食为天，"吃"成为日常中最主要的事情之一。为了追求更新鲜、更高品质的实物，生鲜类产品受到欢迎。而生鲜农产品供应链提供了从上游的原材料，到中间冷链运输环节，再到终端的消费市场的完整产业链。

上游：农业

如图 11 - 1 所示，农业作为最源头的供给端，提供了肉禽、蔬菜、水果、海鲜等生鲜产品。但生鲜的生产具有季节性和地域性。由于气候和地域差异，国内不同地区的农产品都是在不同的季节收获。生鲜产品具有鲜活易腐、不耐贮运、生产季节性强、消费弹性系数小等特点。

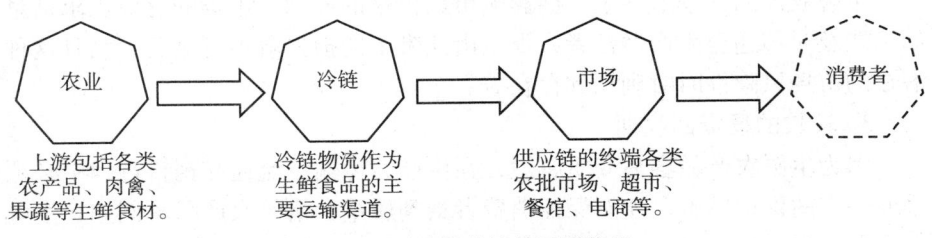

农业	冷链	市场	消费者
上游包括各类农产品、肉禽、果蔬等生鲜食材。	冷链物流作为生鲜食品的主要运输渠道。	供应链的终端各类农批市场、超市、餐馆、电商等。	

图 11 - 1 冷链物流的重要作用

中游：冷链物流

随着我国居民收入水平的稳步增长，消费水平也提高，对食物的新鲜程度、高质量的追求更加注重，我国是一个农业生产、消费和贸易大国，农产品种类繁多。由于生鲜产品的特性，对物流运输的要求十分高，而冷链物流能使生鲜产品在生产、贮藏运输、销售，到消费前的各个环节始终处于规定的温度区间，保证产品质量、减少过程损耗。

终端：消费市场

生鲜产品流通的终端为各类消费市场，包括批发市场、超市、电商、餐馆等，服务于消费者。近年来，国内生鲜电商市场得到了高速的发展。生鲜是电商中门槛最高、要求最高的品类。随着国内生鲜电商市场的崛起，生鲜农产品供应链需求扩大，行业快速发展。

生鲜农产品供应链管理与一般供应链管理的目标大体相一致，即对供应链中的"三流"，即资金流、信息流、物流进行控制、规划、优化，是一种集成的管理思想，集计划、协调、组织、控制，以寻求建立产、供、销企业客户间的合作关系，将损耗降至最低，以提升供应链效率，并使供应链中包括消费者在内的各个成员共同受益。

生鲜农产品的特性决定了它的生产提前期长、生命周期短、鲜活度要求高、流通损耗大、易变质、易腐烂和期末残值几乎为零的特点以及生鲜农产品供应链供应不可靠、需求风险大和价格波动大的实际情景。其中，生鲜农产品新鲜易腐烂特性导致配送环节的保鲜要求就会相对较高，这样才能保证农产品的新鲜特质，以满足消费者需求。生鲜农产品的生产具有季节性、区域性、分散性等特性导致农产品供应链的供给难度大大高于其他产品的需求。生鲜农产品供应链的特点可以归纳为：

1. 多方参与合作

生鲜农产品供应链链条的各个环节参与者行业多种多样、数目齐全，涉及加工、商、农等多个领域，从生产到消费，这也使得生鲜农产品供应链结构极其复杂。

2. 存在较大的市场风险

生鲜农产品的季节性生产会影响市场价格的波动。市场的有效供求信息如不能及时传递至生产经营者，那么由此带来的损失就不可避免，而且这种潜在的市场风险性时时刻刻都存在着。

3. 较长的投资回收期

因为生鲜农产品容易变质腐烂，在生产、运输、流通和销售过程中必须采取一定的保护措施，才能保证消费者买到质量合格的农产品。例如，生鲜农产品在经营时需加工、分类、整理，运输过程中部分品种要放置特定的容器内，还受天气、地域等自然条件约束，还有投资回收期长、生产周期较长等问题。

4. 较高的物流要求

生鲜农产品生产具有区域性，不同地区的人们又有不同的需求，因而需要在不同区域间进行运输。但由于生鲜农产品容易变质腐烂，即使使用了保护措施，也难以避免一定比例损耗，使流通成本上升，这制约了生鲜农产品流通路径，因此对物流要求较高。

5. 非集约化生产导致物流路径烦琐

生鲜农产品有其地域性的特点，其在不同的地方被生产和收购后，通过物流运输到统一的仓储地点,这些农产品的物流路径是首先在加工上或者分销商处汇聚,经过加工后继续流通,流向分销商、零售商(中度发散性),经过几次的周转和再加工后,最后才能到达消费者手中,通常呈现出强发散性的特点。

第二节 生鲜冷链物流管理

一、冷链物流

冷链物流(cold chain logistics)泛指产品在生产、储藏运输、销售等到消费前的各个环节始终处于规定的温度区间,以保证产品质量、减少过程损耗的一项系统工程。它是随着科学技术的进步、制冷技术的发展而建立起来的,是以冷冻工艺学为基础、以制冷技术为手段的低温物流过程。对于鲜活易腐、不耐贮运的生鲜产品来说,冷链物流是提供保鲜、保质的运输渠道。

冷链物流的价值构成包括产品生产、冷藏加工、控温贮藏、冷藏运输及配送、冷藏销售。

冷链物流的使用范围包括:初级农产品(蔬菜、水果;肉、禽、蛋;水产品、花卉产品)、加工食品(速冻食品、禽、肉、水产等包装熟食、冰淇淋和奶制品;快餐原料)、特殊商品(药品)等。所以它比一般常温物流系统的要求更高、更复杂,建设投资也要大很多,是一个庞大的系统工程。由于易腐食品的时效性要求冷链各环节具有更高的组织协调性,所以冷链物流的运作始终是和能耗成本相关联的,有效控制运作成本与冷链物流的发展密切相关。

二、冷链物流特点

冷链物流的内容主要包括农产品的低温加工、低温储存、低温运输、配送及低温销售四个环节。从保障产品质量和延长保质期的角度分析,农产品冷链物流主要具有以下特点:

1. 货物的特殊性和时效性

冷链物流主要作用于特殊商品,这些商品大多时效性短,对储藏的要求条件比较高。冷链物流借助其独特的技术,可以有效保障运输商品的品质,延长商品的保质期,减少此类商品由于运输带来的损耗。

2. 过程的复杂性

冷链物流中的农产品,在流通过程中需要遵守3T原则,即流通时间、储藏温度和农产品耐藏性。由于农产品（尤其是生鲜农产品）的特性以及冷链物流自身的较高要求，会受到温度和时间较大的影响，且不同生鲜对温度和实践的要求也不同，这就要求运输者必须严格把控整个流通过程，进而使得运输过程复杂性大大提高。因此，冷链物流比一般物流要具备过程的复杂性。

3. 高成本性

由于生鲜农产品在生产加工、包装运输、储存销售等物流环节均需专门的冷冻设施和设备，因而导致冷链物流系统的建设成本高、投资的回报期长，甚至造成沉没成本。并且，冷链运输的生鲜农产品对贮藏要求都比较严苛，在运输过程中，需要人员在各个环节进行监控并严格保障规定的低温环境，这就提高了冷链运输的成本。

4. 高风险性

不同于常温物流体系，由于生鲜农产品生产地域的分散性，冷链物流的生产、加工和消费市场分布不集中，会受到市场条件、气候条件、交通条件等客观因素影响较大，因而造成冷链物流投资风险高，效益不稳定。

三、我国生鲜冷链物流现状

我国现代农产品储藏、保鲜技术起步于20世纪初，自20世纪六七十年代开始在生鲜农产品产后加工、储藏及运输等环节逐步得到应用。进入21世纪以来，我国农产品储藏保鲜技术迅速地发展，生鲜冷链物流发展环境和条件不断改善，生鲜冷链物流得到较快发展。

农产品冷链物流初具规模。我国是农业生产和农产品消费大国，目前蔬菜产量约占全球总产量的60%，水果和肉类产量占30%，禽蛋和水产品产量占40%。近年来我国生鲜农产品产量快速增加，每年约有4亿吨生鲜农产品进入流通领域，冷链物流比例逐步提高，目前我国果蔬、肉类、水产品冷链流通率分别达到5%、15%、23%，冷藏运输率分别达到15%、30%、40%，冷链物流的规模快速增长。

农产品冷链物流基础设施逐步完善。目前全国有冷藏库近2万座，冷库总容量880万吨，其中冷却物冷藏量140万吨，冻结物冷藏量740万吨；机械冷藏列车1910辆，机械冷藏汽车20000辆，冷藏船吨位10万吨，年集装箱生产能力100万标准箱。[①]

冷链物流技术逐步推广。生鲜农产品出口企业率先引进国际先进的HACCP（危害分析和临界控制点）认证、GMP（良好操作规范）等管理技

---

① 资料来源：国家发展改革委关于印发农产品冷链物流发展规划的通知，http://www.mofcom.gov.cn/article/b/g/201008/20100807086700.shtml。

术，普遍实现了全程低温控制。大型肉类屠宰企业开始应用国际先进的冷链物流技术，从屠宰、分割加工、冷却成熟等环节低温处理起步，逐渐向储藏、运输、批发和零售环节延伸，向着全程低温控制的方向快速发展。适应我国国情的低能耗、低成本的冷链处理技术广泛推广，推动水产品和反季节果蔬为代表的高价值农产品冷链迅速兴起。

冷链物流企业不断涌现。中外运、中粮等社会化第三方物流企业强化与上下游战略合作与资源整合，建立国际先进的冷链设施和管理体系，积极拓展冷链物流业务；双汇、众品、光明乳业等食品生产企业，加快物流业务与资产重组，组建独立核算的冷链物流公司，积极完善冷链网络；大型连锁商业企业完善终端销售环节的冷链管理，加快发展生鲜食品配送。我国冷链物流企业呈现出网络化、标准化、规模化、集团化发展态势。

农产品冷链物流发展环境逐步完善。国家高度重视冷链物流发展，在近几年下发的中央1号文件中均强调要加快农产品冷链物流系统建设，促进农产品流通。一些冷链物流的国家标准、行业标准和地方标准先后颁布实施，《食品安全法》等重要法律法规逐步完善。农产品冷链物流的重要性进一步被消费者认识，全社会对"优质优价"农产品的需求不断增长。

尽管我国生鲜冷链物流发展迅速，但仍处于起步阶段，规模化、系统化的冷链物流体系尚未形成，与发展现代农业、居民消费需求相比仍有差距。突出表现在：一是生鲜农产品通过冷链流通的比例仍然偏低。目前我国生鲜农产品冷链流通的比例远低于欧美发达国家水平（欧、美、加、日等发达国家肉禽冷链流通率已经达到100%，蔬菜、水果冷链流通率也达95%以上），大部分生鲜农产品仍在常温下流通；冷链物流各环节缺乏系统化、规范化、连贯性的运作，部分在屠宰或储藏环节采用了低温处理的产品，在运输、销售等环节又出现"断链"现象，全程冷链的比率过低。二是冷链物流基础设施能力严重不足。我国设施整体规模不足，人均冷库容量仅7公斤，冷藏保温车占货运汽车的比例仅0.3%，与发达国家差距较大；区域分布不平衡，中部农牧业主产区和西部特色农业地区冷库严重短缺，承担全国70%以上生鲜农产品批发交易功能的大型农产品批发市场、区域性农产品配送中心等关键物流节点缺少冷冻冷藏设施。三是冷链物流技术推广滞后。生鲜农产品产后预冷技术和低温环境下的分等分级、包装加工等商品化处理手段尚未普及，运输环节温度控制手段原始粗放，发达国家广泛运用的全程温度自动控制没有得到广泛应用。四是第三方冷链物流企业发展滞后。在农产品冷链物流发展过程中，优质优价的机制仍没有形成，冷链物流的服务体系尚未完全建立，服务水平有待进一步提高，第三方冷链物流企业发展滞后。现有冷链物流企业以中小企业为主，实力弱，经销规模小，服务标准不统一，具备资源整合和行业推动能力的大型冷链物流企业刚刚起步。五是冷链物流法律法规体系和标准体系不健全。规范冷链物流各环节市场主体行为的法律法规体系尚未建立。冷链物流各环节的设施、设备、温度控制和操作规范等方面缺少统一标准，冷链物流各环节的信息资源难以实现有效衔接，在发达国家普遍推行的相关管理办法和操作规范在我国尚处于推广的起步阶段。[①]

四、我国生鲜冷链物流策略

进一步加大对全程冷链重要性的宣传力度，提高公众对生鲜农产品冷链的认知度，营造促进品牌生鲜农产品销售的商业氛围，促进优质优价，扩大销售规模。鼓励农产品生产企业利用冷链物流理念与技术，在产后商品化处理、屠宰加工环节实现低温控制，促进生鲜农产品质量等级化、包装规格化，加强与下游企业的冷链对接，稳妥推进冷链物流服务外包。鼓励流通和冷链物流服务企业运用供应链管理技术与方法，实现生鲜农产品从产地到销地的一体化冷链物流运作。加强各相关企业温度监控和追溯体系建设，实现农产品在生产流通各环节的品质可控性和安全性。

1. 完善冷链物流标准体系

重点制定和推广一批农产品冷链物流操作规范和技术标准，建立以HACCP为基础的全程质量控制体系，积极推行质量安全认证和市场准入制度。一是制订各类生鲜农产品原料处理、分选加工与包装、冷却冷冻、冷库储藏、包装标识、冷藏运输、批发配送、分销零售等环节的保鲜技术和制冷保温技术标准。制订冷链各环节有关设施设备、工程设计安装标准；二是围绕生鲜农产品质量全程监控和质量追溯制度的建立和发展，制定数据采集、数据交换、信息管理等信息类标准；三是建立符合国际规范的 HACCP、GMP、GAP（良好农业规范）、ISO（国际标准化组织）等质量安全认证制度和市场准入制度；四是对于肉类、水产品等密切关系居民消费安全的产品，执行国家强制性标准。

2. 建立主要品种和重点地区农产品冷链物流体系

鼓励肉类农产品冷链物流发展。积极发展覆盖生产、储存、运输及销售整个环节的冷链，建立全程"无断链"的肉类冷链物流体系。重点发展猪肉冷链物流，减少生猪活体的跨区域运输，积极发展从中部、华南地区到珠三角、长三角、港澳等沿海地区，从东北地区到京津地区的冷链物流体系。围绕肉类屠宰加工企业，加快大中城市猪肉冷链配送发展，推广品牌冷鲜肉

---

① 资料来源：张密沙：《我国农产品冷链物流发展现状及策略研究》，载于《中国市场》2018年第30期。

消费。积极发展牛羊肉冷链物流，逐步完善从中部地区到京津、环渤海和长三角地区，西北地区到中亚和中东市场，西南地区到华南地区的牛羊肉冷链物流体系。

加快推广水产品冷链物流体系建设。积极培育长三角、珠三角和环渤海地区为重点的水产品产销集中区，进一步完善水产品超低温储藏、运输、包装和加工体系，促进远洋等高端水产品消费。积极推动黄淮海、东南沿海、长江流域等水产品优势产区到中西部大中城市的水产品冷链物流体系，提高内陆居民水产品消费量。

逐步推进果蔬冷链物流发展。适应市场需要，选择部分高价值的特色蔬菜、水果，推广产后预冷、初加工、储存保鲜和低温运输技术，发展一体化冷链物流，建立跨地区长途调运的冷链物流体系，促进反季节销售。积极推动苹果、柑橘、葡萄、香梨、热带水果等特色水果产区到大中城市的水果冷链物流体系，以及蒜苔、芦笋等反季节蔬菜和特色蔬菜的南菜北运、东菜西输冷链物流体系建设。积极推进乳制品、冰淇淋、速冻产品等其他产品的冷链物流发展。

3. 加快培育第三方冷链物流企业

培育一批经济实力雄厚、经营理念和管理方式先进、核心竞争力强的大型冷链物流企业。鼓励大型生鲜农产品生产企业从生产源头实现低温控制，积极发展冷链运输和低温销售，建立以生产企业为核心的冷链物流体系。鼓励企业在产地、销地建设低温保鲜设施，实现产地市场和销地市场冷链物流的高效对接。鼓励大型零售企业加快生鲜农产品配送中心建设，在做好企业内部配送的基础上逐步发展为社会提供公共服务的第三方冷链物流中心。

4. 加强冷链物流基础设施建设

鼓励冷链物流企业加快各类保鲜、冷藏、冷冻、预冷、运输、查验等冷链物流基础设施建设。从关键环节入手，重点加强批发市场等重要农产品物流节点的冷藏设施建设，在大中城市周边加快规划布局一批生鲜农产品低温配送和处理中心；大力改善农产品加工环节的温控设施，建设经济适用的农产品预冷设施；配备节能、环保的长短途冷链运输车辆，推广全程温度监控设备；完善与冷链物流相配套的查验与检测基础设施建设，推广应用快速准确的检测设备和试剂。

5. 加快冷链物流装备与技术升级

加快节能环保的各种新型冷链物流技术的自主研发、引进消化和吸收，重点加强各种高性能冷却、冷冻设备，自动化分拣、清洗和加工包装设备，冷链物流监控追溯系统、温控设施以及经济适用的农产品预冷设施、移动式冷却装置、节能环保的冷链运输工具、先进的陈列销售设备等冷链物流装备的研发与推广，完善科技成果转化的有效机制，不断提高冷链物流产业的自主创新能力和技术水平。

6. 推动冷链物流信息化

依托各类生鲜农产品优势产区、重要集散地区和大中城市等集中消费地区，建立区域性各类生鲜农产品冷链物流公共信息平台，实现数据交换和信息共享，优化配置冷链物流资源，为建立冷链物流产品监控和追溯系统奠定基础。鼓励市场信息、客户服务、库存控制和仓储管理、运输管理和交易管理等应用系统软件开发，健全冷链物流作业的信息收集、处理和发布系统，全面提升冷链物流业务管理的信息化水平。推广应用条形码、RFID（无线射频识别）、GNSS（全球定位系统）、传感器技术、移动物流信息技术、电子标签等技术，建立全国性和区域性的生鲜农产品质量安全全程监控系统平台。明确冷链物流信息报送和信息交换的责任机制，提高政府监管部门的冷链信息采集和处理能力，提高行业监管和质量保证水平。

第三节　生鲜农产品供应链管理方法

一、快速反应的概念

快速反应（Quick Response，QR）是在20世纪70年代后期从美国纺织服装业发展起来的一种供应链管理方法，是美国零售商、服务制造商及纺织品供应商开发的整体业务概念，以减少原材料到销售点的时间和整个供应链上的库存，最大限度地提高供应链的动作效率为目的。

1984年，美国服装纺织以及化纤行业成立了一个委员会。

1985年该委员会为提高美国消费者对本国生产服装的信誉度开始做广告。

1985~1986年，Kurt Salmon咨询公司进行了分析，结果发现，尽管系统的各个部分具有高运作效率，但整个系统的效率却十分低。整个服装供应链，从原材料到消费者购买，总时间为66周：有11周时间在制造车间，40周在仓库或转运，15周在商店。各种费用非常大，更重要的是，基于不精确需求预测的生产和分销，因生产数量过多或过少造成的损失更大。整个服装供应链系统的总损失每年可达25亿美元，其中三分之二的损失来自零售商或制造商对服装的降价处理以及在零售时的缺货。

快速反应是在物流管理中指对消费者需求作出快速反应的供应链管理方法。从美国纺织服装业发展起来。指在供应链中，为实现共同目标，零售商和制造商建立战略伙伴关系，利用 EDI（电子数据交换，electronic data interchange）等信息技术进行销售时点的信息、订货信息等交换，用高频率、小数量的配送方式连续补充商品，以缩短交货周期、减少库存、提高客户服务水平、对消费者需求做出快速反应，从而最大限度提高供应链管理运作效率。

根据 2006 年修订版我国国家标准《物流术语》中的定义：快速反应是供应链成员企业之间建立战略合作伙伴关系，利用 EDI 等信息技术进行信息交换与信息共享，用高频率小数量配送方式补充商品，以实现缩短交货周期、减少库存、提高顾客服务水平和企业竞争力为目的的一种供应链管理策略。

二、快速反应的具体策略与实施

供应链企业之间通过建立战略合作伙伴关系，快速反应的目的是实现缩短交货周期，减少库存，提高顾客服务水平和企业竞争力。从供应链上游企业，如制造商、供应商等的角度，快速反应的价值在于：更好的顾客服务、降低了流通费用、降低了管理费用、更好的生产计划。从供应链下游企业，如销售商、零售商等的角度，快速反应的价值在于：提高了销售额、减少了削价的损失、降低了采购成本、降低了流通费用、加快了库存周转、降低了管理成本。

（一）快速反应成功实施的条件

（1）改变传统的经营方式，革新企业的经营理念和组织形式。
（2）开发和应用现代信息处理技术。
（3）供应链各个企业之间建立战略伙伴关系。
（4）必须改变传统的对企业商业信息保密的做法。
（5）供应方必须缩短生产周期和产品库存。

（二）快速反应的实施三个步骤

（1）对所有的商品单元条码化，即对所有商品消费单元用 EAN/UPC 条码标识，对商品储运单元用 ITF－14 条码标识，利用 EDI 传输订购单报文和发票报文。
（2）在第一阶段的基础上，增加与内部过程有关的策略，例如自动补库与商品及时出售等，并采用 EDI 传输更多的报文，如发货通知报文、收货通知报文等。
（3）与贸易伙伴合作，采用更高级的 QR 策略，以对客户需求作出快速反应。每个企业必须把自己当成整个供应链的组成部分，以保证整个供应链的整体效益。

（三）快速反应方法

快速反应方法如表11-1所示。

表11-1　　　　　　　　　　快速反应方法

条形码和EDI	零售商首先必须安装通用产品代码（UPC码）、POS扫描和EDI等技术设备，以加快POS机收款速度、获得更准确的销售数据并使信息沟通更加通畅。POS扫描用于数据输入和数据采集，即在收款检查时用光学方式阅读条形码，获取信息
固定周期补货	自动补货是指基本商品销售预测的自动化。自动补货使用基于过去和目前销售数据及其可能变化的软件进行定期预测，同时考虑目前的存货情况和其他一些因素，以确定订货量。自动补货是由零售商、批发商在仓库或店内进行的
先进的补货联盟	目的是保证补货业务的流畅。零售商和消费品制造商联合起来检查销售数据，制订关于未来需求的计划和预测，在保证有货和减少缺货的情况下降低库存水平。还可以进一步由消费品制造商管理零售商的存货和补货，以加快库存周转速度，提高投资毛利率
零售空间管理	这是指根据每个店铺的需求模式来规定其经营商品的花色品种和补货业务。一般来说，对于花色品种、数量、店内陈列及培训或激励售货员等决策，消费品制造商也可以参与甚至制定决策
联合产品开发	这一步的重点不再是一般商品和季节商品，而是像服装等生命周期很短的商品。厂商和零售商联合开发新产品，其关系的密切超过了购买与销售的业务关系，缩短从新产品概念到新产品上市的时间，而且经常在店内对新产品实时试销
快速响应的集成	通过重新设计业务流程，将前五步的工作和公司的整体业务集成起来，以支持公司的整体战略。最后一步零售商和消费品制造商重新设计其整个组织、绩效评估系统、业务流程和信息系统，设计的重点围绕着消费者而不是传统的公司职能，它们要求集成的是信息技术

三、有效客户反应

有效客户反应（Efficient Consumer Response，ECR）是美国食品杂货行业开展供应链体系构造的一种实践。它的产生可归结于20世纪商业竞争的加剧和信息技术的发展。20世纪80年代，特别是到了90年代以后，美国日杂百货业零售商和生产厂家的交易关系由生产厂家占据支配地位，转换为零售商占主导地位。在供应链内部，零售商和生产厂家为取得供应链主导权，为商家品牌和厂家品牌占据零售店铺货架空间的份额展开激烈的竞争，使得供应链各个环节间的成本不断转移，供应链整体成本上升。

1993年1月，美国市场营销协会、库特·塞尔曼咨询公司、可口可乐等 16 家企业组成的联合调查组对供应链进行调查、总结、分析,得到改进供应链管理的详细报告,并系统地提出 ECR 的概念及体系。同时,欧洲食品杂货行业为解决类似问题,也采用 ECR 管理思想,并成立 ECR 委员会。而在当今中国,制造商和零售商为渠道费用而激烈争执,零售业中工商关系日趋恶化,消费者利益日趋受到损害。ECR 是真正实现以消费者为核心,转变制造商与零售商买卖,对立统一的关系,实现供应与需求一整套流程转变方法的有效途径。

ECR 是 1992 年从美国的食品杂货业发展起来的一种供应链管理战略,是为降低、消除分销商与制造商体系中不必要的成本和费用,为客户带来更大效益而进行密切合作的一种供应链管理战略。ECR 的最终目标是建立一个具有高效反应能力和以客户需求为基础的体系,使零售商、批发商和制造商以业务伙伴方式合作,提高整个食品杂货供应链的效率,达到降低供应链运作成本、库存储备,为消费者提供更好的服务的目的。

ECR 的实施原则包括:低成本高服务、商业带头人的推动下结成商业联盟、通用一致的工作措施和收益系统、消除不增值活动的同时确保产品的可获得性、通过 ECR 系统技术实现市场、生产、物流的高效率,如表 11 – 2、表 11 – 3 所示。

表 11 – 2　　　　　　　　　　ECR 的四大核心活动

有效的产品引进	最有效地开发新产品,制订产品的生产计划,以降低成本
有效的商店空间管理	通过商品分类、二次包装、店铺空间管理等手段,提高效率降低成本
有效的促销	通过顾客数据库营销,确定目标顾客,提高促销系统效率。简化贸易关系、减少预先购买、减少库存降低成本
有效的补货	以需求为导向,通过 POS 数据共享、EDI 数据交换、计算机辅助订货、自动连续补货,以缩短订货周期、降低订货成本

表 11 – 3　　　　　　　　　　有效客户反应的应用范围

需求方面	改善提供给客户的产品种类、产品推广和推出新产品的效率,以及其他相关的需求管理工作的效率
供应方面	改善产品通过整条供应链的效率,包括:原材料的供应、产品的生产、包装到批发商以及经销商,最后到达客户的手中
支援技术方面	通过利用快速、准确与全面的信息传递,如 EDI 技术,来支援提供活动所需技术

四、有效客户反应的内容

ECR 包括零售业的三个重要战略：顾客导向的零售模式（消费者价值模型）、品类管理和供应链管理。

（一）顾客导向的零售模式（消费者价值模型）

通过商圈购买者调查、竞争对手调查、市场消费趋势研究，确定目标顾客群，了解自己的强项、弱项和机会，确定自己的定位和特色，构建核心竞争力；围绕顾客群选择商品组合、经营的品类，确定品类的定义和品类在商店经营承担的不同角色；确定商店的经营策略和战术（定价、促销、新品引进、补货等），制订业务指标衡量标准、业务发展计划。

（二）品类管理

把品类作为战略业务单位来管理，着重于通过满足消费者需求来提升管理效率。品类管理是以数据为决策依据，不断满足消费者的过程。品类管理是零售业精细化管理之本，其主要战术是高效的商品组合、高效的货架管理、高效的新品引进、高效定价和促销、高效的补货。

（三）供应链管理

建立全程供应链管理的流程和规范，制订供应链管理指标；利用先进的信息技术和物流技术缩短供应链，减少人工失误，提高供应链的可靠性和快速反应能力；通过规范化、标准化管理，提高供应链的数据准确率和及时性；建立零售商与供应商数据交换机制，共同管理供应链，最大限度地减低库存和缺货率，降低物流成本。

只有全面实施品类管理和供应链管理，才能实现 ECR，给消费者带来更多的价值，取得竞争优势。ECR 四大要素：快速产品引进、快速商店分类、快速促销和快速补充。

快速产品引进（efficient product introductions）最有效的开发新产品，进行产品的生产计划，以降低成本。

快速商店分类（efficient store assortment）通过第二次包装等手段，提高货物的分销效率，使库存及商店空间的使用率最优化。

快速促销（efficient promotion）提高仓储，运输，管理和生产效率，减少预先购买，供应商库存及仓储费用，使贸易和促销的整个系统效率最高。

快速补充（efficient replenishment）包括电子数据交换（EDI），以需求为导向的自动连续补充和计算机辅助订货，使补充系统的时间和成本最优化。

五、快速反应与有效客户反应的差异

（一）QR 与 ECR 的差异

QR 的主要目标是对客户的需求做出快速反应，是提高零售业中产品流通效率。QR 早期的成功使它得到了广泛应用。当前许多大的零售商和供应商都在其经营业务中采用了 QR 的思想和技术。对普通店铺（QR）来说，重点是补货和订货的速度，目的是最大限度地消除缺货，并且只在商品需求时才去采购。

QR 的成功引起了其他行业零售商的注意，1993 年 1 月食品和超市行业的零售商也提出了类似的战略。ECR 是杂货业供应商和销售商为消除系统中不必要的成本和费用，给客户带来更大的效益而进行密切合作的一种策略。对于食品行业（ECR）来说，改革的重点是效率和成本。ECR 是由食品和超市行业的零售商提出的战略，由于很多供应商既为普通饭店服务又为超市服务，所以 ECR 的采用比 QR 要快。

QR 主要用于普通商品，ECR 主要用于干货商品，它们主要的差别在于商品的特征，不是商品表面的物理差异，而是指商品的价值，周转率和品种上的本质差异。服装业经营的产品多属创新型产品，QR 所实施的对象是创新型产品，如普通商品（如服装）的单品数量非常多，产品生命周期短、季节性强、库存周转慢、存货削价幅度大、毛利高；杂货业和食品行业经营的产品多数是功能性产品，ECR 所实施的对象是功能型产品，如食品的单品数量少，商品单价低、周转快，而且消费者很容易判断店铺的差异，所以超市通常以低毛利有效地经营。由于所处的环境不同，改革的重点也是为了应对不同的挑战。

（二）QR 与 ECR 的共同特征

1. 共同的外部变化

实施 QR 和 ECR 的主要行业受到两种重要的外部变化的影响。一是经济增长速度的放慢加速了竞争，因为零售商必须生存并保持客户的忠诚度。二是零售商和供应商之间发生了变化。在引入 QR、ECR 之前，供应商和零售商两者往往缺乏信任感，不能满足客户真正的需求。

2. 共同的威胁

对于零售商来说，威胁主要来自大型综合超市、廉价店、仓储俱乐部和折扣店等新型零售形式，他们采用新的低成本进货渠道。这些新的竞争者把精力集中在每日低价、绝对的净价采购及快速的库存周转等策略上。对于供应商来说，压力来自自有品牌商品的快速增长，这些商品威胁了他们的市场份额。

3. 共同的目标和策略

以最低的成本向消费者提供他们真正想要的商品，整个系统高效率运行。它们都重视供应链的核心业务，对业务进行重新设计，以消除资源的浪费。但 QR 解决的是补货问题，而 ECR 注重的是过量库存问题。

第四节　生鲜产品供应链商业模式

一、我国生鲜农产品供应链发展现状

目前我国已初步形成了以农产品批发市场为中心，以集贸市场和零售市场为基础的农产品市场体系。

上游生产端：小而散。中国农户生产规模很小而农户数量庞大，户均耕地面积不足 0.6 公顷。土地市场发展之后，又缺乏有力的农民组织来统一生产和销售，很多都是依据往年销售经验来指导下一年种植，收入具有不稳定性。农民单一面对批发商，较被动没有什么定价权。

中间流通环节：以农产品批发市场为主。目前我国生鲜农产品的销售主要依靠各地农产品市场。我国农副产品批发市场起步于 20 世纪 80 年代，1983 年国务院颁布了"大中城市逐步建设农产品批发市场"的 21 号文件，当年全国即设立了 200 余个农产品批发市场。这之后我国农产品批发市场数量以每年 5% 以上的速度增长。目前仍然是生鲜农产品的主要流通渠道。

下游零售环节：农贸市场为主，超市占比逐渐上升。农产品在到达消费区域后，从当地农产品批发市场再进入农贸市场或者超市渠道。农贸市场因为品种全、产品新鲜、离家近等优势一直是我国消费者购买生鲜农产品的主要渠道。20 世纪 90 年代中期以来超市得到迅速的发展，尤其是近年来一线城市农贸市场的拆迁整治等原因使得城市里农贸市场逐渐减少，超市渠道在生鲜销售份额中占比越来越大。1996 年超市在我国农产品销售所占市场份额几乎为零，2017 年达到 22%。超市龙头企业永辉超市和家家悦的生鲜品类在销售占比都超过 40%。

二、我国生鲜农产品供应链存在的问题

（一）环节冗余，加价多

传统生鲜农产品流通环节从生产者到消费者主要经历批发和零售两个市

场，主要分为四个阶段：农户在生鲜农产品收获后运输至生产地农贸市场销售；商贩在农贸市场完成第一次大规模收购后运输至生产地农产品批发市场；跨省商贩在生产地批发市场购买生鲜农产品后运输至消费地批发市场；商贩批发生鲜农产品至农贸超市进行零售销售。如图11-2、图11-3所示。

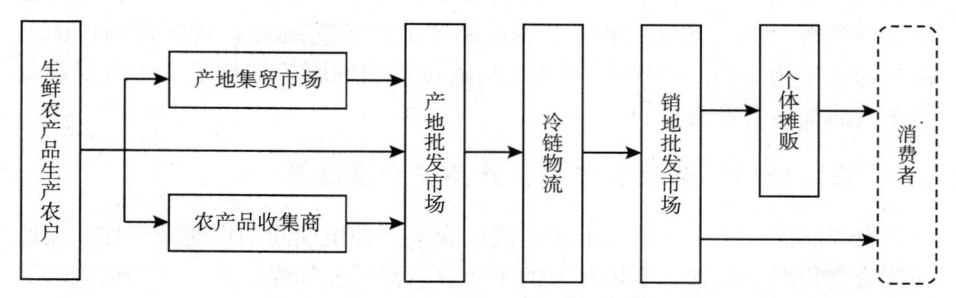

图11-2 生鲜农产品传统层层批发供应链模式

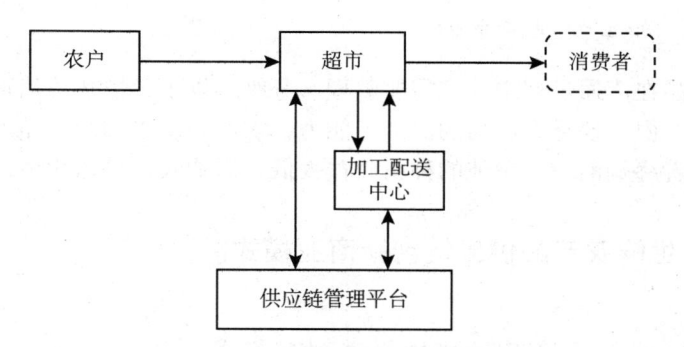

图11-3 生鲜农产品超市供应链模式

生鲜农产品每经过一层都会有一次加价，具体品类加价率会有差别，整体来看，从生产环节到批发环节加价率为10%，批发环节到零售环节加价率为20%；零售环节到消费者加价率为20%，甚至有些生鲜农产品加价率达到50%以上。

（二）运输条件简陋，运输过程中高损耗

生鲜农产品的物流主要有常温链物流、冷藏链物流、保鲜链物流三种形式。常温链物流是自然条件下的储存、运输和销售，冷藏链物流是低温状态下完成农产品的储存、运输和销售，低温可以抑制农产品中的微生物繁殖，有效延长易腐农产品的储存期；保鲜链物流是综合运用各种保鲜方法和手段在生产、加工、储存和销售环节最大限度保持生鲜产品鲜活的特征。

发达国家果蔬损耗率一般在5%以下。以美国为例，蔬菜水果从田地到

餐桌一直处于全冷链状态：田间采摘预冷—冷库—冷藏车运输—批发站冷库—超市冷柜—消费者冰箱，水果蔬菜在物流环节的损耗率仅有1%～2%。我国生鲜农产品主要还是以常温链物流为主，冷链物流起步晚，80%的生鲜产品是常温保存、流通、初加工，就算是冷链运输也是仅采用传统的冰块保鲜方法。果蔬、肉禽、水产品冷链流通率分别为5%、15%、23%；冷藏运输率分别为15%、30%、40%。据前瞻产业研究院统计，我国常温链流通蔬果损耗率为20%～30%，果蔬在运输过程中的腐烂损耗量几乎可以满足两亿人的基本营养需求。[①]

（三）流通环节缺少监控，产品安全有隐患

农产品涉及民生，事关消费者健康安全。种植期间的用药安全性、流通环节的全程温度监管、零售环节的干净卫生都需要加强监管。从种植到流通到零售的任何一个环节都存在风险敞口。

（四）加工处理水平低

农产品在流通过程中大多需要整理、分级、烘干、散热、消毒、防腐包装等处理。由于缺乏农产品的深加工能力，农产品多以初级产品形式进入流通环节或者终端消费，单纯的种植收益太低，影响农民种植积极性。

三、生鲜农产品供应链创新商业模式

（一）生鲜农产品供应链渠道创新模式

生鲜农产品供应链渠道创新模式主要包含O2O渠道模式、"农+X"对接模式、产地直销模式，如表11-4所示。

表11-4　　　　　　　生鲜农产品供应链渠道创新模式

关键要素	O2O渠道模式	"农+X"对接模式	产地直销模式
核心成员	生鲜农产品销售商 生鲜农产品供应商	农：生鲜农产品生产者 X：超市、批发市场、集团消费者"互联网+"交易平台 第三方物流（3PL）企业	生鲜农产品生产者 "互联网+"生鲜电商平台 3PL企业

---

① 资料来源：前瞻产业研究院：《2019年中国农产品流通行业市场现状及发展趋势农产品绿色物流将成为新增长点》，https://www.sohu.com/a/353056817_99922905。

续表

关键要素	O2O渠道模式	"农+X"对接模式	产地直销模式
价值主张	满足消费者生鲜农产品便利性和及时性的需求	供求信息透明化 成本控制 交易便捷化	提供新鲜、优质以及高附加值的原产地品牌生鲜农产品
目标客户	都市白领 上班族 宅居族	超市 批发市场集团消费者	品牌偏好的消费者 生鲜农产品中高端消费者
渠道通路	线上展示界面 线下展示店面（自提点） 线上订单、线下配送（自提）	"互联网+"交易平台 3PL冷链物流	线上渠道 3PL冷链配送 产地体验
客户关系	信息服务 线上生活社区 线下生活指导	信息服务 质量保证与追溯	品牌信息推送 自助化服务
收入来源	生鲜农产品销售 配菜与配送等增值服务	流通环节的减少 交易成本的降低	生鲜农产品销售 原产地品牌增值
关键业务	线上、线下产品展示 生鲜农产品配货与加工 线下渠道配送	供求信息服务 交易平台管理 冷链物流	原产地品牌推广 线上预定、团购 冷链配送
核心资源	销售商品牌 线上平台 线下渠道	交易平台 稳定的渠道 丰富的货源	原产地品牌 冷链配送资源
成本结构	订单处理成本 采购与加工成本 物流成本	生产成本 平台运营成本 物流成本	生产成本 营销成本 物流成本

（二）生鲜农产品供应链C2B模式

生鲜农产品供应链C2B模式主要包含社群C2B模式、体验C2B模式、预售模式，如表11-5所示。

表 11-5　　　　　　　　　生鲜农产品供应链 C2B 模式

关键要素	社群 C2B 模式	体验 C2B 模式	预售模式
核心成员	生鲜农产品销售商 消费者社群 3PL 企业	生鲜农产品生产者 生鲜电商平台 旅游服务提供商	生鲜农产品销售商 生鲜农产品生产者 3PL 企业
价值主张	提供消费者信息交流平台 根据社群推荐与消费者需求提供生鲜农产品	休闲农业 观光体验	满足消费者对品质和价格的偏好 实现订单式农业
目标客户	社群参与者	中高端消费者	长期需求消费者 价格敏感消费者 品牌偏好消费者
渠道通路	线上社区交流平台 线下活动 线下第三方物流配送	线上信息交互平台 生态农业旅行社 体验农场	生鲜电商平台 冷链配送
客户关系	线上社区内容运营 线下活动举办 会员管理	农业观光休闲推荐 现场体验指导 体验经历分享	产品信息推送（生长、营养） 售后服务（品质保证、可追溯）
收入来源	生鲜农产品销售 增值服务（定制、特需服务等）	生鲜农产品现场销售 旅游服务收入 休闲体验收入	高品质生鲜农产品销售 增值服务（定制、特需服务等）
关键业务	社群人气汇集 社群运营管理 挖掘社群需求	体验观光休闲（种类、品质）信息交互平台 农场运营管理	生鲜农产品预售推广 订单式生产 线下渠道冷链配送
核心资源	社群运营能力 客户需求挖掘能力	体验等全套运作管理 基础设施与地理空间优势 生态环境	预售过程运营管理能力 生鲜农产品生产能力 全程冷链
成本结构	社群运营成本 生鲜农产品采购成本 增值服务成本	平台运营成本（营销、设计） 农场开发与运营费用	平台运营成本（营销） 生鲜农产品生产成本 物流成本

（三）生鲜农产品供应链产业融合模式

生鲜农产品供应链产业融合模式主要包含生活性服务融合模式、生产性服务融合模式，如表 11-6 所示。

表 11 – 6　　　　　　　　生鲜农产品供应链产业融合模式

关键要素	生活性服务融合模式	生产性服务融合模式
核心成员	生鲜农产品销售商 生活性服务提供者	生鲜农产品供应商 生鲜农产品生产者 生产性服务提供者
价值主张	提供信息与咨询服务（美食经验交流、保健、养生等） 提供定制化服务（营养配餐、家宴配餐等）	通过生产指导、信息、物流等服务提高生鲜农产品品质及服务质量 及时交付产品
目标客户	追求品质的消费者 个性化需求消费者	追求品质的消费者 生鲜超市 集团消费者（社区、宾馆、餐厅、单位食堂等）
渠道通路	线上交易平台 实体店 上门服务	线上交易平台 3PL 冷链物流
客户关系	会员管理 服务咨询 日常生活指导	信息服务 质量保证与追溯
收入来源	生鲜农产品销售 增值服务	生鲜农产品销售 增值服务
关键业务	交易平台管理 高质量的生鲜农产品 生活性增值服务	交易平台管理 冷链物流 生产性增值服务
核心资源	消费者数据库 生活性服务能力	交易平台 高品质产品 生产性服务能力
成本结构	采购成本 运营管理成本 服务成本	平台运营成本 生产性服务成本 生产成本 物流成本

四、国外农产品供应链管理经验的借鉴作用

世界级城市的农产品流通渠道大体可分为"市场流通"和"市场外流通"两部分。市场流通，即生产者直接或经过上市团体、货物收集者将农产品经各类批发市场集散、交易、形成价格后，经零售商、加工业者和大的消费团体将农产品最终转移到消费者手中的过程；市场外流通，则指农产

不经过批发市场交易而是经过全国农协、商社的集配中心、果蔬超市、生鲜径直转移到零售机构、消费团体或出售给个体消费者或者说是生产者、上市团体与零售业者、消费者直接交易的流通形态。世界农产品流通交易体制和农产品市场体系的形成，受各国社会体制、农业生产、经济发展水平等的影响而有所不同，当前，世界农产品物流模式可归纳为以下三种。

（一）东亚模式

日本、韩国是这种模式的主要代表，均以批发市场为主渠道，以拍卖为手段。以日本为例，目前，全日本共有88个由中央财政和地方财政投资的中央批发市场，年成交金额达6兆2000万日元，1513个多元化投资的地方批发市场，年成交金额达5兆1800万日元。经由日本批发市场流通的蔬菜占81%，果品占72%。在批发市场从事蔬菜果品交易的客户中，通过农协或其他任意组合组织的上货量各占上货总量的59%和66.5%，而其他商人等则占总上市量的17.8%和20.1%。交易方法以拍卖为主。在大阪中央批发市场通过拍卖成交的果蔬比率高达90%以上；采用该模式的国家农产品流通主要呈现出以下特点：①流通渠道环节多，流通成本较高；其流通过程表现为"生产者—上市团体—批发商—中间批发商—零售店—消费者"，这样其利润也分配不均；②流通规范化、法制化、效率高。①

东亚农产品链管理的基本经验：注重农协的建设、建立大批配套设施提高农产品附加值、服务到位，客户取向、基础设施发达。

（二）西欧模式

法国、德国、荷兰等国是这种模式的主要代表。西欧模式的批发市场与东亚模式相比，批发市场流通比例较小，而且大多数大型批发市场仍然坚持公益性原则，如法国就指定了全法的23所批发市场为国家公益性批发市场。与此同时，这些国家的农产品批发市场形式也有所不同，农产品直销比例呈现出不断上升趋势，如在法国巴黎郊外设立的一个批发市场——汉吉斯国际批发市场，由于鼓励发展产、加、销一体化，并将产前、产后相关企业建立在农村，巴黎的农产品直销比例呈现出不断上升的趋势。另由于西欧国家市场信息网络发达，地域内、国家间的农产品贸易十分活跃，进出口产品在批发市场中也占据一定比率。其国家农产品流通主要呈现出以下特点：①鼓励发展产、加、销一体化，并将产前、产后相关企业建在农村；②建有完善的现代化大型公益性农产品批发市场；③农产品实行标准化生产。

---

① 资料来源：李凤荣：《日本农产品直销所流通模式分析》，载于《农业经济》2012年第5期。

西欧农产品链管理的基本经验：政府的支持政策、发达的农产品物流服务、先进的管理机制。

(三) 北美模式

美国、加拿大和澳大利亚是这种模式的主要代表。北美模式的直销体系很发达，农产品销售均以直销为主。如美国农产品市场体系的特点是，粮食类期货市场发达，果蔬类产地与大型超市、连锁经销网络间的直销比例占80%左右，经由批发市场流通销售的仅占20%左右。由于这些国家零售连锁经营网络和超级市场的发展，使其零售商的规模和势力不断壮大，要求货源稳定、供货及时，产地直销的流通形式也应运而生，在这些国家中大型超市、连锁经销的零售商左右着农产品的交易。如美国纽约农产品的供应就没有集中于城郊附近，而是来自遥远的专业化生产区域，农产品流通交易大部分是由产地直接出售给零售商。发达的高速公路网络和现代化的运输保鲜设施，也为纽约实现产地直销提供了重要的技术保障。其国家农产品流通主要呈现出以下特点：(1) 产地市场集中；(2) 销地批发市场分布在大城市；(3) 流通渠道短、环节少、效率高；(4) 服务机构齐全；(5) 现货市场与期货市场并举，市场交易以对手交易为主。[①]

北美农产品链管理的基本经验：建立农工商一体化经营与完备的社会化服务体系、集约经营、各方合作关系稳定、服务全面。

(四) 国外生鲜农产品供应链管理经验对我国的借鉴

1. 重视组织体系的支撑

完全市场化的企业组织。我国农产品供应链要想有大的发展，必须有现代化的流通商、超市系统、物流配送、运输、信息、仓储等各个方面的专业化经营的企业。农业企业与供应链的结合，有利于这些企业在市场竞争"洗礼"中"共同生存"，避免"共同淘汰"，在市场竞争中处于优势地位。

农民合作组织。让农民（不仅仅是农产品）进入供应链的各环节，才能使农民从农产品深加工和贸易中分得利益。通过农民合作组织，加强农民与企业和市场的联系，既发挥了农业家庭经营成本低、生产管理精心等优越性，又弥补了小规模分户经营难以调整结构、难以衔接市场、难以获得产后利润等缺陷。

政府组织的作用主要是为其发展创造良好的外部环境。首先，政府应承担起农业信息化的重任，建立信息咨询交流制度，在农业产业链信息网络的

[①] 资料来源：黄勇、易法海、杨平：《国外农产品物流模式及其经验借鉴》，载于《社会主义研究》2007年第3期。

建设方面应给予指导和支持。其次，建立健全农产品质量标准体系，完善农产品的质量控制，能有效解决信息经济学中"逆向选择"和"败德行为"等导致的市场失灵或市场运行低效率问题，改进农产品供应链发展环境。最后，可借鉴欧盟的做法，设立专门的行政机构，制定与落实政府的相关政策法规。

2. 建立农产品供应链战略合作伙伴关系

供应链的实质就是合作，供应链合作关系就是供应商—制造商关系或者称为卖主—买主关系，也就是供应商与制造商之间在一定时期内的共享信息、共担风险、共同获利的协议关系。用制定的措施让各方在合作中信守规则，尽量平衡各方利益。

3. 加快农产品供应链信息管理系统建设

首先，应用计算机网络将生产、流通、消费各环节连接起来，通过 EDI（数据交换）和 POS（时点销售信息）实现数据的自动采集和交换，建立全国统一的农产品市场供求、交易及价格和食品安检等信息的收集、整理和发布制度及信息管理系统，达到整个供应链上的资源共享、信息共用。

其次，将条码、EDI、EFT、EOS、GPS、GIS、RF 以及电子商务等技术集成起来，在供应链上建立一个高效的供应链集成系统，以确保产品能不断的由供应商流向最终用户。

4. 大力发展农产品供应链物流系统

完善农产品市场体系建设。首先，要搞好农产品市场的贮藏、加工基地设施建设，在农产品集中产销区，改、扩建一批集散功能强、辐射范围广、信息主导型的农副产品批发市场和集贸市场。其次，充分发挥超市在大中型城市农产品流通中的作用，将独立的超市配送方式转变为连锁体系，并使用线性规划方法对农产品物流配送体系进行设计，使物流中心构建成本与配送成本之和最小，以提高供应链竞争力。最后，积极培育多元化农产品流通渠道，有计划地、有步骤地建设农产品期货市场。

发展第三方物流。一方面，积极培育大型第三方物流企业和企业集团，使之成为中国现代农产品物流产业发展的示范者和中小物流企业资源的整合者；另一方面，政府给予第三方物流企业必要的扶持和政策优惠，如在国家政策性资金扶持范围内政府给予农产品物流企业一定的信贷支持，减免税收等。

5. 立法建章，加快制定和完善相关法规

日本于 1921 年颁布了《中央批发市场法》，将中央批发市场的开设、管理、交易等纳入了法治轨道，并于 1971 年又修订了该法，将地方批发市场也纳入了法治轨道，进一步确立了以批发市场流通为主的农产品物流地位。以后每隔 5 年修订一次，各地方政府和有关部门依照该法制定具体地方性法规和市场运行规则。我国也应尽快制定《农副产品批发市场法》和《农副产品批发市场标准》等相关法规，对我国农副产品批发市场的市场规则、市场准入制度、软硬件设施管理以及违规处罚等问题做出明确规定，将农副产品批发市场的管理纳入法制化轨道。

6. 建立中国式的农产品物流组织机构

我国要建设现代化的农产品流通体系，没有一个规范化的物流组织机构，就会直接影响到批发市场的规范化、现代化建设。根据日本的经验，可以组建起中国式的农协流通组织机构，可以引导农民自发地组织，也可以由批发市场协调组织农户成立流通组织协会，也可以由批发市场直接参与流通组织协会。总之，加强物流组织机构的建设，不仅能够形成规模化的集货、送货体系，而且对形成现代化的农产品流通体系，建设规模化的农产品批发市场都会起到积极的重要的作用。

思考与练习

1. 生鲜农产品的特点是什么？
2. 冷链物流的概念及其在生鲜农产品供应链所处地位是什么？面对我国冷链物流发展现状，应该从哪些方面来发展冷链物流？
3. 生鲜农产品供应链快速反应和有效客户反应的差异是什么？
4. 我国生鲜农产品供应链特点是什么？未来应该如何发展？
5. 阐述各国的生鲜农产品供应链模式。

案例分析　顺丰优选：打造生鲜电商的"顺丰模式"

顺丰优选是顺丰集团旗下，以"优选商品，服务到家"为宗旨，依托线上电商平台与线下社区门店，为用户提供日常所需的全球优质美食的一个平台。顺丰优选于2012年5月31日正式上线，是以经营全球优质安全美食为主的B2C电子商务网站。目前网站商品数量超过一万余种，其中70%均为进口食品，采自全球60多个国家和地区。全面覆盖生鲜食品、母婴食品、酒水饮料、营养保健休闲食品、饼干点心、粮油副食、冲调茶饮及美食用品等品类。

2012年5月31日，顺丰优选正式上线，北京区域全品类配送；有不配送区域，具体查看官网；

2012年12月12日，顺丰优选"时令优选"频道上线，特色经济产品开通全国配送；

2013年2月26日，顺丰优选新增上海、广州、深圳三个城市常温产品配送；

2013年3月26日，顺丰优选新增天津、南京、苏州、武汉、杭州五个城市常温配送服务；

2013年4月26日，顺丰优选新会员体系上线；

2013年5月2日，顺丰优选首款海外直采产品太阳堂凤梨酥上线；

2013年5月26日，顺丰优选开通天津生鲜配送；

2013年5月31日，顺丰优选成立一周年；

2013年9月9日，顺丰优选开通华南、华东两仓，至此可常温配送37城，冷链配送11城；

2013年10月10日，顺丰优选常温食品配送再开20个城市。

2013年11月5日，顺丰优选再次开通17个城市常温配送，覆盖广东、浙江、江苏三省，至此常温配送增至74城。

2013年12月1日，顺丰优选常温食品配送覆盖全国，凡是顺丰速运可到达的地方均可配送顺丰优选常温食品。

2013年12月20日，顺丰优选全新改版上线。

2014年8月11日，顺丰优选生鲜配送扩展至48城，开始向三线城市延伸；

2014年9月19日，顺丰优选厦门仓投入使用，生鲜配送扩展至54城；

2014年11月11日，顺丰优选海购平台"优选国际"上线，销售奶粉等海外原装进口食品；

2015年5月5日，顺丰优选开售嘿客商城商品，推出开放平台；

2016年9月22日，顺丰优选所有线下店统一更名为"顺丰优选"。

1. 战略目标

顺丰优选的战略定位是成为高品质生活方式的引导者和健康生活理念的传播者。

2. 目标用户

专注高端食品，面向中高端客户群服务。中高端食品主要表现在三个方面：第一，在正常的商品中，国内、国外的选择一些中高端品质的商品，商品的所谓品牌价值比较高，还有一个特点，顾客具有消费实力，他会选择多种的商品进行组合。第二，对于进口食品，在整体中顺丰优选有60%~70%以上的商品是进口食品，是从国外进口的，这会有差异。第三，利用自身很多的优势，因为顺丰在国内全国进行布点，在全球也有很多国家有我们自己的网点，所以优选的触角伸向了全球，可以利用顺丰集团在产地、国外的优势，获得第一手资源，通过这个优势可以缩短供应链，也实现了产品的差异化，最终把成本降低，提高了牟利。

3. 产品和服务

目前网站商品数量超过一万余种，其中70%均为进口食品，采自全球60多个国家和地区。全面覆盖生鲜食品、母婴食品、酒水饮料、营养保健、休闲食品、饼干点心、粮油副食、冲调茶饮、美食用品、礼品中心等品类。

2013年8月,顺丰优选推出升级版APP应用,APP客户端首页看到,点击"我要寄件",填写个人订单信息,通过"摇一摇"功能,即可获取自己当前的地址信息,提交订单后,顺丰将会第一时间安排快递员上门取件。此外,用户可以通过客户端查看附近的服务点,方便自取自寄。在顺丰优选APP客户端看到,当用户通过客户端下单时,顺丰速运会提前进行消息推送,其中包括快件动态和快递员身份信息(如工号、照片等)。用户在收发快件时,可核对快递员头像,防止假快递员欺诈。

到目前优选已共享了顺丰航空、干线等资源,强化了配送队伍的"作战力量",配送团队和配送设备独立运营,标配冷藏车,为了完善售后服务,每位客户代表(自顺丰给配送员的特别定位)从最初的标配一台iPad,发展到了人手一把手持喷枪,及时更新客户信息。

4. 产品特色

专业采购严格甄选。顺丰优选秉承顺丰速运的服务理念和服务优势,强调食品安全与优良品质,力求把每个购物体验环节都做到最好。顺丰优选美食采购团队均来自大型跨国公司,部分具备CIPS英国皇家采购师职业资格认证。

完备仓储高效流程。顺丰优选北京仓储中心占地面积8000平方米,配备专业的多温控区间仓库,可满足$-60℃ \sim 30℃$的"冷冻、冷藏、常温"及"恒温恒湿"商品的储存需求。同时,依托全球最领先的WMS仓储管理系统,具备完善、高效的订单处理能力,为产品流通提供了最坚实的保障。

冷链直达贴心服务。优选专业先进的全程冷链设备保证货物到达用户手中仍新鲜如初;优选包装设计精美,应用合理,点滴细节都为保证配送商品品质,提升用户购物体验。

5. 赢利模式

(1)电子交易服务。

顺丰优选70%以上的进口产品,对内优选产品占20%,SKU达到6000,进口产品毛利率达40%,是优选的主要收益部分。

(2)联合服务收入。顺丰优选会大型国际贸易商进行联营。优选将引入一家红酒贸易商做联营,共同定价,分享利润。这家红酒贸易商每年在法国波尔多采购额就超过60亿元,红酒品类超过1万个SKU,在中国的线上渠道将与优选独家合作。优选负责在线上的销售,而对方则负责整个红酒的供应链。

6. 核心能力

仓储优势。截至目前,顺丰优选已开通华东、华南、华北三个综合型仓储中心内部配备专业的多温控区间仓库,可满足各类商品的存储;同时,依托全球领先 WMS 仓储管理系统,具备完善、高效的订单处理能力,为产品流程提供坚实保障。

物流优势。物流环节在整个生鲜电商起着至关重要的地位,冷链物流体系的建立和完善是真正推进这个市场发展的关键。拥有强硬"后台"——至少 15 万派送员以及 20 多架飞机的顺丰速运,优选似乎并不担心这一环节,在冷链方面摸索了一年之后,丰富的经验让优选已在华东、华南做好了冷链仓储准备,之后更是在下半年于广州有所布局,高价买下普洛斯多功能(冷藏冷冻恒温恒湿)库房。至此,顺丰优选已覆盖除港澳台外中国所有大区共 57 个城市,其中省会城市 22 个,占全部省会城市 64.7%。

品牌优势全球美食。专享世界特色美食,足不出户坐等全球美味;产地直采:专注原产地采购,国内外直采正品保障;全程冷链:专业冷链存储运输,生鲜美食品质无忧;顺丰直达:专属物流快速送达、原汁原味新鲜到家。

直采优势。海内外直采+海陆空运输=速度和稳定。顺丰集团现有员工 18 万人,拥有自营飞机 20 多架,顺丰快递业务和营业网点遍布港澳台、新加坡、韩国、马来西亚、日本及美国等很多国家。强大的运力储备和业务覆盖范围,使其各地工作人员也可以向优选推荐当地特色商品,帮助顺丰优选从严格选品到报关报检、从航空陆路运输到送达用户,能够快速高效完成产地直采。此外,对于生鲜电商一直以来"最后一公里"的难题,顺丰现具备大量可控温度的冷链运输车。

(资料来源:郑昱:《顺丰优选:打造生鲜电商的"顺丰模式"——访顺丰优选总裁崔晓琦》,载于《中国自动识别技术》2015 年第 1 期)

案例分析题:
1. 顺丰在发展生鲜电商上有哪些优势?
2. 简述"顺丰模式"的特点,以及未来的发展方向。

参 考 文 献

[1] 金亮、张旭梅、但斌、李诗杨:《交叉销售下"线下体验+线上零售"的 O2O 供应链佣金契约设计》,载于《中国管理科学》2017a 年第 11 期。

[2] 金亮、张旭梅、李诗杨:《不对称信息下线下到线上 O2O 供应链佣金契约设计》,载于《管理学报》2017b 年第 6 期。

[3] 金亮:《线下到线上 O2O 供应链线上推荐策略及激励机制设计》,载于《管理评论》2019a 年第 5 期。

[4] 金亮:《退款保证下线上零售商定价与 O2O 渠道策略研究》,载于《系统工程学报》2019b 年第 2 期。

[5] 金亮:《不同主导权下线上零售商定价与 O2O 渠道策略研究》,载于《系统科学与数学》2018 年第 8 期。

[6] Bell D R, Gallino S, Moreno A. Showrooms and Information Provision in Omni-channel Retail, *Production and Operations Management*, Vol. 24, No. 3, March 2015, pp. 360 – 362.

[7] Bell D R, Gallino S, Moreno A. Offline Showrooms in Omni-channel Retail: Demand and Operational Benefits, *Management Science*, Vol. 64, No. 4, April 2018, pp. 1629 – 1651.

[8] 刘咏梅、周笛、陈晓红:《考虑线下零售商服务成本差异的 BOPS 渠道整合》,《系统工程学报》2018 年第 1 期。

[9] Bell D R, Gallino S, Moreno A. How to Win in an Omnichannel World, *MIT Sloan Management Review*, Vol. 56, No. 1, January 2014, pp. 44 – 53.

[10] Gao F, Su X. Omni-channel Retail Operations with Buy-online-and-pick-up-in-store, *Management Science*, Vol. 63, No. 8, August 2017, pp. 2478 – 2492.

[11] Shi X, Dong C, Cheng T C E. Does the Buy-online-and-pick-up-in-store Strategy with Pre-orders Benefit a Retailer with the Consideration of Returns, *International Journal of Production Economics*, Vol. 206, No. 12, December 2018, pp. 134 – 145.